股利政策与公司治理
Dividend Policy and Corporate Governance

在投资者与公司管理层信息不对称的情况之下,股利不但是公司经营前景的重要信号,而且还是一项行之有效的治理手段。它促使管理层与股东利益休戚相关、荣辱与共。本书就是这方面的第一本系统而全面的著作。

在审视了股利政策和其他治理机制的互动关系之后,本书对英美与法国、德国及日本等其他国家的公司治理绩效进行了比较,并就欧洲大陆的公司治理及其对股利的影响,提供了全新的实证分析素材。传统的见解认为,德国公司的股利低于英国或者美国,然而,基于已公布利润所进行的测算表明,其结果恰恰相反。另外,本书的研究还显示,公司控制权结构和股利支付之间存在关联。经验还表明,公司亏损是股利变更的另一项决定因素,但控股股东的税收状况与公司股利支付之间则互不关联。

本书得出的这些结论对于当前关于公司治理的种种论争具有重要的启示,这也使得本书对于学者、金融从业人员及监管部门和法律研究者,均具有宝贵的借鉴意义。

本书的翻译，受到上海市重点学科建设项目——经济法（T1002）的资助。
本书为国家社科基金课题"公司治理法律制度研究(06CFX013)"的阶段性成果。

ⓒ Luis Correia da Silva C Domingos,
M. Goergen, and L. Renneboog 2004
Dividend Policy and Corporate Governance was originally
published in English in 2004.
This translation is published by arrangement with
Oxford University Press and is for sale
in the Mainland (part) of The People's Republic of China only.

《股利政策与公司治理》于2004年首次以英文出版，此中译本由牛津大学出版社授权出版，并限于中华人民共和国境内（不包括中国香港、澳门和台湾地区）销售。

股利政策与公司治理

Dividend Policy and Corporate Governance

〔葡萄牙〕路易斯·科雷拉·达·席尔瓦
〔卢森堡〕马克·格尔根
〔比利时〕吕克·伦内布格
著

罗培新 译

Company Law and Corporate Governance Translation Series
公司法与公司治理译丛

北京大学出版社
PEKING UNIVERSITY PRESS

北京市版权局著作权合同登记号：图字 01-2006-1163 号
图书在版编目（CIP）数据

股利政策与公司治理/（葡）席尔瓦，（卢）格尔根，（比）伦内布格著；罗培新译.—北京：北京大学出版社，2008.4
（公司法与公司治理译丛）
ISBN 978-7-301-13499-3

Ⅰ.股… Ⅱ.①席… ②格… ③伦… ④罗… Ⅲ.①股份有限公司-利润-分配（经济）-经济政策-研究 ②股份有限公司-企业管理-研究 Ⅳ.F276.6

中国版本图书馆 CIP 数据核字（2008）第 033761 号

书　　　名：股利政策与公司治理
著作责任者：〔葡萄牙〕路易斯·科雷拉·达·席尔瓦
　　　　　　〔卢森堡〕马克·格尔根　〔比利时〕吕克·伦内布格　著
　　　　　　罗培新　译
责 任 编 辑：谢海燕
标 准 书 号：ISBN 978-7-301-13499-3/D·2008
出 版 发 行：北京大学出版社
地　　　址：北京市海淀区成府路 205 号　100871
网　　　址：http://www.pup.cn　电子邮箱：law@pup.pku.edu.cn
电　　　话：邮购部 62752015　发行部 62750672　编辑部 62752027
　　　　　　出版部 62754962
印 刷 者：三河市新世纪印务有限公司
经 销 者：新华书店
　　　　　　650mm×980mm　16 开本　17.25 印张　232 千字
　　　　　　2008 年 4 月第 1 版　2008 年 4 月第 1 次印刷
定　　价：28.00 元

未经许可，不得以任何方式复制或抄袭本书之部分或全部内容。
版权所有，侵权必究
举报电话：010-62752024　电子邮箱：fd@pup.pku.edu.cn

出版说明

公司治理是现代企业制度中最重要的组织架构。通过借鉴各国公司治理的经验来提高本国公司治理水平,夯实经济增长的微观基础已成为当今各国完善公司法和制定经济政策的重要内容。

公司治理问题是经济学和法学的共同研究对象。每一种有效的公司治理结构都是从一国的商业实践中衍生出来的,它们各有特色,但有着一些共同的核心要素:保护股东和利益相关者的利益,防止内部人控制;确保董事会对公司的战略性指导和对公司战略执行情况的有效监督;高标准的信息披露;完善的外部监督制约机制,如充分竞争的市场机制、相对中立的中介机构、强有力的政府监管以及健全的法律制度和司法体系;等等。这里面,重中之重是法治的大环境,这意味着政府在健全的法制体系下建立一个有效且严厉的监管体系来保证市场体系的高效运作,并能反映股东和其他利益相关者的要求。

我社引进并组织翻译的这套"公司法与公司治理译丛",主要是国外这一领域知名学者近期的经典著作,我们希望能为国内的政府决策者、企业管理者、学者或其他对公司治理抱有兴趣的人介绍国外关于公司法与公司治理的最新理论与实践,以期他山之石,可以攻玉。

目　录

股利政策之谜——代译序	1
前言	7
致谢	8
图形清单	9
表格清单	10
作者简介	13

第一部分　公司控制权与股利政策

第一章　引言	3
第二章　公司治理的近况及其发展	8
第一节　引言	8
第二节　公司的所有权和控制权范式	9
第三节　为何以及何时控制权并不必然等同于所有权	18
第四节　公司治理机制	28
第五节　结论	46
第三章　关于股利和控制权文献的梳理	47
第一节　引言	47
第二节　作为替代性信号机制的股利和控制权	51
第三节　作为替代性监督措施的股利和控制权	58
第四节　银行的公司治理作用	68
第五节　有关税收的争论	73
第六节　结论	76

第二部分 公司治理体制中股利的灵活性

第四章 研究的问题 81
    第一节 信号、股利政策和控制权的集中 81
    第二节 代理成本、股利政策以及控制权集中 82

第五章 股利支付率的实证问题 86
    第一节 引言 86
    第二节 世界上关于股利政策的类型化事实 87
    第三节 制度框架 90
    第四节 样本和数据 95
    第五节 股利支付率 98
    第六节 总结 108
    附录 109

第六章 股利政策、收益和现金流：一项动态面板数据的分析 111
    第一节 引言 111
    第二节 股利模型 112
    第三节 样本和数据描述 115
    第四节 估计和结果 122
    第五节 结论 134
    附录 136

第七章 公司何时会变更股利政策？ 140
    第一节 引言 140
    第二节 基本估计模型 142
    第三节 变更股利的决定：一般模型 143
    第四节 德国公司何时不发放或者削减股利？ 148
    第五节 不发放和削减股利之后的股利反弹 157
    第六节 总结 159

第八章 股利政策、公司控制权与税负顾客效应 162
    第一节 引言 162

第二节	数据和方法	*164*
第三节	股利、利润和所有权及控制权结构之间的关系	*170*
第四节	年度收益亏损、不发放股利和控制权	*183*
第五节	代理投票权和股利	*186*
第六节	第一层级控制权、税收和股利	*189*
第七节	结论	*200*

第九章 结论   *203*

第一节	公司治理机制和股利政策文献	*203*
第二节	德国和英国的股利支付率	*205*
第三节	股利因应着收益变化的调整程序	*207*
第四节	德国的公司何时变更股利	*207*
第五节	控制权集中度和税负顾客效应	*208*

参考文献	*211*
索引	*224*
翻译是一份心性——译后记	*249*

股利政策之谜
——代译序

公司治理是一个常论常新的话题。对此,一个简约而经典的论断是,公司治理是关于"公司的资金提供者确保自己获得投资回报的方法"[1]。此说以投资者为轴心,而以公司管理层为发端,则可将公司治理概括为公司高管在正式和非正式的制度环境下、在经济和政治体制的约束框架中,努力为公司赢得更多投资者的方式。而由于资金在全球的高度流动,公司治理范式向来是一个全球竞争的范畴。

公司治理植根于一国制度环境之中,它不仅取决于效率逻辑(交易或代理成本的最小化),而且还取决于制度因素。它是一个国家法律框架(公司法、金融市场监管等相关法律)内的公司参与主体(所有者、经营管理者、员工等)之间的博弈和互动之过程。由于股权结构差异和制度变迁的路径依赖,全球并不存在普适性的公司治理范式可供一体遵循。学者们出于研究的需要,的确创造

---

[1] Andrei Shleifer, Robert W. Vishny, *The Journal of Finance*, Vol. 52, No. 2, 1997, p. 737.

出了一种理想化的公司治理两分法[1],但各国公司治理范式仍然像一盒未打开的巧克力般样态纷繁。

股利政策是公司治理范式选择的重要内容。所谓股利政策,是指公司(特别是上市公司)是否发放股利、发放何种股利、发放多少股利、在多个会计年度里如何分配股利发放等公司制度安排。股利政策的设定,既反映制度因素,又体现为效率逻辑。就其制度因素而言,股利政策在一定程度上受制于各国法律的强行性规定[2];就其效率逻辑而论,由于公司参与方是自身最佳利益的判断者,因而股利政策基本上属于公司内部治理的范畴,许多国家甚至把股利政策的决定权完全交给公司董事会,因为他们认为,股利政策在本质上属于商业判断(business judgment)的范畴。

公司永远需要股利政策,但是没有永远的股利政策。几十年来,公司财务学者一直致力于探索理想的股利政策模式。但遗憾的是,对于股利政策安排是否会影响公司的市场价值,各方见解并不一致,迄今亦没有找到一个合理的理论解释,理论框架和经验材料之间也经常无法调和,甚至时常发生断裂,更遑论寻找到一个"放之四海而皆准"的股利政策模式了。这种现象,在金融经济学文献中被称为"股利之谜"(Black,1976)。本书第三章对此有细致的阐述。

基于以上理解,通读全书,不难获得关于股利政策若干理论的

---

[1] 公司治理两分法,即把全球的公司治理类型划分为盎格鲁—萨克逊模式(也称外部人模式、普通法传统模式或"新美国模式")和大陆模式(也称为内部人模式、银行导向模式或"莱茵河模式")。前者(以英国和美国为例)的显著特征为:所有权分散、强投资者保护而弱劳工保护、商业银行和投资银行之间泾渭分明、对反拖拉斯法(例如美国1890年的谢尔曼法)依赖严重。后者的特征则为:银行控制了公司或与公司结盟,呈现出偏好低风险和长期融资的、以信用为基础的金融体制。详细的分析,请参见〔波兰〕米哈乌·费德罗维奇、〔西班牙〕鲁特·V.阿吉莱拉编:《转型经济和政治环境下的公司治理:制度变革的路径》,罗培新译,北京大学出版社2007年版,"译者序"第7页。
[2] 如《中华人民共和国公司法》第167条规定,公司分配当年税后利润时,应当提取利润的10%列入公司法定公积金。根据该条规定,只有提取法定公积金和弥补亏损以后的利润,才能以股利分配给股东。

整体认识:

其一,股利无关论。该论的主要倡导者是 Miller 和 Modigliani (1961)。他们以分析股利政策为起点,证实了在满足以下条件的情况下,公司的市场价值与股利政策无关:(1) 公司的投资政策已经确定,并且已经为投资者所知悉;(2) 个人能够无成本地买卖证券;(3) 不存在个人或者公司收入所得税;(4) 不存在信息不对称的情形;以及(5) 经理和外部投资者之间不存在代理成本。根据该说,在完美且不存在各种所得税的资本市场上,股利政策的改变仅仅意味着收益在现金股利与资本利得之间分配上的变化,企业价值仅取决于企业预期盈利能力及其风险程度,而与股利政策无关。

根据 Miller 和 Modigliani 的理论,支付1万美元股利的同时增发1万美元的新股,与企业决定将这1万美元的盈利留存为资本利得,对企业的影响并无二致。但 Miller 和 Modigliani 理论最大的缺陷在于,忽视了资本市场的交易费用,如支付股利需要支付所得税,企业增发新股需要支付发行费用,投资者也需要支付交易费用,这样势必会对企业的现金流量产生影响,并会进一步影响到企业投资决策。

该理论的缺陷还在于,未能正视股东与管理层的利益分野、资本市场的信息不对称等种种现实。在此情况下,代理成本理论与信号理论开始登场。

其二,代理成本理论。股东与管理层的利益分野,不可避免地带来代理成本。对此,一种理想的做法是,股东与管理层签署一份完备的契约,详尽规定管理层如何运作资金,股东之间如何分配投资回报等事宜。然而,由于事先预见公司的所有情事并不现实,公司契约总是倾向于不尽完备,代理成本殊难避免。鉴此,一些赖以控制代理成本的方法应运而生,"所有权集中"和"股利政策"即属其中。就前者而言,现金流和控制权利集中于一个大的投资者手中,这使得公司管理层与其股东利益得以保持一致(Jensen 和

Meckling,1976)[1],从而减缓了小股东"搭便车"(free rider)的理性冷漠心理肇致的种种监督乏力情形。

然而,所有权集中又带来了另一种代理成本,即所谓控制权的私人收益(Grossman 和 Hart,1988)问题。表决权集中于单一的投资者手中,给了这位投资者以牺牲其他投资者和利益相关人(例如雇员、客户等)为代价而中饱私囊的机会。

在本书中,Rozeff(1982)、Easterbrook(1984)以及 Jensen(1986)从控制代理成本的角度,对于公司为什么可能支付股利,提供了另一种解释。Rozeff(1982)认为,股利支付是公司最优的监督/约束系统的一部分,可以用来降低代理成本。为了更好地对公司实行监督,股东倾向于外部融资,因为外部融资迫使公司经营绩效必须面临市场评估,进而对管理层构成巨大压力。为了增大融资成功的可能性,公司倾向于支付高额的现金股利,以给潜在的投资者良好的心理预期。而高额的股利支付要求公司产生出充分的现金流,并将其支付给股东。就此而论,股利支付政策就成为诸多代理成本控制方法的替代性机制。

其三,信号理论。信号理论的机理建立于信息不对称的基础之上。Miller 和 Modigliani(1961)首次表明,由于公司管理者和投资者之间信息不对称,股利的变更可能会将经理人员关于公司前景的内部内幕信息传递给外部人。所以当公司提高股利时,就是向市场传递出"盈利能力佳"的良好信号;反之,就会向市场传递出"盈利能力差"的不良信号。所以,该理论认为,股价的升降与投资者对现金股利的偏好并没有关系,只是由于信息的不对称而使投资者的反应各不相同。

在 Miller 和 Modigliani(1961)之后,更多的关于股利信号功能的正式模型被开发出来。这些模型都表明,为了使一项股利政策

---

[1] 在英国和美国,将持有相当多的少数所有权份额(例如持有 10% 或者 20%)的个人或者公司,称为大股东,是非常普遍的(例如,参见 Mock,Shleifer 和 Vishny,1988)。而在德国以及在其他欧洲国家,大股东拥有大得多的所有权份额,通常是超过 40%。

的变更传递出公司价值增长的信号,经理人员必须比市场先知先觉。前景暗淡的"绩差"公司要想假扮成前景光明的"债优"公司,也必定存在成本。Miller 和 Rock(1985)模型对此的描述也值得关注。他们指出,如果在模型中引入股权交易时的内幕信息因素,公司最佳投资的标准已经不再是一项均衡了。其推理如下:在市场把已宣布股利解读为传递着公司目前及将来收益信息的环境下,经理人员可能会被诱使着通过支付高于市场预期的股利来使公司的市场价值走向虚高,即便这样做是以牺牲公司的投资政策为代价,亦在所不惜。由此看来,股利的信号机制同样存在巨大的成本。本书第三章对此有全面的梳理。

其四,"在手之鸟"理论。以 Gorgon 与 Linter 为代表的论者认为,由于未来收益存在一定的风险,当前股利收入比留存收益所带来的未来资本利得更为可靠,那么,对于那些厌恶风险的投资者来说,他们可能宁可获得较少的股利,也不愿意将收益留给未来不确定的高额资本利得,此即所谓"两鸟在林,不如一鸟在手"。所以,该理论得出两个结论:第一,股票价格与股利支付比例成正比;第二,权益资本费用与股利支付比例成反比,也就是说,公司必须制定支付比例比较高的股利政策,才能使公司的价值最大化。

然而,该理论的局限性在于,只考虑投资者的一次性投资,而没有考虑当投资者对公司发展前景比较看好、因而将获得的股利再次投资到公司时,将会对公司的股票价格产生怎样的影响。

其五,税收客户效应理论。该理论根据不同群体的税收地位,主张应根据不同投资者的特点来制定不同的股利分配策略,这样才能保证公司股票价格的稳定,从而能够相对准确地反映公司的价值。例如,本书第八章指出,根据其税收地位,德国公司的控股股东被分为三种类型:(1) 德国公民(家族或者个人);(2) 国内公司(金融和非金融公司);(3) 外国个人或公司。对于外国投资者而言,税收差分变量取决于以下因素:在母国的收入或者公司税相对于母国的资本收益税的大小,以及代扣所得税是否可从母国课征的税款中扣除。

本书的研究表明,相对于美国的制度而言,德国的税收制度针对股利的差别待遇要小得多。德国个人和公司(除非德国公民被课以最高的边际收入所得税率)在总体上具有税收优势。外国投资者压倒性地偏好资本利得,而不是股利收入。对此,Amihud 和 Murgia(1997)称,"有关德国股利的困惑,恰恰与有关美国股利的困惑相反:为什么德国的公司不设定更高的股利支付,然后在资本市场上筹集所需的资金?"对此,正如作者所言,尚需要更细致的解读来回应这一问题。

通读该书,其图表之丰富,数据之翔实,定式和公理之严谨,推理和演算之细密,都给读者一种强烈的感觉:作者试图在不确定的"股利政策之谜"中,寻找确定的"股利政策设定之逻辑"!或许,这就是科学吧!

曾经翻译过著作的人都知道,关于翻译的比喻很多,最著名的莫过于"翻译者即背叛者"(translator, traitor)。的确,优秀的作品,无论行文风格还是思想的个性化表达均不落窠臼。因而,翻译的语言转换过程,同时也是原著气脉和神韵耗散的过程。鉴此,译者尽了最大的努力,除力求准确之外,还尽可能以地道的中国文字捕捉原著字里行间蕴藏的韵味。但囿于水平,缺憾甚至错谬之处在所难免,在这里,恳请读者批评指正。

罗培新

2008 年 4 月 1 日

前　言

　　安然(Enron)和世通(Worldcom)的惨败,确切无疑地证实了公司治理在当前仍然是一个与社会高度相关的、适宜的话题,即便对于被认为高度发达的、提供了最强有力的投资者保护和最高水平的信息披露的美国资本市场,也是如此。在其他种种情景中,荷兰零售商 Ahold 暴露出的严重问题表明,对于公司信息的虚假披露,欧洲也不具有相应的免疫力。虽然关于公司治理的学术文献增长迅速,但对于英国或美国之外的市场,却绝少为人所知。对于公司治理和公司的重大财务决定之一——股利政策之间的互动,我们也知之甚少。本书试图缩小这些差距。

Luis Correia da Silva
Marc Goergen
Luc Renneboog
牛津
曼彻斯特和提耳堡
2003 年 9 月

致　谢

我们感谢 Steve Bond, Bob Chirinko, Marianne Citoyen-Leroy, Julian Franks, Klaus Gugler, Tim Jenkinson, Marina Martynova, Colin Mayer, Joe McCahery, Derek Morris, Steve Nickell, Stuart Ogden, Greg Trojanowski 和 Burcin Yurtoglu,他们阅读了全部或部分手稿的早期版本。当然,对于可能存在的错误而引发的责任,显然由我们承担。我们同时要感谢编辑 Andrew Schuller。

图形清单

图 2.1　大股东控制下的上市公司百分比　　　　10
图 2.2　拥有至少持股 25% 的少数派大股东
　　　　的公司百分比　　　　　　　　　　　11
图 2.3　所有权和表决权　　　　　　　　　　　20
图 8.1　"金字塔"结构示例　　　　　　　　　163

表格清单

表 2.1	欧洲和美国的持股最多的股东的所有权分布	11
表 2.2	最大的股东在欧洲的分布	14
表 2.3	欧洲的双重类别股份	24
表 2.4	欧洲当前的法规	25
表 2.5	大宗股份溢价占公司股本的比例	26
表 2.6	股东和债权人保护	42
表 2.7	外部融资和法律渊源	44
表 5.1	世界范围内的股利支付率	88
表 5.2	基于德国和美国的 ΔCF_t 和 ΔCF_{t-1} 的股利支付的变化(ΔD_t)	99
表 5.3	在德国所有工商业上市公司组成的样本和英国 250 家工商业上市公司组成的样本中,零股利支付的公司所占的比重	100
表 5.4	德国 250 家工商业上市公司平均的股利支付率,1990—1992	101
表 5.5	德国和英国的股利支付率	102
表 5.6	按公司规模划分的德国和英国公司的股利支付率,1990—1992	104
表 5.7	大横截面的德国工商业上市公司的表决权的分布模式,1993	106
表 5.8	按最大股东的种类划分的所有德国工商业上市公司的平均股利支付率,1990—1992	107

表 5A.1	按行业划分的德国工商业上市公司的平均股利支付率	109
表 5A.2	基于 ΔE_t 和 ΔE_{t-1} 的所有德国工商业上市公司股利分配的变化,1990—1992	110
表 5A.3	基于 ΔCF_t 和 ΔCF_{t-1} 的所有德国工商业上市公司股利分配的变化,1990—1992	110
表 6.1	样本的总体构成	116
表 6.2	股利、已公布收益和现金流的描述统计	120
表 6.3	股利增加、减少和维持的数量	121
表 6.4	分配指标的百分比的变化	121
表 6.5	有着已公布收益的股利模型	127
表 6.6	有着现金流的股利模型	129
表 6.7	同时有着已公布收益和现金流的股利模型	130
表 6.8	按比例缩小的估计结果之概要	133
表 7.1	降低、维持或者增加股利的决定的排序概率分析:一个净收益(NI)的模型	145
表 7.2	降低、维持或者增加股利的决定的排序概率分析:一个现金流(CF)模型	147
表 7.3	股利变更:(1) 在 1989 年—1993 年间至少存在一个年度亏损的 71 家公司(N_1),以及 (2) 1989 年—1993 年间有着严格正收益的 118 家公司(N_2)	149
表 7.4	1989—1993 年间亏损和非亏损公司不发放、削减或者维持/增加股利的决定的排序概率分析:一个净收益模型	151
表 7.5	1989—1993 年间亏损和非亏损公司不发放、削减或者维持/增加股利的决定的排序概率分析:一个现金流和净收益模型	153
表 7.6	关于不发放股利和亏损年份前后净收益困难的持久性和深度之间关系的二项概率分析	155

表7.7	不发放股利之后的股利反弹	*158*
表7.8	削减股利之后的股利反弹	*159*
表8.1	德国221家工商业上市公司在1984年、1989年和1993年的第一层级和最终的控制权	*165*
表8.2	1984—1993年间控制权未发生变更的公司的股利支付率	*168*
表8.3	公司控制权变更前后的股利支付率	*169*
表8.4	股利、现金流和控制权不同测算方法之间关系的面板数据估计	*174*
表8.5	股利、现金流和银行、家族以及公司持有的控制权之间关系的面板数据估计	*180*
表8.6	对不发放股利、收益亏损和控制权结构之间关系的排序概率单位分析	*184*
表8.7	关于股利、现金流和银行投票权之间关系的面板数据估计	*188*
表8.8	德国公司留存利润和股利的应税税率	*191*
表8.9	第一层级的股利、现金流及税收差分和控制权结构关系的面板数据估计	*199*

作者简介

路易斯·科雷拉·达·席尔瓦(Luis Correia da Silva)系牛津经济研究协会(Oxford Economic Research Associates, OXERA)会长,以及该协会的金融部主任。他拥有牛津大学基布尔学院(Keble College, University of Oxford)的经济学博士学位、比利时布鲁塞尔自由大学(Université Libre de Bruxelles)的理学硕士和工商管理硕士学位。他的研究领域集中于银行、证券经营机构、基金管理公司的金融监管、股利政策、资本结构以及公司的资金成本等。他主持完成了英国金融服务监管局(FSA)、伦敦证券交易所、英国公平交易署(OFT)、世界银行、苏格兰皇家银行、欧洲资产管理联合会(EAMA)、英国贸易工业部(DTI)、英国皇家邮政(Royal Mail)、以及多家公用事业公司和监管部门委托的咨询项目。他的著作 Asset Management and Investor Protection: An International Analysis,也已经由牛津大学出版社出版。

马克·格尔根(Marc Goergen)拥有比利时布鲁塞尔自由大学经济学硕士学位,还拥有布鲁塞尔索尔韦商学院(Solvay Business School, Brussels)欧洲商务工商管理硕士学位。他在牛津大学基布尔学院(Keble College, University of Oxford)获得经济学博士学位以后,进入曼彻斯特大学财务与会计学院和曼彻斯特大学管理学院(UMIST),担任讲师。1997年,他出任雷丁大学(University of Reading)ISMA中心的讲师,1999年,他回到曼彻斯特大学管理学院(UMIST),现为管理学院教授。Marc是欧洲公司治理研究所

(European Corporate Governance Institute，ECGI)的研究助理,同时还是公司治理和会计国际研究所的研究人员。他的主要研究兴趣在于公司治理和公司控制权、首次公开发行、公司投资模式,以及股利政策等。他已经在 European Financial Management, the Journal of Corporate Finance, the Journal of Business Finance and Accounting 和 Journal of Law, Economics and Organization 发表了多篇文章。同时,他还撰写了一本关于公司治理的题为 Corporate Governance and Financial Performance 著作(由 Edward Elgar 出版),并且参加了其他数本书若干章节的撰写。

吕克·伦内布格(Luc Renneboog)毕业于鲁汶天主教大学(Catholic University of Leuven),获管理工程学硕士学位、哲学学士学位,从芝加哥大学获得工商管理硕士学位,从伦敦商学院获得金融经济学博士学位。现在,他是蒂尔堡大学(Tilburg University)公司财务教授,也是经济研究中心(蒂尔堡)、欧洲公司治理研究所(布鲁塞尔)的研究人员。他在鲁汶天主教大学(布鲁塞尔)、牛津大学均任有教职,同时还是伦敦商学院、欧洲大学学院(佛罗伦萨)(European University Institute, Florence)和 CUNEF 大学(马德里)(CUNEF, Madrid)的访问教授。他的文章发表在 Journal of Financial Intermediation, Journal of Corporate Finance, Journal of Law and Economics, Journal of Banking and Finance, Journal of Law, Economics and Organization, Cambridge Journal of Economics, European Financial Management 以及其他杂志上。他还编有两本书,书名分别为 Corporate Governance Regimes: Convergence* and Diversity 和 Venture Capital Contracting and the Valuation of High Technology Projects。这两本书均由牛津大学出版社出版。他的研究兴趣在于公司财务、公司治理、股利政策、内部人交易、金融危机、法律和经济学以及艺术经济学。

---

* 原著为"Convergance",应为"Convergence"之笔误。——译注

第一部分

公司控制权与股利政策

第一章 引言

虽然股利政策是公司董事会做出的主要决策之一,但是,英国或美国之外的公司是如何分配股利的,却鲜为人知。而对于英美公司治理体制之外的公司股利和公司治理之间的关系,知之者则更为少见。

然而,这方面的跨国比较已在进行,而且提出了一些有争议的话题。例如人们普遍认为,德国的公司与英国和美国的公司相比,股利分配的数额较少,但比较稳定。[1] 反过来,德国公司留存下来的现金流,对公司的运作提供了资金支持,股东将从长远上获得资金收益。这使得英国的一些政策制定者,例如前财政司司长Stephen Dorrell,他认为,"(英国)的股利分配自1979年以来大幅增长,可能增长速度太快而且太不灵活"。[2] 虽然Dorrell说这番话的时候,远在1994年,已经丧失其妥当性,但在2002年10月,作为英国最重要的机构投资者之一的保诚(Prudential)的一家分公司M&G的首席执行官Michael McLintock,向英国的各大公司写了一封信,指出在利润缩水的情况下继续分红是重要的。这封信谈到,"为股利而投资的情形,在大多数情况下都得到了强大而良好的支持,经受住了时间的考验,而且在可以预见的将来,在我们看起来必须面对的经济和股票市场之中,也会得到越来越多的认可。"[3]

引人侧目的是,在过去的十年来,一些德国的公司已经开始采用一些接近于英美标准的会计做法。例如,作为德国最大的上市公司之一的戴姆勒—奔驰 AG(Deimler-Benz AG),即现在的戴姆勒

---

[1] 例如,参见《经济学家》(The Economist),1994年1月29日。
[2] 《金融时报》(Financial Times),1994年4月29日。
[3] 《金融时报》(Financial Times),2002年10月8日。

4 股利政策与公司治理

克莱斯勒(DeimlerChrysler)汽车公司,于 1994 年宣布它"正在考虑改变其股利政策,以与集团的财务总监(Gerhard Liener)所称的'英美'做法相一致……从长远来看,戴姆勒—奔驰公司正在考虑确保它的股利与集团收益结合得更为紧密"。[4] 虽然在这一讨论中有大量有争议的问题,但支持这些观点的经验证据却极其缺乏。

我们绝大多数关于股利政策的形成因素的理解,都奠基于英美公司的实证材料。这些公司成长于其中的金融体制(以市场为基础的公司治理机制),与其他国家以大股东为基础的机制截然不同,后者如澳大利亚、法国、德国、意大利和日本。美国和英国的资本市场以大规模的股票市场和依赖于短暂的所有权结构的上市公司为主要特征,这种所有权结构包括机构投资者(例如养老基金、共同基金及其他),它们作为高度分散的股东的代理人而行事,倚赖公司控制权市场以实现公司的重组。相反,澳大利亚、法国、德国、意大利和日本的公司治理结构则依赖于管理层、大股东和债权人的紧密联系。[5] 这些大股东持股时间要长得多,而且对公司的控制权也要大得多。金融机构也获准同时持有一家公司的股权和债权。有观点认为,在解决监督管理层的问题方面,德国和日本类型的公司治理结构比英美体制成功。持股数量较多而且持股时间较长的所有者,就拥有激励和能力来收集他们所投资的公司的信息。他们也更安于对公司当前的前景予以评估,而不是忙于买卖股票来牟取短期利益。其结果是,正如已经被指出的,在把资金导向于投资方面,英美体制是孱弱的,而日本和德国的公司的融资成本则较低。[6]

以上两点互为关联。在德国,由于存在某些特定的制度安排,股利可能会比较低。关于股利政策的理论纷争主要围绕着以下见解:股利用于消除投资者和管理者之间的信息不对称和代理冲突。

---

[4] 《金融时报》(*Financial Times*),1994 年 7 月 8 日。
[5] See, for example, Porter (1992).
[6] 相反,有人会主张,考虑到英美国家对股东的保护水平更高,英国公司的融资成本应当更低(例如,参见 McCahery 等,2002)。

如果德国公司治理体制本身的信息和监督问题较少,则股利可能也并不是降低这些成本的必要措施。从以上讨论来看,德国公司治理体制的核心驱动力是所有权和控制权的范式。虽然大多数公司都有大股东,但也有一些公司的股权高度分散。另外,大股东的性质,也因公司所属行业不同而存在重大差异。本书所进行的研究试图解决的问题是,在预示公司前景和协调股东与管理层利益方面,德国特定类型的公司控制权是如何取代股利而发挥作用的。

本书的主要目的,是对运作于英美公司治理体制之外的公司,提供更多的股利政策方面的证据。本书特别关注的是,股东的不同类型对股利支付及其短期与中期的灵活性,可能会带来什么影响。对于德国——这一国家或许是大股东体制的原型——的股利范式,本书提供了一些重要的见解。

本书由两部分组成。第一部分为本书第二部分的经验研究提供了基础。第一部分的第一章——全书的第二章——回顾了世界范围内主要的公司治理体制的特色。第一,我们回顾了全球范围内的控制权和所有权范式。特别地,我们对欧洲大陆、英国和美国的某些类别的股东的重要性予以审视。第二,我们对所有权和控制权之间的分野以及导致偏离了一股一票原则的不同制度设计予以特别关注。第三,我们对不同的公司治理机制的理论和经验证据,展开了评论。特别地,我们探讨了不同的公司治理设计是如何发挥着股利政策的替代或补充作用的。

第三章回顾了有关股利的文献,以及控制权对股利政策的影响。我们以梳理有关股利政策和控制权之间联系的理论模式为起点。第一,我们集中关注一种模式,这种模式认为,在预示公司的前景方面,控制权可以作为股利的替代物。第二,我们回顾了一些理论文章,它们将控制权视为股利政策的替代性监督措施。我们有意识地比较了英美国家和世界其余国家在经验证据方面的差别。传统观点认为,银行主导着法国、德国、意大利和日本的公司治理体制,而银行的股利政策给公司可能带来的影响,也一并纳入了分析的视野。

本书的第二部分包含了实证研究。它选取了德国上市的工商业公司与英国一个研究样本所包含的工商业公司，比较了两者在股利政策方面的差别。我们还对自身的研究成果与对美国公司的研究发现，进行了比较。第一章和第四章列出了我们的研究问题。第五章则通过探讨既有的关于跨国股利政策的研究以及指出与股利政策研究相关的一些实证问题，设定了研讨的场景。

第六章的目的是，证明Linter(1956)的局部调整模型有多么合乎德国的数据，并且把对德国的发现与此前英国和美国公司的证据进行了比较。我们运用计量经济学在动态数据估算模型方面的近期发展，来模拟大型的跨部门公司从1984年至1993年的十年期里的股利行为。这一期间特别有趣，因为它以五年的经济增长为开端，然后是一段萧条期。虽然该模型总体上表现良好，但仍然存在一些不连续之处。问题产生的一个可能的原因是，从未变动过的每股股利所占比例很高，我们将它称为高度"离散"的。这与英国和美国公司的股利行为恰恰相反。

在第七章中我们考察的是，德国和英国的公司何时改变股利政策，而不是在多大程度上调整股利政策以回应公司收益的变化。特别地，我们模拟了公司削减和不发放股利的决定。我们还审视了公司在削减和不发放股利之前，在重新设定妥当的股利支付方面，究竟有多么迅速。这一方法拥有三个优点：第一，它使我们得以检验德国的股利政策的信号功能。我们调查了公司收益突然而暂时的恶化（例如公司在一段时期的良好经营之后收益亏损）给公司的股利行为所带来的影响。第二，这些结果可以与美国的有关公司融资的文献相比较，后者以某种类似的方式模拟了公司的股利决定，并且已经发现了与股利发挥着信息功能相一致的经验证据。第三，每股股利高度的"离散"表明，这一方法对于面板数据估计的交叉验证还是必要的。

第八章总结了前面各章的内容，以模拟德国公司的股利和控制权之间的关系。我们仔细审查了大型的代表性公司10年（从1984年至1993年）间的控制权范式。本章报告了控制性股东，金融机构成为股东所占的比例,以及其他公司作为大股东的重要性。另外,我们还记载了被频繁运用的"金字塔式"所有权结构。这些结构使得位于金字塔顶端的股东可以通过所有权的不同层级来对公众公司施加控制。我们运用第六章和第七章的自己"偏好"的股利模型,来调查控制权范式的典型且临时的变动是如何影响公司股利行为的。另外,我们还检验了这一假设,即股东的不同负税状况对于他们所投资的公司的股利政策存在着影响。在降低信息不对称和缓解代理矛盾方面,是否存在某些可以成为股利政策替代机制的控制权结构?本章的主要目的是就此提供经验证据。

在结论部分,我们报告了一系列根据自己对文献的梳理而发现的有关德国、英国、美国以及世界其他地方的股利政策的类型化事实(stylized facts)。同时,我们根据自己的实证分析,得出了关于德国股利调整的速度、它们的灵活性、股利的治理功能以及作为股利政策决定性因素的税收等方面的重要结论。

第二章 公司治理的近况及其发展

第一节 引言

公司治理体制通常被界定如下:为了确保公司的代理人(公司的管理层)为其一个或多个被代理人(股东、债权人、供应商、顾客、雇员以及其他公司与之开展业务的人)的利益而运作公司的各项机制之聚合。Becht、Bolton 和 Röell(2002)认为,公司治理规则是不同的被代理人和管理层之间的缔约进程而导致的结果。当公司的运营违背了一个或多个被代理人利益,以及公司管理层违背了与被代理人的明示的(有时是默示的)契约时,就产生了代理问题。公司治理体制所追求的效率,其标准因国而异。虽然在许多欧洲大陆国家(比如说德国),关于公司治理的法律界定明确提到了利益相关者价值的最大化;英美国家的观点——比如说,Shleifer 和 Vishny(1997)所表达的——则是,公司治理应集中于为投资者谋求公平的回报。与 Shleifer 和 Vishny 相反的是,Jenson 和 Meckling(1976)认为,只要以下条件满足,股东价值的最大化也即等同于经济效率:(1) 公司被认为是债权人、雇员、客户、供应商和其他相关主体之间的完备的合同的联结;(2) 在其他契约义务履行完毕后,股东可以主张剩余索取权;(3) 不存在代理问题。

用以确保经济效率的公司治理机制是多种多样的,包括公司控制权市场(敌意收购市场)、大股东的监督、大宗股份易主、债权人(特别是银行)的监督和内部控制机制,例如董事会和各种非执行委员会、经理人员的薪酬合约以及公司法制度和股票交易所确定的监管框架等。另一种重要的公司治理措施是股利政策:高额的股利支付政策要求公司管理层必须产生充分的现金流,并将其支付给股东。就此而论,股利支付政策就成为前面所列诸项做法的替代性治理机制。与此相反,一些治理设计反过来可能成为高额的股利支付政策的补充。例如,可能需要有大股东或强大的董事会来推行这一股利政策。类似的,公司要运用高额的股利支付政策来抵制敌意收购。因而,本章集中探讨主要的公司控制权机制,它们要么是股利政策的替代性监督措施,要么是股利支付率的重要决定因素。[1]

第二节探讨了各国公司的所有权和控制权集中度的差别。公司控制权集中度不仅因国而异,而且因股东类型而不同。同时,由于以下两个原因,股东的不同类型对于股利政策有着重大的影响:(1)一些类型的大股东更善于监督经营业绩低下的公司,因而可能是更好的股利政策替代机制;(2)不同类型的大股东可能受制于不同的税收征管体制,因而就以不同的方式影响着股利支付政策。第三节表明,公司控制权并不必然与所有权保持一致,因为存在若干机制,使得一股一票原则被偏离了。第四节对公司治理机制的各种替代模式的理论模型及对其效率所进行的实证研究,予以了回顾。第五节则是本章的结论。

第二节 公司的所有权和控制权范式

一、控制权集中度的国别差异

关于公司控制权结构因国别不同而存在着的巨大差异,近期的文献提供了充足的经验证据。Barca 和 Becht(2001),这两位组织协调欧洲公司治理研究所(European Corporate Governance Institute, ECGI)工作的负责人,已经出版了关于公司控制权范式详尽的研究成果。他们的关注焦点在于控制权结构[2],后者在以下两方面与所有权迥然相异:第一,并不是所有的股份都拥有投票权,例

---

[1] 另一可能影响股利政策并且可以解释各国差别的因素是税收,第八章将详细探讨这一问题。
[2] 其原因在于,规制着欧盟成员国股东披露事项的欧盟大股东指令(88/627/EEC)要求,在表决权份额——而不是所有权份额——超过一定限额时,必须予以披露。因而,对于绝大多数欧盟国家,关于所有权的信息通常并不可得。

如,无表决权股份就无法为其所有者带来任何控制权。第二,由于并不一定要通过第一层级才能行使控制权,欧洲公司治理研究所(ECGI)并不仅仅将直接持股份额考虑在内,而是还考虑到了间接的控制权关系。因而,他们累计了由同一个最末端的股东或投资者集团直接或间接控制的所有表决权份额。[3] 在本节的剩余部分,我们将探讨控制权而不是所有权。

在绝大多数欧洲大陆的公司中,大多数拥有投票权的股份由一个股东或一个股东集团所持有(图2.1),并且在绝大多数公司中,至少拥有否决作用的少数股份(blocking minority)(例如25%)由一个股东所持有(图2.2)。相反,英国和美国却以股权分散、管理层拥有运营公司的广泛权力而著称。

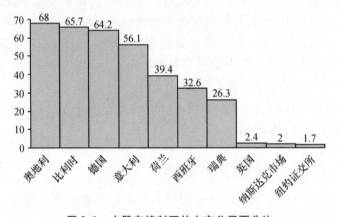

图2.1　大股东控制下的上市公司百分比
源自:Barca 和 Becht(2001).

表2.1确认,欧洲大陆的公司的控制权集中度之高令人吃惊。在澳大利亚、比利时、法国、德国和意大利的公司中,一个股东(或者一个集团股东)通常拥有绝大多数的表决权股份。这一情形与英国大不相同,后者最大的股东平均只持有14%的表决权股份。这种所有权和控制权分散的情形在美国则更为显著。在欧洲大陆,

---

[3] 关于所有权金字塔或层级结构的运用、形成和控制性后果的更为详尽的探讨,参见本章第三节。

第二章 公司治理的近况及其发展

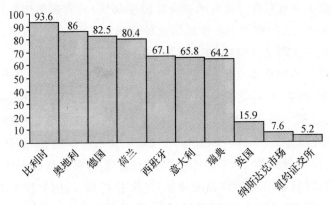

图 2.2 拥有至少持股 25% 的少数派大股东的公司百分比
源自:Barca 和 Becht(2001).

表 2.1 欧洲和美国的持股最多的股东的所有权分布

国家	样本	持股			
		最大	第 2 大	第 3 大	第 4 至第 10 大
澳大利亚[a]	600	82.2	9.5	1.9	6.5
法国[a]	403	56.0	16.0	6.0	5.0
意大利[a]	214	52.3	7.7	3.5	5.1
荷兰[b]	137	28.2	9.2	4.3	7.1
西班牙[a]	394	38.3	11.5	7.7	10.3
英国[a]	248	14.0	8.3	6.1	9.2
美国—纽约证交所[b]	1,309	8.5	3.7	1.8	0.9
美国—纳斯达克市场[b]	2,831	13.0	5.7	3.0	1.6
		最大	第 2 加上第 3 大	第 4 加上第 5 大	第 6 至第 10 大
比利时[a]	135	55.8	6.9	0.6	0.2
德国[a]	402	59.7	8.6	2.6	0.3

注:本表提供了欧洲国家和美国的公司最大的控制性份额(表决权股份所占的份额)的平均规模。除了比利时(1994)和英国(1993)外,所有国家的数据都取自于 1996 年。澳大利亚的样本包括了上市公司和非上市公司,其他国家的样本公司则是上市公司。

a 考虑了直接和间接的持股。
b 只考虑直接持股。

来源:Becht 和 Boehmer(2001);Becht,Chapelle 和 Renneboog(2001);Bianchi,Bianco 和 Enriques(2001);Bloch 和 Kremp(2001);Crespi 和 Garcia-Cestona (2001);De Jong 等(2001);Goergen 和 Renneboog(2001);Gugler 等(2001);Renneboog(2000)。

三个最大的股东合并持有的表决权超过60%(一直到超级多数,也就是75%,法国和澳大利亚即属此种情形)。而在英美国家,类似的合并持股则仅仅拥有30%的表决权。

以上类型化事实提出的一个问题是,为什么各国公司控制权层级的差距如此之大?对于这一问题,Goergen 和 Renneboog(2003a)至少部分地给出了答案。他们选择了两个公司治理体制迥然不同的国家:德国(以大股东为基础的治理体制,即股权集中度高,控制权结构复杂,上市公司只有寥寥数家以及股东保护羸弱)和英国(以市场为基础的体制,上市公司众多,所有权分散,股东拥有强大的权利)。他们研究了公司股份首次公开发行(IPO)之后,控制权是如何演变的。德国公司中,大股东拥有更大的表决权份额的首要原因,可能是监管和法律环境的差别。对德国和英国的有关股票交易规则、小股东保护的明文规定、信息透明和并购法典的详尽分析表明,德国的股东权利要更弱一些。股东年会的表决程序、董事会的组成和董事的信义义务规则,进一步强化了德国相对较弱的股东权利。其结果是,对于德国公司的股东而言,控制权就更富有价值,它们可以用以避免投资被侵蚀,以及/或者避免从控制权中获取私人收益。另外,持有大宗控制性份额的成本,在德国比在英国低,因为所有权的金字塔式结构、发行无表决权股份和提名代表进入董事会的可能性,都确保了可以通过相对较低的现金流权利(cash flow rights)来获得控制权。

虽然法律环境预测德国会产生更强大的控制权(还可参见本章第四节第三部分的内容),但它并没有解释控制权集中度方面的差异是如何形成的。考虑到全球经济竞争的程度,令人奇怪的是有关公司治理的规则却并没有更加趋同(McCahery 等,2002)。[4]

---

[4] 然而,Bebchuk 和 Roe(2000)认为,公司控制权集中度的僵化和难以变革,在很大程度上与经济起步时的结构有着紧密的关系(结构驱动型的路径依赖)。公司控制权结构以效率为取向的选择,受到了已经沉淀的成本(sunk costs)的影响。进而言之,由于运用目前绝大多数主体所熟悉的、主导性的经济形式有着诸多优点,故而存在一种捐赠效应(endowment effect)。公司控

Georgen 和 Renneboog(2003a)运用一些决定了首次公开发行时的初始大股东保留着公司控制权、控制权耗散于许多小股东之间以及控制权移转的经济因素,来解释趋同的缺失(或者趋同步履的缓慢)。就后者而言,他们在控制权移转给最后大量分散的买家和集中的买家之间,做出了区分。他们先是选取了一组英国公司和一组德国公司作为样本,这些公司都在股票交易所上市交易,而且初始的控制权集中度非常高。然后他们追踪随着时日的推移,公司控制权可能发生的变迁。他们发现,在普通的德国公司中,初始股东不仅比他们的美国同行拥有多得多的股份,而且在首次公开发行之后五年,仍然保持着绝大多数的控制权。相反,在美国,公司的初始股东在公司上市两年后就已经丧失了绝大多数控制权。Georgen 和 Renneboog(2003a)发现的有力证据表明,公司自身的特性在解释控制权演进的差异时,不仅在同一国内因公司不同而有差异,而且在不同的两个国家之间也存在差别。他们运用了托宾(Tobit)模型来估算公司上市六年后初始股东所持有的控制权比例、新的大股东所持的控制权比例以及自由流动的控制权所占的比例。他们发现在英国,公司的规模是决定控制权集中度的一个重要因素,而在德国却不是。英国大型的公司朝着一个股权更为分散的结构演变,而在德国的大公司中,新的股东却持有大得多的表决权份额。其原因是,财富的限制约束着英国公司的股东,而在德国,公司可以通过金字塔式所有权来撬动(leverage)控制权,从而规避了这一约束绩效。如果德国公司的发起人在首次公开发行

权参与主体的内部寻租,或许也可以解释为什么这些主体要阻滞以效率更高的控制权结构为目标的变革。例如,股权高度分散的公司的管理层,可能倾向于保留一种分散的控制权结构,因为这使他们得以以牺牲股东利益为代价而维护他们的私人利益。同样的,Bebchuk(1998)认为,集中的所有权——以及由此导致的不受挑战的公司控制权——盛行于欧洲大陆,因为松散的公司治理方面的规定,使得大股东得以大量获取公司控制权所带来的私人利益。因而,只要欧洲大陆的法律规范未发生变更,公司的控制权将继续呈现集中的态势(Bratton 和 McCahery 1999)。

时仍然是大股东,而且发行了无表决权股,则公司的控制权就很可能牢牢地掌握在初始股东的手中。这毫不奇怪,因为公司的创始家族经常获取公司控制权的(非金钱的)私人利益,并且无表决权股使他们得以在保持控制权的同时筹得额外的股本。尽管在英国,公司的成长对其控制权的集中度没有影响,但在德国,公司的强劲增长却使得控制权移转给了新的大股东。

二、控制权的性质

正如在大多数欧洲国家,强制信息披露的门槛是持有有表决权股份的5%[5],本部分仅仅考虑持股不低于5%的情形。表2.2表明,不仅公司控制权因国而异,而且股东的主要类型也因国别不

表 2.2 最大的股东在欧洲的分布

国家	样本	个人和家庭	银行	保险公司	投资基金	控股和产业公司	政府	董事
澳大利亚[a]	600	38.6	5.6	0.0	0.0	33.9	11.7	0.0
比利时[a]	135	15.6	0.4	1.0	3.8	37.5	0.3	0.0
法国[a]	403	15.5	16.0	3.5	0.0	34.5	1.0	0.0
德国[a]	402	7.4	1.2	0.2	0.0	21.0	0.7	0.0
意大利[b]	(2/4)	68.6	7.2	0.0	0.0	24.2	0.0[c]	0.0
荷兰[d]	137	10.8	7.2	2.4	16.1	10.9	1.3	0.0
西班牙[a]	394	21.8	6.6	8.8	0.0	32.6	0.0	0.0
英国[d]	248	2.4	1.1	4.7	11.0	5.9	0.0	11.3

注:本表考虑了不同类别的投资者群体持有的大表决权(超过5%)份额的总和。除了比利时(1994)和英国(1993)之外,所有国家援引的数据是1996年。
a 直接和间接持股均被考虑在内。
b 意大利的数据是指上市和非上市公司。
c 在意大利上市公司中,大约25%的公司由政府直接或者间接持股所控制:这在表格的"控股和产业公司"一栏中有分类。
d 只是直接持股。
来源:Becht 和 Boehmer(2001);Becht,Chapelle 和 Renneboog(2001);Bianchi,Bianco 和 Enriques(2001);Bloch 和 Kremp(2001);Crespi 和 Garcia-Cestona(2001);De Jong 等(2001);Goergen 和 Renneboog(2001);Gugler 等(2001);Renneboog(2000)。

---

[5] 例外是英国的这一比例为3%、意大利的这一比例为2%。

同而有差异。主要的股东分为(1)机构(银行、保险公司、投资和养老基金);(2)个人(董事除外)和家庭;(3)董事及其家庭和信托;(4)产业和控股公司,以及(5)联邦或地方政府。在每一类别中,我们汇总了它们直接(通过直接持有目标公司的股份)和间接(通过其他公司)控制的有表决权的大宗股份(5%或者更多)。

产业和控股公司

在法国,产业和控股公司类型的股东平均控制着35%的股份(表2.2)。在比利时,这一数字甚至更高,达到了38%。[6] 德国的产业和商业公司平均控制着其他德国上市公司21%的股份。换言之,在52.4%的德国公司中,一个产业公司的股东持有40%或者更多(没有显现出来)的股份(表格中没有显现出来)。类似的,在澳大利亚、意大利和西班牙的公司中,公司部门持有的控制权比重高企。相反,英国和比利时的产业和商业部门则分别持有上市公司有表决权股份的6%和11%。

银行和金融机构

在欧洲大陆的公司中,银行的持股通常较少。在比利时、意大利、荷兰和西班牙,银行直接或者间接控制的股份平均在0.4%和7.2%之间。在法国,银行的控制力最强,虽然银行直接持股极为少见,而且这一比例仅仅占到2.7%左右,但它却平均控制着有表决权股份的16%(表2.2)。其原因在于,一些法国的大银行是投资者集团的最终的股东,这些投资者集团由一些中介控股公司(intermediate holding companies)组成。在德国,银行只(直接和间接地)持有5%或者更多一些的公司的5.8%的大表决权份额,这使得银行平均只拥有1.2%的表决权(表2.2)。然而,银行在德国的影响却高于其通过直接和间接持股而带来的控制权,因为那些将不记名股票交存于银行的股东,通常授权银行行使他们的投票权

---

[6] 关于产业控股公司(或者公司集团)和金融控股公司之间的差异,要进行跨国的比较,经常会面临困难。法国和比利时控股公司(金融控股和产业控股公司合并在一起考虑)累计持有的超过5%的所有权份额,平均分别为21%和27%。

（所谓的代理投票）。另外，德国的公司倾向于拥有一家主办银行（Hausbank），后者得以（如通过任职公司的董事会成员）来对公司实施加其他的影响。而在英美国家中，银行的控制力则经常可以被忽略。

在绝大多数国家，避免潜在的利益冲突是银行在上市公司中持股份额低下的主要原因（Georgen 和 Renneboog 2001）。银行持股的公司通常也对银行负有债务。然而，在公司财务危机苗头初露之时，银行的这两类权利却要求做出不同的最佳决定。当面临破产危险的公司向银行提出再融资的要求时，债权人的地位可能会鼓励银行促成公司申请清算，而股东的地位则可能会使银行去解决贷款问题。此类利益冲突甚至可能会被以下事实所恶化：在诸如比利时、法国和意大利这些国家中，复杂的公司所有权网络包含着银行的持股。例如，一家银行的股份可能受控于一家大型的产业控股公司，后者同时在这家银行也拥有股份或者债权的子公司中，拥有大量的股权份额（Renneboog 2000）。

在荷兰和英国，投资基金、养老基金和保险公司是主要的股东。在5%或者更多的公司中，有表决权的股份分别平均达到了19%和16%（表2.2）。应当注意的是，金融机构实际上拥有的控制权要高得多，因为它们绝大多数持股都低于5%的披露门槛要求。在欧洲大陆的绝大多数国家，大机构股东的缺失表明，与英美国家相反的是，金融机构几乎无望发挥些微的"股东行动主义"（Shareholder Activism）。[7] 即使在英美国家，金融机构发挥监督作用的实例也极为少见，因为它们需要避免积极主动地监督公司以及收集非公开的信息。如果金融机构拥有了此类信息，它们将受制于内幕交易法律而不得从事交易，这样它们投资证券组合的流动性将受到减损（Stapledon 1996；Stapledon 和 Bates 2002）。把对

---

[7] Bratton 和 McCahery(1999)质疑，英美类型的机构股东行动主义将在欧洲大陆带来改善公司绩效的结果，因为，在他们看来，最低水平的并购活动是机构股东和经理人员之间产生相关约定的前提条件。

许多公司实施积极监控所带来的成本计入金融机构的投资组合之中,可能也属禁止之列。

家族和个人

表 2.2 表明,个人和家族是欧洲大陆公司的一种主要的股东类别。[8] 事实上,Franks 和 Mayer(2001)已经发现,大规模的家族控制在德国最大的公司中特别明显。Becht 和 Boehmer(2001)也记载了这一发现:在他们样本中的 37% 的公司中,家族和个人控制着大额的、平均为 20% 的表决权。拥有股权份额的特殊类别的个人股东是董事,由于内部人的身份,他们拥有关于公司未来前景的超乎一般的信息。在绝大多数欧洲大陆国家中,由于以下原因,几乎无法获得有关董事控制力的任何信息:(1)绝大多数董事持股比例都低于披露要求;(2)虽然大型的家族股东经常向董事会委派代表(他们可以是家族成员),但董事会的成员无须对外公开披露他们的出身;并且(3)中介投资公司的运用,进一步使得董事控制权的图景更不清晰。与欧洲大陆的公司形成对照的是,英国公司的董事[9]与机构投资者一样,都是最为重要的所有者。在英国的一些公司中,高管持有大量股份的事实能够使他们更不易受到问责。例如,Franks, Mayer 和 Renneboog(2001)表明,执行董事握有表决权,导致了管理层堑壕效应(managerial entrenchment)和针对管理层的约束行动遭到抵制。

总而言之:(1)欧洲大陆的公司控制权集中度,比英国或美国的高得多;(2)欧洲大陆国家中金字塔式和其他复杂的控制权结构的运用,使得某些股东得以长期保有控制权;(3)欧洲大陆国家中公司部门在上市公司中持有大量股份;(4)银行——除非它们是金融集团的一个组成部分,通常只持有所有公司的一小部分股权份额;(5)机构投资者和董事在英国是主要的股东,但他们在欧

---

[8] 在澳大利亚和意大利,家族控制更为重要,这可以从样本公司由上市和非上市公司组成这一事实得到解释。而且,即使排除意大利的非上市公司,意大利上市公司的主体仍然为家族所控制。

[9] 与欧洲大陆的公司的董事会不同的是,英国的董事会中 2/3 的为执行董事。

洲大陆却并没有拥有很多表决权;(6)董事的控制力在英国相对较高,并且可以导致管理层堑壕效应。

为什么控制权模式可能会对股利政策产生重大影响?至少有三个原因:首先,控股公司的股东可以将其股利支付率偏好施加于所有的股东,而特定的股利政策偏好可能会受到拥有控制权的股东的税收状况的影响(参见第八章)。第二,考虑到对于拥有控制权的股东而言,他可能会有其他方法来获得现金流,因而其可能会降低股利支付率,并且减少股利支付的灵活性。在下一节中,我们将对控制权的私人利益予以进一步探讨。第三,拥有控制权的股东可能也无须将高额股利支付率的约束效果作为一种治理措施来依赖,因为直接监督管理层可能效率更高,而且成本更低。

第三节 为何以及何时控制权并不必然等同于所有权

在本节中,我们凸显了控制权和所有权的分野,以及导致了与一股一票规则发生偏离的、可能对股利政策构成重大影响的不同机制。重要的是认识到,潜在的代理成本问题,在一股一票原则被有效践行和该规则未得到支持的情形下,表现各有不同。当所有权分散与股东表决权孱弱如影随形时,由于缺乏监督,管理层和股东之间就可能存在剧烈的代理冲突。在一些股东保护孱弱的国家,监督的缺乏所带来的问题可能特别严重。对于小股东来说,监督管理层的成本过于高昂以至几无可能,因为监督者承担着所有的相关监控成本,但却仅仅按其持股比例获取收益(Grossman和Hart 1980,1988;Demsetz 1983)。因而,只有大量持股才会产生监督公司的充分激励。控制权分散的优点是,增加了股权的流动性,增大了公司经受公司控制权市场约束作用的机会。相反,强大的所有权和表决权却伴随着股权流动性低但存在发挥着控制作用的大股东,这降低了经营管理人员背离公司目标的可能性。

所有权与控制权相吻合的两类基本情形,反映在表 2.3 的 A 组(所有权和控制权分散)和 D 组(所有权和控制权集中)中。从表面上看,人们会期望这两类情形能够分别代表绝大多数英美公司(所有权和控制权分散)和绝大多数欧洲大陆以及日本的公司(所有权和控制权集中)。问题在于大股东的表决权是否应当受到限制,或者相反,是否应当鼓励行使大额的表决权以制约管理层的恣意行为。

在实践中,D 组也并不适用于绝大多数欧洲大陆国家,因为在那里一股一票原则并不必然得到支持。若干机制的存在使得该原则发生了背离,例如所有权的金字塔结构、拥有多重表决权和表决权限制的股份。C 组代表的情形是表决权的集中度低于所有权的集中度。这一情形之所以发生,是因为采取了旨在防止大股东行使控制权的表决权上限(voting cap)的做法。表决权上限的运用,改善了小股东免受大股东盘剥的处境。当一家公司面临被收购的紧急危险时,表决权上限同样能够适用。例如,Franks 和 Mayer(1998)的研究表明,自从二战以来,德国发生的敌意收购案件中,三起中就有一起运用了表决权的限制。其结果是降低了若干大额持股份额的表决权,例如,从 30% 降低到了 5%。在 Feldmühle nobel 和 Continental 一案中,表决权上限(voting caps)的运用致使并购走向失败。1998 年 5 月,在德国[10]、意大利、西班牙和英国,发行多重表决权股份属于非法行为(Faccio 和 Lang 2002;Goergen 和 Renneboog 2003a)。

图 2.3 的固定样本 B 表明,在所有权分散的情况下拥有集中的表决权是可能的。然而,这一情形在提升监督激励和允许投资者分散投资的同时,也产生了紧迫的危险,即集中的控制权会被运

---

[10] 对于德国的公司而言,1998 年祖父条款仍然适用。在 1998 年以前,德国经济部可以授权公司总部所在地(Land of their headquarters)发行有着多重表决权的股份(Goergen 1998:71)。

		控制权	
		弱	强
所有权	分散	固定样本 A:所有权分散且表决权分散	固定样本 B:所有权分散而表决权集中
	集中	固定样本 C:所有权集中而表决权分散	固定样本 D:所有权集中且表决权集中

固定样本 A:所有权分散且表决权屠弱
- 地点:美国、英国
- 优势:a. 投资多元化可能性大,资产流动性强;b. 存在并购市场
- 劣势:监督不力;存在搭便车问题
- 代理冲突:管理层 vs 股东

固定样本 B:所有权分散而表决权强大
- 地点:存在于以下国家中:股东可以征集投票委托的国家,允许股东联合的国家,公司发行无表决权股的国家,以及存在股权金字塔结构的国家(例如欧洲大陆的一些国家)。
- 优势:a. 监督管理层;b. 投资的多元化和流动性
- 劣势:a. 违反了一股一票;b. 降低了被收购的可能性
- 代理冲突:控股股东 vs 小股东

固定样本 C:所有权集中而表决权屠弱
- 地点:一些存在表决权限制的公司,例如一些欧洲大陆的公司
- 优势:小股东权利的保护
- 劣势:a. 违反了一股一票;b. 监督激励低下;c. 投资多元化的可能性低下,资产流动性低下;d. 资金成本高
- 代理冲突:管理层 vs 股东

固定样本 D:所有权集中且表决权强大
- 地点:在欧洲大陆和日本,一些完成了并购的公司,以及近期上市的公司
- 优势:监督激励高企
- 劣势:a. 投资多元化的可能性低下,资产流动性低下;b. 并购可能性降低
- 代理冲突:大股东 vs 股东

图 2.3 所有权和表决权

来源:Renneboog(1998)。

用来从小股东处谋取私人收益。绝大多数欧洲大陆国家的公司法律制度都导入了大量机制,以允许控股股东就其投资获取回报,这种回报包含了控制权私人收益并且超越了控制权私人收益所带来

的金钱回报。以有限投资来获取控制权,运用得最为广泛的机制是金字塔式或者层叠式所有权结构,它使得股东得以通过多层级的所有权保持对公司的控制,与此同时又与处于所有权每一中间层级的其他(少数股)股东分享现金流权利(cash flow rights)。* 然后,金字塔式的所有权结构降低了大股东的流动性约束,同时又使其得以保有大量的表决权。例如,如果股东 X 拥有公司 Y 的 51% 的表决权股份,而公司 Y 又拥有公司 Z 的 51% 的表决权股份,这样就存在一个不间断的控制权链条,赋予股东 X 对每一层级的公司都拥有绝对的控制权。尽管如此,股东 X 在公司 Z 的现金流权利仅仅为 26%。[11] 所有权与控制权之间的不一致,构成了那些允许存在控制权私人收益的国家的显著特征。

以有限的现金流权利来获取控制权的第二个机制(固定样本B)是代理投票。例如,德国银行被允许就公司的股东存放于其的股份行使投票权。这一投票权行使的前提,是银行事先宣布它将在股东大会上就具体议决事项如何投票,以及银行没有收到交存股票的股东发出的另外的投票指令。代理投票的另外一种情形可见于美国。在那里,公司的管理层可以向股东大会提出议案以供表决,并寻求代理投票权以支持该议案。

以分散的所有权和耗散的控制权(固定样本 A)这一情境为起点,还存在第三种机制以达成固定样本 B 的情形。表决权协定使得小股东作为一个整体,比在该协定的各方成员股东单独行使投票权的情况下,拥有高得多的控制权。几乎没有经验证据表明存在着长期的股东联盟,因为此种联盟可能会带来大量的成本。例如,英国的监管机构认为长期联盟的股东是一个股东,而且这一联盟必须遵循一切有关信息披露、强制性要约收购、战略意图披露等的规定。同样的,在英国,控制了 30% 表决权的股东联盟将被迫向

---

* 现金流权利是指股东按实际投入公司的资金占总投资额的比例所享有的分享剩余的权利。——译注
[11] 德国背景下公司金字塔式所有权结构的一则示例,参见第八章。

所有其他发行在外的股份发出收购要约。所以，绝大多数联盟都形成于有着具体目标的特定基础之上，例如，这一目标是罢免经营业绩低下的管理层。Crepsi 和 Renneboog(2002)通过运用夏普里值(Shapley value)模拟每一大股东在潜在的投票联合中的相对表决力，来对英国公司中股东的监督作用进行调查研究。夏普里值测量了股东单独(或者是股东集团)在潜在的获胜投票联盟(winning voting coalitions)中起到了多大的核心作用。作者提供的实证材料表明，此种联盟对于经营业绩低下的公司，起到了监督作用。

所有权和控制权相分离的第四种机制是发行双重股份。Grossman 和 Hart(1998)认为，在公司中持有大量股份会带来控制权的收益，这些收益可被分为私人收益(private benefits)和证券收益(security benefits)。后者包括所有的股东都可以分享的所有权和控制权集中所带来的收益(举例而言，监督的积极效果)。虽然大量持股意味着构成了一项机制，这项机制减缓了由于管理层拥有过度的裁量权所带来的代理成本，但大量持股会带来其自身的代理成本，因为大股东的私人收益通常以牺牲其他股东或利益相关人的利益为代价：例如，以低于股份在收购要约中的价格将少数股股东挤出公司，以及将股东持有的资源转入大股东控制的实体之中(Zwiebel 1995；Pagano 和 Röell 1998；Johnson 等, 2000)。控制权的私人收益通常超越了投资的金钱回报，是不可转让[12]的收益。例如，如果一家汽车制造商从另一家转包商处购买汽车座椅，前者对后者的大量持股会产生重要的(战略)优势。作为大股东的汽车制造商通常会选派代表参加转包商的董事会，因而就能够获得关于该公司的成本结构或者其与竞争对手之间的供应合同的相关信息。例如，大股东在获得这些战略性信息之后，就会与转包商

---

[12] Zwiebel(1995)认为，即使公司拥有多重股东，也能够攫取公司控制权的私人收益。他宣称这些收益可以分割，而且各方可以根据其控制权的相对份额来享有这些收益。在一定的持股门槛之上，大股东的控制权无可挑战，正如同要构建类似的持股份额面临困难或者不可能一样。不受挑战的控制权可能会鼓励着以牺牲分散的小股东利益为代价来榨取控制权的私人收益。

就其提出的供货价格重新商谈。其结果是,这种交易会导致另外一种代理冲突,即侵犯了小股东的权利。这里再提供另外一个例子,以说明存在着剥削小股东的危险:假设某一股东持有 A 公司 51% 的表决权,与此同时该股东还持有另外一家 B 公司 100% 的股权。如果 A 公司是 B 公司的供应商,则这位控股股东可能会在利诱之下降低向 B 公司的供货价格。这样就在 B 公司层面实现了利润最大化,而 B 公司是由该股东完全控制,而且该股东拥有 B 公司的全部现金流权利。与此同时,在 A 公司层面却没有实现利润最大化,这损害了它的小股东权利。Renneboog(2000:1991)引用了以下例子:"控股集团的大股东倾向于关注集团的整体利益。他可能会在利诱之下切分其下属子公司的市场份额,以使其彼此竞争不会过于激烈。例如,法国的苏伊士控股公司(Suez)在分割其下属子公司里昂水务(Lyonnaise des Eaux)公司和比利时核电公司(Belgian firm Tractebel)的国际公用产品市场方面,就拥有利益。这种对子公司战略安排自由的限制,并不符合(直接投资于上市子公司的)小股东和通过股票交易所而参加集团的投资者利益。"小股东遭受剥削的其他事例是转型经济背景下挖空公司(tunnelling)的情形(参见 Johnson 等,2000)。

显然,对于股利支付政策的控制也可能会产生大股东获取控制权私人收益的情形。例如,大股东可以设定一项股利支付政策,这项政策最有利于其自身特定的税收处境,但却不利于绝大多数小股东。另外,如果一位大股东拥有其他方法来从公司攫取资金(例如参见上述例子),他就有兴趣来设定较低的股利支付率。同样的,股利政策的监督(或者约束)作用,再次以牺牲小股东利益为代价而被抛弃了。

欧洲的公司通常会发行双重或多重类型的股份,但这些股份在欧盟成员国之间差异很大。在双重类别股份制度下,一种类别的股份(B 股)比另一种类的股份(A 股)拥有更少的表决权。它们被运用于德国、意大利、斯堪的纳维亚(半岛)国家以及瑞士,但在英国却极为少见(Goergen 和 Renneboog 2001)。Faccio 和 Lang

(2002)分析了 13 个西欧国家的 5232 个公司,例如,在丹麦、芬兰、意大利、瑞典和瑞士,发行了双重类别股份的公司所占的比例,从 35% 到 65%。在澳大利亚、德国、爱尔兰、挪威和英国,这一比例则为 13% 到 24%(表 2.3)。在法国、葡萄牙和西班牙,这一比例几乎可以忽略不计。在美国,自从 20 世纪 80 年代股票交易所放开了原先对多重和双重类别股份的限制之后,双重类别的股份越来越为投资者所关注。就具体的双重类别股份而言,欧洲各国之间的差异还是相当大的。例如,在瑞典,B 股的表决权通常是 A 股的十分之一,而在一些国家,B 股则没有表决权。另外,德国的公司以及一些其他国家的公司能够发行优先股(*Vorzugsaktie*)。这些股份承担着资本金风险,没有表决权,却拥有特殊的分红权。一种特殊情形下的多重表决权股份是所谓的"金股",它赋予一个或多个股东(例如政府)在明确规定的情形下行使否决权。

表 2.3 欧洲的双重类别股份

国家	公司数量	拥有双重类别股份的公司数量	拥有双重类别股份的公司所占百分比
澳大利亚	99	23	23.23
比利时	130	0	0.00
丹麦	210	70	33.33
芬兰	129	47	36.43
法国	607	16	2.64
德国	704	124	17.61
爱尔兰	69	16	23.19
意大利	208	86	41.35
挪威	155	20	12.90
葡萄牙	87	0	0.00
西班牙	632	1	0.16
瑞典	334	185	55.39
瑞士	214	109	50.93
英国	1,953	467	23.91
总计	5,531	1,164	21.05

来源:Faccio 和 Lang(2002);Bennedsen 和 Nielsen(2002)。

表 2.4 显示了各国对双重类别股份的法律限制,以及要控制 20% 的表决权所需要的股份账面价值的最低平均百分比。

表 2.4 欧洲当前的法规

各国的表决权规定	详情	样本公司的数量	控制20%的表决权所需要股份的最低比例	拥有双重类别股份的公司所占比例
一股一票				
比利时		130	20.00	0.00
挪威	经政府审批可另作规定	155	19.05	13.16
无表决权(和限制表决权)股票所占比例的最高限制				
法国	<25% 的股本	607	19.93	2.64
德国	<50% 的股本	704	18.83	17.61
意大利	<50% 的股本	208	18.38	41.35
葡萄牙	<50% 的股本	87	20.00	0.00
西班牙	<50% 的股本	632	20.00	0.16
相较于表决权股份而言只拥有有限表决权的股份所拥有的最低表决权比例				
丹麦	最低比率:10%	102	暂缺	51
芬兰	最低比率:10%	129	15.42	37.60
瑞典	最低比率:10%	245	9.83	66.07
英国[a]	最低投票权[a]	1,953	19.14	23.91
不存在法律限制				
澳大利亚		99	18.96	23.23
希腊		暂缺	暂缺	暂缺
爱尔兰		69	18.91	28.07
卢森堡		暂缺	暂缺	暂缺
荷兰		暂缺	暂缺	暂缺
瑞士		214	15.26	51.17
总计		5,334	18.74	19.91

注:发行双重类别股份的法律限制。5,232 家公开上市公司。

a 在英国,自 1968 年以来,发行无表决权股属于非法行为,但公司却能够自由发行拥有最低表决权的优先股。表决权将被激活(1)如果股利拖欠未付;(2)如果股本缩减或者公司被清算;或者(3)如果股份权利受到影响。

来源:Bennedsen 和 Nielsen(2002);Faccio 和 Lang(2002);Rose(2002)。

与此同时,自从 Barclay 和 Holderness(1989)完成了其初步研究(seminal study)以来,又有若干研究试图对控制权的私人收益进行定量分析。绝大多数的研究通过考察对上市公司控股股份的溢价支付,来衡量控制权的私人收益。Nicodano 和 Sembenelli(2000)以及 Trojanowski(2003)认为,这种方法是不妥当的,因为它忽略了公司的整体所有权和控制权结构。相反,在遵循了 Zwiebel 的(1995)建议后,他们提出,在一起大宗交易中控制权被移转了多少,应当从股东战略重要性的变更来加以测量。股东的相对力量,应当通过衡量股东在潜在的投票联盟中的重要程度来加以计算,而这一重要程度又反映为夏普里值的变化。Rydqvist(1987)和 Zingales(1994)运用权力指数(power indice)对拥有双重类别股份的样本公司进行了分析。控制权各异的股份之间的价格比较,使得他们得以推断出控制权私人收益的价值。

Dyck 和 Zingales(2002)基于 1990 年到 2000 年间 412 例的控制权交易,对 39 个国家的公司控制权的私人收益进行了测算。他们发现,按照支付给大股东的价格与宣布和股份价格息息相关的大宗交易两天之后的股份价格之间的差别,来测算的控制权价值,溢价幅度为 -4% 至 +65%,平均幅度为 14%。在一些欧洲国家,控制权私人收益的规模看起来相当之大(表 2.5)。例如,在澳大利亚、意大利和葡萄牙,溢价的平均值分别为 38%、37% 和 20%。相反,在欧洲的绝大多数其他国家,溢价平均值为 10% 以下。

表 2.5 大宗股份溢价占公司股本的比例

国家	平均值	中间值	标准差	最小值	最大值	观测的数量	观测结果为正值的数量
澳大利亚	0.02	0.01	0.04	-0.03	0.11	13	9
奥地利	0.38	0.38	0.19	0.25	0.52	2	2
加拿大	0.01	0.01	0.04	-0.02	0.06	4	2
丹麦	0.08	0.04	0.11	-0.01	0.26	5	3
芬兰	0.02	0.01	0.06	-0.07	0.13	14	9
法国	0.02	0.01	0.10	-0.10	0.17	5	3
德国	0.10	0.10	0.13	-0.24	0.32	18	15

(续表)

国家	平均值	中间值	标准差	最小值	最大值	观测的数量	观测结果为正值的数量
以色列	0.27	0.21	0.32	-0.01	0.89	9	8
意大利	0.37	0.16	0.57	-0.09	1.64	8	7
日本	-0.04	-0.01	0.09	-0.34	0.09	21	5
荷兰	0.02	0.03	0.05	-0.07	0.06	5	4
新西兰	0.03	0.03	0.09	-0.17	0.18	19	14
挪威	0.01	0.01	0.05	-0.05	0.13	14	9
葡萄牙	0.20	0.20	0.14	0.11	0.30	2	2
新加坡	0.03	0.03	0.03	-0.01	0.06	4	3
西班牙	0.04	0.02	0.06	-0.03	0.13	5	4
瑞典	0.06	0.02	0.08	-0.01	0.22	13	12
瑞士	0.06	0.04	0.04	0.01	0.15	8	8
英国	0.02	0.01	0.05	-0.06	0.17	43	23
美国	0.02	0.02	0.10	-0.20	0.40	47	28
平均值/数量	0.14	0.11	0.18	-0.04	0.48	412	300
欧美国家平均值/数量	0.13	0.04	0.17	-0.03	0.44	200	140

注:大宗股份的溢价系通过计算支付给控股股份的每股价格及宣布控制权交易两天之后控股股份的市场价格之间的差异,并除以宣布控制权交易两天之后控股股份的市场价格,然后乘以控股股份所拥有的现金流权利占所有股份的现金流权利的比率而成。

来源:Dyck 和 Zingales(2002)。

研究控制权私人收益的经济学家警告说,对控制权的溢价进行估值是复杂的,因为控制权的溢价取决于许多因素,包括公司控制权市场竞争的激烈程度(Dyck 和 Zingales 2002)、售出的大宗股份的大小(Barclay 和 Holderness 1989;Zingales 1994,1995)、目标公司中股份的分散程度(Barclay 和 Holderness 1992)、股东之间表决权的不均等状况(Nicodano 和 Sembenelli 2000;Zwiebel 1995)、购买者的国籍(Nenova 2003),以及相关公司的资金状况(Berglöf 和 Burkart 2002)等。在英美国家,公司治理体制以市场为基础,所有权结构高度分散,小股东保护水平高,控制权的溢价低。Dyck 和

Zingales 的研究显示,衡量法律执行差异的因素是遵守税法及产品市场竞争的状况。几乎一成不变的是,大量的控制权私人收益的存在表明,大股东或许能够获得大量的租金。

第四节　公司治理机制

在本节中,我们对集中关注于可以取代(或补充)股利政策的公司治理机制的相关理论模式的预测,予以了描述。我们还从实证研究中总结得出了主要的结论。我们既关注公司的内部治理机制,如大股东监督和董事会结构,又关注外部治理机制,如公司控制权市场,控制权集中度的变更和债权人的监督。[13]

一、内部治理机制

大股东

最根本的问题是,大股东能否增进公司的价值? 人们期望大股东通过加强对管理层的监督,从而增进公司的价值(参见 Admati, Pfleiderer 和 Zechner1994;Maug1998;Kahn 和 Winton1998)。此外,如果董事持股,将使他们与其他股东的激励保持一致。在管理层大量持股对公司价值的影响方面,最早的研究文献来自于 Mock, Shleifer 和 Vishny(1998)。他们运用以公司市场价值与账面价值之比率来表示的托宾 Q 值(Tobin'Q),来衡量公司的价值,发现 Q 值与管理层持股之间呈现一种非线性关系(non-linear relation)。当管理层持股增至 5% 时,公司价值也相应提升;然后当管理层持股增加到 5% 和 25% 之间时,公司价值下降;而当管理层持股超过 25% 的水平时,公司价值再次回升。现金流权利的增加,看起来会

---

[13] 我们并无意对所有的治理机制做出详尽无遗的描述。例如,我们并不对经理人员薪酬合同的治理作用予以回顾。相关文献的详细情况,可参见例如 Murphy(1999);Becht, Bolton 和 Röell(2002);Core, Guay 和 Lancker(2001);以及 Bebchuk, Coates 和 Subramian(2002)。欧洲并购市场的概览,参见 Goergen 和 Renneboog(2003*b*)。

给管理层带来额外的激励来追求股东价值的最大化。在管理层持股比例位于5%至25%的水平时,管理层持股的增加会带来堑壕效应。而当管理层持股超过25%时,堑壕效应消逝了。McConnell 和 Servaes(1990)发现了不同的结果:Q 值以一种非线性的方式增加,直至内部人持股达40%至50%时,Q值达到最大,然后随着内部人持股的增加,Q值逐步下降。另外,他们还发布报告称,在公司价值和机构投资者持股份额之间,呈现一种正向的线性关系。McConnell 和 Servaes(1995)研究了公司的增长机会、所有权结构和标杆率之间的关系。他们得出结论称,股本所有权在内部人、机构、公司大股东和小股东之间的分配,在低增长的公司中比在高增长的公司中显得略为重要。甚至在管理层报酬方案拟定的前前后后,大股东的作用仍然明显。例如,Mehran(1995)表明,以股本为基础的报酬方案在拥有更为强大的外部大股东的美国公司中,运用更不广泛,这表明大股东的监督取代了以股本为基础的报酬合约。相反,Crespe、Gispert 和 Renneboog(2002)发现,与股价表现息息相关的管理层报酬合约,对西班牙公司中的外部人持股,发挥着补充的作用。换言之,看起来在西班牙,必须有一个强大的大股东来实施这些合约。在缺乏外部大股东的公司中,其管理层报酬合约以公司的财务表现(受到管理层的控制,因而能够被操纵)为基础。Renneboog 和 Trojanowski(2003)在关于美国公司的管理层报酬和公司营业额的联立方程(simultaneous equation)测算中,得出了类似的结论。

  应当注意的是,所有权的集中也会带来大量的成本。前述研究并没有对这些成本加以控制(Trojanowski 2003)。第一,Demsetz 和 Lehn(1985)、Admati、Pfleiderer 和 Zechner(1994)认为,大股东的控制可能会导致风险共担的减少。第二,正如前面已经表明的,所有权的集中可能会降低所有股份的市场流动性(Bolton 和 Thadden 1998)。第三,在高杠杆率的公司中,大股东可能会要求管理层去过度冒险,特别是当公司经营业绩低下且破产成本高企之时。在这种情况下,风险加大的投资项目可能会导致对债权人的利益侵害（Jensen 和 Meckling 1976；Coffee 1991）。第四，Burkart、Gromb 和 Panunzi（1997）以及 Pagano 和 Röell（1998）指出，即便股东的严苛控制在事后看来富有效率，但在事前它已经构成了一种剥削的威胁，这一威胁降低了管理层努力工作并采取价值最大化策略的激励（所谓的"过度监督"效果）。

  在前述研究回顾了所有权或控制权与公司运作之间关系的同时，文献的另一分支考察了在必须加强监督（例如公司经营业绩低下或者陷于资金困境）时，大股东是否采取了公司治理行为。纠正经营失败的激励，不仅取决于所有权或控制权的集中的状态，而且取决于其本质，因为不同具体类别的股东可能对控制权的估价各有差异（Jensen 和 Meckling 1976）。在美国，不同类别的股东攫取控制权租金的能力各异，这一命题得到了 Demsetz 和 Lehn（1985）、Barclay 和 Holderness（1989，1991）以及 Holderness 和 Sheehan（1988）的支持。Franks，Mayer 和 Renneboog（2001）对于在经营业绩低下的公司中，大股东的存在是否与董事会增加重组的可能性息息相关，展开了调查研究。他们并没有发现任何证据表明，在公司治理绩效低下之时，外部大股东的出现增强了对管理层的约束。唯一连贯而重大的反向关系，发生于管理层持股和董事会的执行委员会被撤换之间。* 作者将这一发现解读为管理层堑壕效应的明证，因为拥有相当程度控制权的管理人员能够成功地挫败任何撤换他们的企图。Banerjee、Leleux 和 Vermaelen（1997）对构成了法国公司中股东主体的控股公司的治理作用，进行了调查研究。他们并没有发现控股公司发挥着治理作用的证据。相反，作为大股东而存在的控股公司，看起来却降低了公司的价值及其经营业绩。Renneboog（2000）考察了不同类别的大股东是否对在布鲁塞尔股票交易所上市的公司起到了监督作用。由于所有权结构通常相当复杂且呈现出金字塔式结构，后者也构成了杠杆控制的原因，因而

---

  * 作者意指，管理层持股越多，董事的执行委员会成员越不容易被撤换。
  ——译注

直接和间接的控制关系都被一并纳入考虑的范围。"最终的"大股东被分为以下几类：控股公司、金融机构、工商业公司、个人投资者或者家族投资者，以及董事。看起来除了工商业公司在公司财务和股价表现下滑之时能够发起董事会重组之外，其他类型的大股东无一能够引发董事会执行委员会的撤换。总而言之，几乎没有实证资料可以证明，大股东在公司治理中发挥着作用。

上述绝大多数研究假定，公司经营业绩驱动着大股东的公司治理行为。然而，Goergen（1998）审查了明确表明这两者存在因果关系的研究后提出，这一结论可能并不成熟。Kole（1996）是呼吁把公司价值和所有权或控制权之间的因果关系予以颠倒的研究成果之一。这一研究使用了与 Morck 同样的样本。Kole 运用了 Morck 等人在 1980 年测量时使用的三个同样的董事持股变数，从 1977 年至 1985 年，每一年都回复了托宾 Q 值。她发现 1977 年至 1980 年间的托宾 Q 值与 1980 年的所有权之间存在重大的关系，而 1981 年至 1985 年间的托宾 Q 值与 1980 年的管理层持股之间，则不存在任何关系。Kole 认为，这表明是公司的绩效决定着其所有权结构，而不是相反。类似的，Köke（2003）也主张因果关系应当颠倒过来。Himmelberg、Hubbard 和 Palia（1999）提供了以下例子：假设存在两家公司，公司 A 和公司 B，且公司 A 比公司 B 拥有更强的市场支配力。如果市场竞争对于管理层决策具有约束效果，则公司 A 会要求实行更严格的监督。因而，公司 A 的管理层可能会更多地持股，以使其利益与其他股东保持一致。然而，由于其更强的市场支配力，A 公司同时显示出了比 B 公司更高的利润率。于是从实际情况看，我们将会发现在管理层持股与公司收益率之间存在正向的相关性。但管理层持股的估计系数反映的只是伪相关关系，而不是因果关系。其结果是，根据这些告诫（vaveats），对于本部分所描述的实证文献的结果，应当小心解读。

董事会

关于董事会（以及类似的由例如审计委员会或薪酬委员会组成的（非）执行董事构成的公司内部治理机制）的研究，关注以下问题：

1. 特色鲜明的董事会是否更善于促进公司的绩效和发展？
2. 特色鲜明的董事会是否更可能采取公司治理行动？例如，独立的董事会是否更善于罢免经营不力的经理人员？
3. 什么决定着董事会的组成及其特点？例如，公司低下的经营业绩导致了更多的内部人进入董事会？或者相反，低下的经营业绩致使公司委任更多的独立董事？

董事会的组成和公司经营业绩 关于公司的内部治理机制，最常被审查的关系发生于以外部董事数量为表征的管理层的独立性与公司的经营业绩之间。董事会高度的独立性，使得非执行董事更为严密地监控公司，并采取妥当的治理行动，甚至必须罢免一些高层的经理。在公司经营业绩（以会计基准和托宾Q值来测算）和外部董事的比例之间，几乎没有证据表明它们存在正向的关系（例如，参见 MaAvoy 等，1983；Hermalin 和 Weibach1991；Mehran 1995；Klein 1998；以及 Bhagat 和 Black 2000）。尽管如此，缺乏有代表性的（cross-sectional）结果，这可能归因于董事会构成的内生性。[14]

另一可能会对公司经营业绩产生影响的董事会的特征是董事会的规模。一种观点认为，大规模的董事会比小规模的董事会效率更低，因为一些董事可能会搭其他董事努力工作的便车（Lipton 和 Lorsh 1992）。Yermack（1996）通过取样美国的公司，为这种观点找到了实证支持。而 Gertner 和 Kaplan 关于反向杠杆收购（reverse

---

[14] 如果公司低下的运营绩效致使董事会的独立性得以增强，则董事会的独立程度（自变量）与公司运营绩效（他变量）之间潜在关系的代表性结果，可能被低估了。其原因在于，从历史上看，运营绩效低下的公司中，董事会中拥有更多的独立董事（Hermalin 和 Weisbach 1998；Börsch-Supan 和 Köke 2000）。然而，运用联立方程来纠正这些问题的努力（Hermalin 和 Weisbach 1991；Bhagat 和 Black 2000），并没有发现它们之间存在重大的关系。另一种思路是采取事件研究法（Event Study），集中关注董事会的人员构成发生变化后，公司经营业绩和价值的变更是否接踵而至。在美国，宣布任命外部董事引发的股价反应，触发了 0.2% 的重大的异常回报（Rosenstein 和 Wyatt 1990）。

leveraged buyouts)的研究,则为董事会价值的增加及其特点提供了有趣的解释。Gertner 和 Kaplan 考查了此类公司的董事会。这些公司原先是私人企业,一段时间后在股票交易所上市。他们声称,由于此类公司可以起步于没有任何董事会成员(clean slate)的状态,它们倾向于选择一个价值最大化的董事会。他们还发现,此类公司的董事会的规模,倾向于比除此之外其他情况均类似的公司要小。

连锁董事职位可能也会影响董事会的公司治理行动。如果不同的公司的董事互相出任对方公司的董事,则形成了连锁董事职位。连锁董事职位带来的危险是共谋。Hallock(1997,1999)证明,连锁的 CEO 们比除此之外其他情况均类似的 CEO 们获得了更高的薪酬。这表明,连锁的董事安排可以给予 CEO 对其自身董事会的一定程度的控制权。[15]

董事及其公司治理行动 对高级管理人员(以及特别是 CEO)的约束,已经引起了相当多的经验层面的关注。其原因是此类约束是少数的可以测度的董事会治理行动之一,而其他绝大多数的治理行动,则由于董事会记录无法通过公开途径获得,因而无法直接测度。CEO 或者执行董事被罢免与公司经营业绩之间的负相关关系,已经被以下文献所证实:Coughlan 和 Schmidt(1985);Jensen 和 Murphy(1990);Barro 和 Barro(1990);Blackwell、Brickley 和 Weisbach(1994);Huson,Parrino 和 Starks(2000);Brickley 和 Van Horn(2000)针对美国的研究;Kaplan(1994a,b)及 Kaplan 和 Minton(1994)针对日本的研究;Franks 和 Mayer(2001) Köke(2003)针对

---

[15] 在一篇相关的论文中,Shivdasani(1993)表明,如果一家公司的董事在其他公司中拥有更多的非执行董事职位,则这家公司更不可能在敌意收购中被买入。这可能是由于以下事实:拥有多个董事职位的董事具有更高的素质,发挥着更为积极的公司治理作用。然而,Hermalin 和 Weisbach(2001)却提供了另外的解释:被多方争夺的董事将会放弃出任经营业绩低下的公司的董事的机会,而这些公司正是易于被收购的。另外,他们主张,"拥有许多董事职位的外部董事如此行事,是因为他们已经建立起了支持管理层而不是'捣乱'的名声"。

德国的研究；Renneboog(2000)针对比利时的研究；Dherment 和 Renneboog(2002)针对法国的研究；以及 Franks，Mayer 和 Renneboog(2001)针对英国的研究。另外，研究发现，由外部董事主导的董事会更倾向于在公司股价和财务表现不佳时罢免 CEO。相反，董事会由内部人主导的公司 CEO 的更迭，却并不是驱动于公司的运营绩效。这意味着董事会由内部人主导的公司的董事之更替，其原因与公司的经营业绩无关。由此引发的结论是，由外部董事控制的董事会比由内部董事控制的董事会，更善于监督 CEO。看起来，保持独立的另一措施，即把 CEO 和（非执行）董事会主席的职责相分离，是改善公司治理的一项重要条件(Franks，Mayer 和 Renneboog 2001)。

然而，由于以下两个原因，良好的公司治理，并不仅仅等同于将经营无方的管理人员从董事会中剔除。第一，绩效低下的（经产业或者商业周期调整过的）公司运营可能是以往效率低下的公司治理的结果。这样，罢免运作效率低下的管理层，可能为时太晚。已有证据表明，只有当公司股价处于五等分之中最低的一等分，而且发生了财务损失的情况下，对管理层的约束才会发生(Franks，Mayer 和 Renneboog 2001)。第二，罢免表现不佳的管理层的治理行动，应当与管理层换人同时进行。例如，Dherment 和 Renneboog(2002)研究了法国的股票市场是如何对任命背景各异的 CEO 做出反应的。他们发现，虽然 CEO 的自愿辞职并没有引起股价的反应，但在 CEO 由于业绩原因而被迫辞职后，从外部任命经理却带来了超过 2% 的异常回报这一重大增长。将公司的一位内部候选人推向经营业绩低下的公司的 CEO 职位，其异常回报是负值（在宣布当天为 1%），推测起来大概是由于内部候选人被认为应当（部分地）对过去公司经营业绩的低下负责。一些文献对采取解雇高层管理人员的治理行动后公司绩效是否随之改善进行了审查。Denis 和 Denis(1995)证明，在美国，CEO 被强行撤换之后，公司经营业绩有所提升；但 Mayer 和 Renneboog(2001)则并没有分别在比利时和英国的公司中发现证据表明，在 CEO 被撤换之后的两年，公司绩效得到重大改善。

作为公司经营业绩之回应的董事会结构变更 Hermalin 和 Weisbach(1998)挖掘了导致董事会变更的因素。他们发现,有三种因素决定着董事会的更迭:第一,公司经营业绩低下,会增加内部董事被外部董事取代的可能性。第二,CEO 的继任进程与董事会的选任进程交织在一起,因为当 CEO 接近退休年龄时,公司倾向于选派内部人进入董事会。另外,在 CEO 发生更替之后,内部董事常常会离开董事会,这也与以下假设相一致:在竞争继任 CEO 职位的过程中,这些董事是失败的候选人。第三,在公司离开特定的产品市场后,内部董事倾向于离开公司而外部董事则倾向于加入董事会。

Kaplan 和 Minton(1994)以及 Morck 和 Nakamura(1999)分析了一个日本公司归属于某一系列(kereitsu)集团——通常包括银行在内的产业集团——这一事实,是否会影响该公司的董事会构成。他们发现,在公司经营业绩低下之时,银行发挥着更加积极的作用,并且会委派代表进入公司的董事会。这表明,日本的债权人会介入公司的治理,特别是在债权契约被违反的可能性很高的财务困境发生之时。

Baker 和 Gompers(2000)取样了美国大量的首次发行股票的公司,并对其董事遴选程序进行了研究。他们分析了以表决权份额的夏普里值为表现方式的 CEO 的谈判能力是否会影响董事会成员的选任进程,然后得出结论称,两者存在正向关系,特别是当 CEO 的谈判能力强而且任期长的时候,这种正向关系更为明显。

二、外部治理机制

在公司治理的背景下,股利的作用是双重的。第一,正如前述所指出的,股利支付可能是一项敦促经理人员去追求价值最大化的约束机制。高额的股利支付确保经理人员集中关注于产生足够多的现金流,并且确保股利不被投入回报低于筹资成本的项目中。同样地,严苛的股利政策也可以使股东降低其监督的努力。第二,股利政策可能同时构成了一项重要的信号,因为"股利的削减会被市场解读为一种坏消息的强烈信号,这一坏消息既事关公司现状,又关乎公司前景"(Marsh 1992:50)。因而,股利水平或其支付未能达到预期,可能会激活另外的更适合解决公司绩效低下或者资金困境问题的公司治理机制。考虑到(根据产业类别调整过的)公司经营业绩低下不仅是管理层的责任,而且反映着内部监督者(例如董事会或者大股东)的失败,其他(外部的)治理机制(例如公司控制权市场)可能被激活,来着手对董事会和/或资产的重组。重要的是要知道,股利成为公司经营失败和控制权旁落之信号的一个前提条件是股利的粘着性(dividend stickiness)。在英美国家的公司中,有充分的证据表明管理层不愿意降低股利(参见第三章),但在通常由单一的居于支配地位的投资者集团控制的欧洲大陆公司中,管理层是否同样不愿降低股利,则是有疑问的。例如,如果欧洲大陆的公司的股利更为变动不居,则公司管理层更愿意获取当前的收益,而不是去追求公司的长远发展。这样,对于欧洲大陆的公司而言,股利在公司运营和治理绩效低下方面的信号作用,可能就更不那么强烈。在第七章中,我们将集中探讨德国公司的股利的灵活多变,并就此与英国的公司进行比较。

公司控制权市场

Jensen(1986)认为,经理追求自身利益及公司内部控制体系走向失败的事实,为20世纪80年代的公司敌意收购市场加火添柴。这种无效率的情形,在产生大量闲置现金流的公司或产业中最为明显。原则上,净现金流——被界定为超过为所有净现值为正的项目(NPV*projects)融资所需要的金额的现金流,应当通过股利或者股份回购返还给股东。但由于这通常并不会自动发生,特别是在一些产能过剩且需要缩减规模的公司中更是如此(Jensen 1993),故而有必要通过并购市场来导入制约功能。

---

* NPV,即"Net Present Value",意为"净现值"。——译注

一些研究对敌意收购的制约作用予以了集中关注。这些研究调查了经营业绩低下的公司,是否更容易成为敌意收购的对象。在购买方出价之后,人们期待着更大范围的管理层换血,以及财务和资产的重组。因而,被收购的可能性有望随着公司收益率的增长而降低。但这种假设在研究文献中并没有获得压倒性的支持:运营绩效低下只是轻度影响了收购的可能性,其主要的遏制因素是公司规模(参见 Morck, Shleifer 和 Vishny(1998); Martin 和 McConnell(1991); Comment 和 Schwert(1995)对于美国的研究;以及 Franks 和 Mayer(1996)对于英国的研究)。Franks 和 Mayer(1996)还考虑到,在敌意收购中,目标公司的财务表现在投标前与投标被接受后没有重大差别,从而质疑公司控制权市场的治理作用。与没有进行董事会和资产重组的收购相比,进行了重组的收购带来了比标购发生前两至五年的超高的股价表现。这与公司控制权市场的理论所预测的格格不入。Franks 和 Mayer(1996)下结论称,几乎没有证据表明,导致公司重组的收购是公司以往经营业绩低下的结果。相反,Franks、Mayer 和 Renneboog(2001)表明,被迫削减或不发放股利的公司,经常通过导致绝大多数董事被更换的兼并和收购来完成大幅度的重组。

总之,敌意收购的作用充满争议。一方面,敌意收购被认为是一项通过使购买方得以更高效地重新配置目标公司的资源(Burkart 1999),来制约管理层并施加约束作用的机制(Crossman 和 Hart 1980)。另一方面,在实践中,几乎没有证据表明公司控制权市场承担着这些功能。

然而,公司控制权市场的作用可能是间接的。首先,纯粹的并购威胁可能在事先就提高了公司运作的效率(Scharfstein 1998; Shleifer 和 Vishny 1986)。其次,隔绝于并购市场的公司,其股份价格更低。反收购机制的建立,在整体上与股份价格的走低一脉相承:事件研究(Jarrell 和 Poulsen 1987; Ryngaert 1988; Karpoff 和 Malatesta 1989)发现,其中存在显著的 -2% 的负值异常回报。这一负面影响可以被解读为股东担忧经理钻监督日趋乏力的空子,不追求股东价值的最大化。或者是,股份价格的下跌可能反映了,股东获得收购所带来的股份溢价的可能性现在已经减少了。

在一篇关于公司并购的调查文章中,Burkart(1999)得出结论,虽然免受并购威胁的公司的经理并不会像王国的缔造者那般行事,但他们却倾向于迟缓怠惰。例如,Bertrand 和 Mullainathan(2003)以及 Borokhovich, Bruarski 和 Parrino(1997)表明,与并购的日趋隔绝,使得美国公司的经理薪酬更高,但总要素生产力(total factor productivity)却下降了。Garvey 和 Hanka(1999)提供的证据证明,反收购的立法致使新增投资减少,也降低了投资的回收。因此,看起来存在一个活跃的公司控制权市场还是富有价值的。正如在本书第二章第二节所指出的,由于欧洲大陆的绝大多数公司由一个大股东所控制,其公司控制权市场的发展受到了阻碍。[16]然而,在那些存在大股东的强大控制、敌意并购市场不能发挥制约作用的情况下,部分控制权市场(大宗股份市场)可能仍然能起到作用(参见下一部分)。

大宗交易(部分控制份额市场)

通过大宗交易完成的控制权移转,在总体上与公司积极的异常绩效相伴相随(Sudarsanam 1996;Holderness 和 Sheehan 1988)。Barclay 和 Holderness 发现,无论大宗交易的成交价格如何,公司股价都做出了积极的反应。市场做出积极反应的原因是,公司控制权的变更可以改善治理结构,特别是当公司经营业绩低下且需进行重大重组(例如董事会或财务重组)之时(Barclay 和 Holderness 1991)。当公司经营业绩低下的时候,无法通过监督获得显著收益的股东,被期望会出售他们的股份,而那些拥有强大的监督能力的股东则可以增加其持股份额,以强化其(大)股东的地位。其结果

---

[16] 关于欧洲委员会近期提出的并购立法建议的讨论,参见 McCahery 和 Renneboog(2003)。

是,在这种情况下,为购买方带来公司控制权的大宗股份交易,可以比那些没有给购买方带来控制权的交易引发更为有利的市场反应。Holderness 和 Sheehan(1988)为这一猜测提供了证据。他们还发现,在美国,如果大宗交易与对所有流通在外的股份的要约收购相伴相随,则引发的市场反应更为有利。另外,市场对那些随后经历了全面收购的公司的大宗交易,反应更为积极(Barclay 和 Holderness 1992)。Sudarsanam(1996)还验证,甚至在随后并没有发生并购的情况下,所有权集中所带来的收益也超过了其成本。

欧洲的一些研究对大宗交易的购买方的类型作了区分。Banerjee、Leleux 和 Vermaelen(1997)发现,大宗交易在总体上并没有为法国的上市公司带来任何积极的异常绩效。然而,控股公司购买了大宗股份,降低了股份的价值。Renneboog(2000)对比利时控股公司的研究,得出了类似的结论。尽管机构和控股股东积极买卖股份,但这些类型的股东持股份额的增加,与董事会结构的变更却并不相干。相反,产业公司和家庭购入大量股份后,却通常带来了管理层的变迁。当公司此前运营绩效低下(以负面的市场调整回报率、运营绩效负面变更的水平*以及意外的股利削减来测算),这种董事会的重组经常发生。这意味着存在控制权份额的市场:低下的运营绩效触发了大宗交易,公司的重组遂接踵而至。Franks、Mayer 和 Renneboog(2001)研究了在公司经营业绩低下的情况下,由不同类型的购买者完成的大宗股份移转(在其他制约机制之中)对管理层变迁的影响。他们发现,由个人或家族买入大宗股份,与执行董事更迭的显著增加息息相关。在一家经营状况糟糕的公司中,家族控制权大量增加(达到 10% 这一家族所有权最高界限),执行董事的人事变更亦增加 8.2%。家族或者公司持有的控制权份额的增加,与随后董事会变更情形的大量出现息息相关,同时亦与机构投资者持股份额的减少一脉相承。这意味着机构持

---

* 此处原文为"negative changes or levels of performance",疑为"negative changes on levels of performance"之笔误。——译注

股者将股份出售给了外部投资者,后者迫使运营绩效低下的公司管理层被撤换。虽然 Franks, Mayer 和 Renneboog(2001)强调了大宗股份市场的监督作用,但 Burkart, Gromb 和 Panunzi(2000)却认为,通过大宗交易而不是通过要约收购来增加持股比例,可能是一种相对无效率的控制权转让方式。其原因在于,通过大宗交易来移转控制权,仍延续了所有权整体集中度偏低、相应的私人收益攫取程度高的状态。

Bethel, Liebeskind 和 Opler(1998)表明,在美国,金融机构和战略投资者[17]买入大宗股份后,并没有产生剧烈的市场反应,而积极的股东买入大宗股份后,则带来了显著而积极的公司异常表现。积极的股东被界定为那些买入运营绩效低下的公司的股份,然后试图重组公司以求大幅改善公司绩效的投资者。相反,战略投资者投资眼光长远,并不介入公司运作。Keim 和 Madhavan(1996)对美国的购买方发起和出售方发起的大宗股份交易,进行了区分研究。他们发现,市场对购买方发起的大宗交易通常反应积极,而对由出售方发起的则经常反应冷淡。

债权人监督

某些公司治理机制的一项重要特性与借贷关系息息相关。Shleifer 和 Vishny(1997)认为,大债权人发挥着与大股东类似的功能,因为这些债权人在公司中有着大量的投资,因而有着强烈的激励去监督公司的管理层。Diamond(1984)完成了一个关于银行监督的作用和激励的模型。他表明,只要银行的借贷资产足够地分散,将监督职责委任给银行是有效率的,因为这可以避免重蹈小投资者(债权人)监督的覆辙。[18] Krasa 和 Villamil(1992)通过考察赖以满足借贷双方不同资产偏好的中介的作用,对委任的监督展

---

[17] Bethel, Liebeskind 和 Opler 将积极的大股东(activist blockholders)界定为试图影响公司政策的"劫掠者"。战略性的大股东是不为公司管理层所排斥的非金融机构投资者。金融机构大股东包括银行、养老基金以及并不采取积极姿态的个人股东。
[18] Hellwig(2000)考虑到了厌恶风险的银行,对 Diamond 的结果作了归纳。

开了研究。Rajan 和 Diamond（2000）回顾了 Diamond（1984）的假定，并且表明只要不存在存款保险，以及银行存款合同"先来后到"式的特性维持下去，银行的监督激励就得以保持。换言之，出现挤提的可能性促使银行保持着监督公司的激励。

当债务合同违约的可能性加大，或者当公司必须进行再融资时，来自债权人的干预有望更为强烈。另外，既然公司管理层高频度地变更与公司高负债率（high gearing）正向相关，可以认为高负债率构成了管理层的一项约束机制（例如 Aghion 和 Bolton 1992；Berkovitch, Ronen, 以及 Denis（1995））。Denis 和 Denis（1995）从以下事实中推断出债权人的监督作用：高的杠杆率与管理层持股改善了股东的回报。

Rajan 和 Zingales（2003）称，以关系为基础的金融（例如可见于德国以银行为基础的体制中），在市场和公司规模较小、法律保护较为孱弱、透明度极为稀缺以及市场创新主要具有累进意义而不具有革命性意义的情况下，表现更为良好。特别是在以银行为基础的经济体中，例如在德国，极具特色的是，大债权人拥有多种多样的控制性权利，因而具有足够的权力来进行监督。其结果是，银行的监督可以替代其他的治理措施。例如，控制权约束的变更，被认为会带来更低的收益，因而在由银行监督的公司中更不可能发生。Köke（2003）分析了以银行为基础的德国经济的公司治理结构，并确认，由于敌意控制权交易极其短缺，以及其他主体、例如债权人拥有相当大的权力，非市场的监督机制发挥着更大的作用。长期的借贷关系，赋予了银行相当大的权力，这一权力又因银行选派代表出任公司的董事会而时时得以强化。为什么银行的影响特别强大，其中的一个原因是历史上德国银行发挥着所谓"看家银行"（house bank）的作用，为长期客户提供着长期的贷款（Lehman 2003）。

三、公司治理的制度框架

上述治理机制以及股利政策的治理作用的重要性——包括不

同机制之间的互动——应当在一国特定的制度框架内展开研究。例如,强大的股东保护降低了小股东被剥削的危险。其结果是,公司治理的法律规则(例如,公司收购中的强制要约规则)和自律(例如,公司治理最佳做法准则)就应当由市场来评判其价值。La Porta 等人(1998,1999,2000)已经找到了一种新的研究路径,即通过分析相关国家的小股东法律保护水平以及资本市场发展的程度,来解释公司治理体制的差异。La Porta 等人发现,在保护股东免受管理层剥削、小股东权利免受大股东侵犯方面,普通法系比大陆法系做得更好。相应的,债权人保护——以债权人权利指数进行测算,这一权利指数以破产法和有关财务困境的法律为基础——在普通法国家最为完善,而在法国法系的国家中则最为孱弱(参见表2.6)。斯堪的纳维亚国家和德国法系的国家则居于两者之间。

表2.6 股东和债权人保护

	股东保护	一股一票	债权人保护
英国	4	0	4
美国	5	0	1
以英国法为法律渊源的国家的平均值	3.39	0.22	3.11
法国	2	0	0
比利时	0	0	2
意大利	0	0	2
西班牙	2	0	2
葡萄牙	2	0	1
荷兰	2	0	2
以法国法为法律渊源的国家的平均值	1.76	0.24	1.58
德国	1	0	3
奥地利	2	0	3
瑞士	1	0	1
日本	3	1	2
以德国法为法律渊源的国家的平均值	2.00	0.33	2.33

(续表)

	股东保护	一股一票	债权人保护
丹麦	3	0	3
芬兰	2	0	1
挪威	3	0	2
瑞典	2	0	2
以斯堪的纳维亚半岛的法律为法律渊源的国家的平均值	2.50	0.00	2.00
总体平均值	2.44	0.22	2.30

注:一股一票是一个虚拟变量,当一股拥有一个投票权(没有多重类别的表决权)时,该变量等于1。如果股东可以邮寄他们的委托投票书、不要求在股东大会之前交存他们的股份、允许累积投票、小股东得到保护、股本满足最低比例要求的股东可以召集额外的股东大会,则股东保护的指数更高。如果在公司陷入财务困境时,债权人享有绝对的优先权,则债权人权利指数就更高。

来源:La Porta 等人(1997)。

La Porta 等人的研究成果的旨意是,各国均应朝着以透明度和"一臂之距型关系"(arm's length relationship)为基础的普通法制度转变。[19]

其他研究显示了类似的相关性(Levine 1999; Beck, Demirgüç-Kunt,以及 Levine 2002)。例如,已有证据表明,股东保护的水平与向大表决权股份支付的高于市场价格的溢价幅度呈现反向关系,即在股东保护更为孱弱的国家,溢价幅度更高(Zingales 1994)。另有资料显示,强大的股东保护与 IPOs 的容量呈现直接的联系(参见表2.7)。这些研究试图确认的是,保护投资者利益的国家具有

---

[19] 一些学者认为,La Porta 等人(1998,1999,2000)提供的框架过于狭窄(Berglöf 和 von Thadden 1999)。特别地,通过强调所有权分散的重要性,La Porta 等人的视域似乎只与发达国家的背景相关。另有其他学者认为,在过去20年间,发展中市场的金融范式发生了显著的变革。公司和法律规则的差异,无法轻易地解释新兴市场的金融格局的差异(Glen, Lee 和 Singh 2000)。

表 2.7 外部融资和法律渊源

	外部资本/国内生产总值	国内上市公司/总体	首次公开发行/总体	债务/国内生产总值
英国	1.00	35.68	2.01	1.13
美国	0.58	30.11	3.11	0.81
以英国法为法律渊源的国家平均值	0.60	35.45	2.23	0.68
法国	0.23	8.05	0.17	0.96
比利时	0.17	15.50	0.30	0.38
意大利	0.08	3.91	0.31	0.55
西班牙	0.17	9.71	0.07	0.75
葡萄牙	0.08	19.50	0.50	0.64
荷兰	0.52	21.13	0.66	1.08
以法国法为法律渊源的国家平均值	0.21	10.00	0.19	0.45
德国	0.13	5.14	0.08	1.12
奥地利	0.06	13.87	0.25	0.79
瑞士	0.62	33.85		
日本	0.62	17.78	0.26	1.22
以德国法为法律渊源的国家平均值	0.46	16.79	0.12	0.97
丹麦	0.21	50.40	1.80	0.34
芬兰	0.25	13.00	0.60	0.75
挪威	0.22	33.00	4.50	0.64
瑞典	0.51	12.66	1.66	0.55
以斯堪的纳维亚半岛的法律为法律渊源的国家平均值	0.30	27.26	2.14	0.57
总体平均值	0.40	21.59	1.02	0.59

注:外部资本被界定为由最大的前三位股东之外的股东持有的股本。首次公开发行公司是指在股票交易所上市的公司。债务在这里被界定为公司发行的债券及银行提供的贷款总额。

来源:La Porta 等人(1998,1999,2000)。

比较优势。La Porta 等人(2000)和 Beck、Levine 以及 Loayza(2002)的近期实证研究发现,在股东保护更为强大的国家中运营的公司,拥有更大的增长潜力,托宾 Q 值的测算验证了这一点。

另外，Lombardo 和 Pagano(2002)发现，更好的法律制度带来了更高的股权回报率和更强的公司股权融资需求。对于此种关系，他们提供了两个原因：良好的法律和有效率的司法(1)削减了经理人员的私人收益，同时(2)促进了公司与客户、供应商的合约关系以及此类合同关系的可执行性。良好的公司法律和更有效率的司法，提高了公司的利润率和增长率，后者反过来增加了公司对外融资的可能性。Lombardo 和 Pagano 表明，对通过所有权层级而存在关联关系的公司之间的交易施加法律限制，能够保全小股东的收入权益，并导致管理层收益降低。更好的法律——通过集团诉讼或者以邮寄方式进行投票——降低了股东预防管理层机会主义行为而必须承担的法律和审计成本。作者得出结论称，这些努力对股权平均回报率的影响，随着证券市场国际分割程度的增长而增长。

Gomper, Ishii 和 Metrick(2003)创造了一项美国公司的治理指数，这项指数以大量的公司治理规定和对治理行为和治理绩效之间关系的集中关注为基础。他们对 1500 家美国大公司进行了实证研究并得出结论，强大的股东权利与托宾 Q 值、更高的利润和销售增长率、更低的资本支出以及更少的公司并购息息相关。与 La Porta 等人(2000)的理论一脉相承的是，赋予了股东更大权利的公司，也为股东创造了大量的利益。类似的，Drobetz, Schillhofer 和 Zimmermann(2003)也将德国代表性的公司的股东权利保护与其长远的市场表现相联系。他们以五类公司治理规则为基础，创立了一项治理指数并且提供证据证明，更好的股东保护创造了更高的公司价值(以价格/收益比率和市价/账面价值比率测算)。

总体上，这些研究表明，良好的公司治理保护机制对于金融市场的发展具有积极的效果。一些学者认为，从这些研究中可以得出的结论是有限的，因为法律制度和金融结构之间的因果关系可能呈现相反的方向，换言之，是金融结构促进了法律领域的变革(Bolton 和 Von Thadden 1998；Bebchuk 和 Roe 2000)。

第五节 结论

　　本章选取了可能与股利政策有关的主要公司治理机制,并对其进行了概要描述。首先,一些公司治理机制可能对股利政策有着直接的影响。例如,所有权、控制权及其结构(控制权集中的程度,作为特定类型的所有者、因而也具有特殊监督能力的大股东的存在,通过敌意收购市场或通过大宗交易而完成的控制权变迁)、董事会的组成及其独立性、银行债务及债权人代表出任董事会的集中程度,可能都影响着股利支付率。另外,这些安排还可以作为替代股利政策的公司治理机制,对股利政策产生着间接的影响。高额的股利支付水平可以成为管理层的一项约束机制,敦促其努力运营以产生足够的现金流,从而满足事先预设的股利水平。未能达到预期的股利水平,可能向市场传递一个公司将会经营失败的强烈的信号,从而强化了对管理层的监督和制约。上述一些治理机制的存在,可能会使得作为治理机制信号灯的股利政策成为多余。然而,有些国家对股东或债权人的法律保护孱弱,没有强大的大股东或者大股东行事消极,对于在这些国家中运营的公司而言,股利政策仍然发挥着重要的公司控制权的功能。

第三章 关于股利和控制权文献的梳理

第一节 引言

本章关注金融经济学的两个重要分支:股利政策与公众公司的所有权,以及股利政策与公众公司的控制权。Miller 和 Modigliani(1961)以分析股利政策为起点,验证了在满足以下条件的情况下,公司的市场价值与股利政策无关:(1) 公司的投资政策已确定并且已经为投资者所知悉;(2) 个人能够无成本地买卖证券;(3) 不存在个人或者公司收入所得税;(4) 不存在信息不对称的情形;以及(5) 经理和外部投资者之间不存在代理成本。自从 20 世纪 60 年代早期以来,对于奠定了 Miller 和 Modigliani(1961)的公司价值模型之基础的种种假设,起到了消解效果的那些分析,就成为了有关股利论争的一部分。这也催生了不同的股利政策理论。[1] 第一,有关股利的信号理论,消解了投资者和经理人员信息对称的假定。第二,关于股利的代理成本的解释,击溃了经理与股东利益一致的假定。第三,由于股利和资本利得的税收安排各异,对于股利是否会影响公司的市场价值,各方见解亦不一致。大量的实证研究文献检验着这些理论,并且它还表明,在真实的资本市场世界里,股利政策看起来对公司和投资者均是重要的。[2] 理论框架和经验证据之间无法调和,在金融经济学文献中被称为"股利

---

[1] 参见 Edwards(1987)和 Lease 等人(2000),他们对此的梳理相当精当。
[2] 关于实证研究文献的梳理,参见 Copeland 和 Weston(1988)以及 Lease 等(2000)。Dong,Robinson 和 Veld(2002)就投资者关注股利的原因,发放了大量的调查问卷。他们得出结论,其中的一个主要原因是股利的信号作用。

之迷"(Black 1976)。

股利政策的信号理论和代理成本理论的一个重要共同特征是,它们都认可了(英美)上市公司的所有权和控制权通常非常分散、微量持股的股东(atomistic shareholders)按其持股份额获取收益的现状。在代理成本理论语境下,股东首先关心的是分散公司特定的风险,而经理人员则倾向于追求其自身利益,后者可能与股东价值最大化产生冲突。这导致了经理人员和股东之间的利益冲突,而股利可能有助于解决这些矛盾。在信息不对称的情况下,当市场中存在大量的小股东时,股利就可以成为关于公司发展前景的一项信号机制。

近年来,金融经济学已经证明,某一特定公司的权利持有者的表决权具有相当大的异质性。表决权的形态至少包括三种:第一种表决权形式为一个或数个股东可能会持有带着一定程度控制权的大量股权份额。应当关注的是,并不是所有的英美公司都具有 Berle-Means(1932)所称的所有权分散的特征。例如,Goergen 和 Renneboog(2001)完成的报告称,在绝大多数英国公司中,机构股东持有的少数份额,其比例也颇为可观。McConaughy 等人(1998)发现,美国最大的 1000 家公司中,创立家族对其中超过 20% 的公司保持着影响力。在世界范围内,所有权分散是例外,而不是标准样态(La Porta 等人,2000)。例如,Franks 和 Mayer(2001)以及 Becht 和 Boehmer(2001)便对德国公司的所有权集中提供了实证。Prowse(1992)以及 Berglöf 和 Perotti(1994)描述了日本公司所有权的高度集中。Becht、Chapelle 和 Renneboog(2001)、Bloch 和 Kremp(2001),以及 Crespí-Cladera 和 Gacía-Cestona(2001)则分别对比利时、法国和西班牙公司的所有权和控制权集中的现状,提供了实证。

正如在第二章所提及的,由于在许多公司治理体制中,一股一票的原则并没有得到支持,现金流权利并不必然带来控制权。第二及第三种不均衡的表决权形式是双重类别股份及金字塔结构。

双重类别股份[3],通常是指某一类型的股份拥有表决权(普通股),而另一类型的股份则只拥有现金流权利(优先股),它使得普通股股东可以通过持有相对较少的股权份额来控制公司。在金字塔结构中[4],一家公司控制着另一家公司,后者依次又控制着第三家公司,这就给予了(最后的)位于金字塔顶端的股东控制权,虽然它拥有的现金流权利份额相对较小。举例而言,A 公司拥有 B 公司 51% 的控制权,B 公司拥有 C 公司 51% 的控制权,这样 A 公司就拥有了对 C 公司的控制权,虽然它仅持有 C 公司 26% 的股权。

表决权的集中使股东有能力影响公司的战略决策。例如,Morck、Shleifer 和 Vishny(1988),Stulz(1988)以及 Demsetz 和 Lehn(1985)分析了公司的所有权与其运营绩效存在多大关联度。Franks 和 Mayer(2001)以及 Kaplan(1994)研究了德国公司在运营绩效低劣之时,大股东是否使管理层和监事会人员的变动更为频繁。Holderness 和 Sheehan(1988)则研究了在美国,大股东所有的公司和股权分散的公司,其投资政策是否存在差别。[5]

在上述及第二章的讨论之后,我们将在任何可能的情况下,对控制权和所有权做出区分。由于绝大多数的理论模型都以美国的情境为基础,它们通常指的是所有权,而且忽视了所有权可能并不等同于控制权,反之亦然。[6] 当我们运用"所有权"这一术语时,我们隐含的假定是,所有权等同于控制权。

股利的决定和公司治理,在传统上一直被认为是两个不同的问题,它们导致了财务研究文献出现两个不同的分支。然而,集中关注股利和公司治理之间互动关系的研究文献越来越多,而且还在不断涌现。事实上,由于以下原因,将这两者结合起来予以分析

---

[3] 参见 DeAngelo 和 DeAngelo(1985)以及 Franks 和 Mayer(2001)分别关于美国和德国的实证研究。
[4] 参见,例如 DeAngelo 和 DeAngelo(1985);Goergen 和 Renneboog(2000);Renneboog(2000);以及 Franks 和 Mayer(2001)。
[5] 参见第二章 Goergen(1998)关于公司价值和所有权关系的文献的重要评论。
[6] 这很令人迷惑,因为美国拥有多种机制(如双重类别股份)来将控制权从所有权中分离出来。

很有必要:(1)经理人员能够利用股利向股东传递信号,表明他们的公司运营绩效;(2)股利政策能够帮助股东监督经理人员;最后但并不是最次要的是,(3)股利是进入股东手中的"现金"(hard cash),也是股东就其投资获取回报的两种方式(另一是资本收益*)之一。然而,如果所有权不是高度分散,则经理人员在多大范围内利用股利政策,却各不相同。

首先,我们分别总结了目前关于股利和所有权的财务文献,然后对表明股利和所有权之间存在联系的观点予以考察。我们采用这一方法的背后,有着一个核心的思想,也即展开调查研究,以确定所有权集中在多大范围内减少了信息不对称和降低了代理成本。当所有权和控制权相分离时,这些成本会上升。假定股利是信号机制和/或者监督机制,则股利和所有权集中可以成为被公司用以降低这些成本的一种替代机制。与绝大多数以往研究不同的是,我们区分了家族作为大股东和公司作为大股东的情形。这种区分的理念是,事实上,作为股东的公司又是它们自身的股东的代理人。我们认为这会导致一种不同的代理关系。在第二节和第三节,我们分别在股利的信号理论和代理成本理论的语境下,对这些观点进行阐析。

关于股利政策的理论文献和实证研究卷帙浩繁。由于本章的主要目的是,对表明股利和公司控制权之间存在联系的论争进行描述,我们并无意提供一份关于股利政策的研究的一览无余的清单。但我们仍然会对该领域最重要的一些研究成果予以概述。另外,在此之后,我们会将不同公司治理制度的一些主要的制度特征纳入分析。例如,大股东体制的一个重要特色是,也就是人们经常讨论的银行的权力,银行——特别在德国——可以同时是公司的股东和债权人。在第四节中,我们简要地总结,在这一体制中作为主要投资者的银行所发挥的作用,并且描述了这又是如何与公司

---

 * capital gains,也译作"资本利得",在这里指的是股东获得的卖出和买入股份的价差。——译注

的股利政策息息相关的。在第五节中,我们梳理了与股利相关的关于税收的论争。第六节对本书提及的实证问题予以概览。本节还描述了我们所遵循的、用以调查德国和英国这些问题的实证策略。第七节对全章予以总结。

第二节 作为替代性信号机制的股利和控制权

一、理论

Miller 和 Modigliani(1961)首次表明,股利的变更可能会将经理人员关于公司前景的内部内幕信息传递给外部人。近年来,更多的关于股利和信息信号的正式模型被开发出来。这些模型的一个共同特征是,为了使一项股利政策的变更传递出公司价值增长的信号,经理人员必须比市场先知先觉,并且前景暗淡的"绩差"公司要想假装成前景光明的"债优"公司,必定存在成本。成本结构的特性因模型不同而有差异。在 Bhattacharya(1979)以及 John 和 Williams(1985)看来,因为股利相对于资本收益而言,存在税收劣势,由此产生了致使股利作为可靠的信号而发挥作用的主要的信号成本。

Miller 和 Rock(1985)设计了一种模型,其中"净余的"股利(也就是股利减去筹集的新股本)代表了好消息。股利的信号不正确的成本是使公司陷入投资不足的境地,因为公司已经付出了股利这种"便宜的"资金来源,同时可能又不得不动用发行新股这一更为昂贵的资源。[7] Edwards(1987)以及 Ambarish、John 和 Williams(1987)总结了以往模型的一些特色,并且开发出另外一种模型,在这种模型中,公司能够同时以股利和投资来传递信号,但它们又分别受制于不同的耗散成本结构。耗散成本是指在以下公司中创造

---

[7] 资源来源的层级经常被称为"优序融资"(pecking order of financing)。公司将首先动用最便宜的资金来源(留存收益),然后是债券融资和银行贷款,最后才是发行新股(Myers 和 Majluf 1984)。

了独立的平衡的成本:那些因为有着良好的投资项目而能够支付这一成本以通过股利来传递信号的公司,和那些因为投资回报率太低而认为这一成本过于高昂的公司。

Kalay(1980)将 Ross(1977)的信号模型用于公司的股利决定。他表明,经理人员不愿削减股利,是股利得以传递信息的必要条件。Hakansson(1982)提炼了对于具有信息传递功能的股利信号的理解,并且提供了在一个总体均衡的框架内股利能够传递有用信息的前提条件。Ofer 和 Thakor(1987)开发出一种模型,在该模型中,公司通过股份购买和股利信号来传递公司的不可观测值(unobserved value)。传递信号的成本与为了对将来的投资项目提供资金而对外发行新股息息相关。Bar-Yosef 和 Huffman(1986)表明,已宣布股利(declared dividend)的规模成为了预期现金流(expected cash flow)日益增长的功能。另外,他们还表明,预期现金流水平越高,现金流对股利的边际效应越弱。以一种类似的分析理路,Kumar(1988)证明,由于公司都倾向于维持平稳的股利支付,股利只能成为关于公司前景的粗略的信号。

上述研究表明:(1)每股股利的增加可以发挥信号的作用;以及(2)信号的传递成本高昂。我们要讨论的下一个问题是,内部人持股是否也能被用作(替代性的)信号机制。

在 Leland 和 Pyle(1977)看来,所有者愿意投资于其自身的项目,可以传递出一种信号,这种信号有助于解决企业主和外部投资者之间的信息不对称问题。考虑到企业主可以在市场投资组合与其自身项目之间做出选择,企业主在其自身保有的项目中拥有的股权份额,就成为了该项目质量优劣的一个确定无疑的信号。结果是,其公司的价值随着其在公司中拥有的股权份额的增长而增长。与这种信号结构相关的成本来自于以下事实:如果不存在信息不对称的情形,企业主投资的分散程度将比现在要高。*

---

* 此句意指,正是因为企业主可以利用信息不对称的优势,所以他们愿意相对集中地投资。——译注

在这里,对 Miller 和 Rock(1985)的模型进行更为细致的描述是值得的。作者指出,如果在模型中引入股东进行股权交易时的内幕信息因素,公司最佳投资的标准已经不再是一项均衡了。其推理如下:在市场将已宣布股利解读为传递着公司目前及将来收益的信息的环境下,经理人员可能会被诱使着通过支付高于市场预期的股利来使公司的市场价值走向虚高,甚至这样做是以牺牲公司的投资政策为代价。市场最终会明白真相,公司的股价也会校正性地下挫。然而,正如作者所表明的,以虚高价格卖出股份的股东所获得的收益,可能高于那些未出售股份的股东所遭受的损失。因而就产生了不一致的问题。但即便消除交易发生的可能,也并不能确保产生平衡,因为如果经理人员只有到公司经营绩效被观测到时才能从信号中获取个人收益,他们就没有激励来承担信号的成本。Miller 和 Rock(1985)进而表明,存在信息一致的信号均衡(signalling equilibrium)——在一个信息不对称且允许股权交易的环境中——恢复了投资政策的时间一致性,但在总体上降低了投资的水平。该模型的一个重要特色是,对完备信息最优投资的偏离越大,公司的目标函数对于当前价格的权重,相对于其对长期回报的权重就越大。前面的权重施加于售出股份的股东即外部人的利益,而后面的权重则施加于那些长期持有股份的人,也就是内部人。这一模型做出的代表性的预测是,内部人持有股份的价值越高,在信号均衡中的股利支付率就越低,投资率就越高。

Born(1988)对作为信号机制的内部人持股的作用,提供了另外的解释。在引用了 Miller 和 Rock(1985)的模型后,作者主张,内部人持股与对股利信号的评估有关。如果经理人员通过提高股利传递出公司未来业绩极佳的信号,则他们会就其自身拥有的股权份额来直接获取金钱回报。然而,只有满足以下情形,才能事先对信号的有效性予以最佳评判:公司未来的业绩已经实现,而且该业绩可被观测之时,管理层才能出售其持有的股权。[8] 长期持股的经理人员,只有在他们认为自己的股份被低估时才会发出信号。如果管理层传递的信号不准确,从长远来看,限制性股份的市场价值的下跌将超过从信号中获取的最初收益。因而,一种代表性的预测水到渠成:市场对信号的反应,应当与持股时间足够长的内部人的持股比重成正比。

John 和 Lang(1991)开发出一种模型,该模型将股利和内部人交易视为替代性的信号。股利的宣布和内部人交易都向市场传递了私人信息。虽然 John 和 Lang(1991)的模型以 Leland 和 Pyle(1977)以及 Miller 和 Rock(1985)为基础,但它也有一些鲜明的特征。它不但把内部人交易作为一种内生的变量,同时还假定内部人拥有关于公司未来投资机会的私密信息,因而股利的宣布和内部人交易必须合并起来分析。根据股利宣布之时内部人交易的性质,市场可能将股利的增长解读为积极的、消极的或者是中立的信号。在股利出现预期之外的增长的情况下,对于内部人异常地买入股份的行为,公司股价将反应积极;对于内部人异常地卖出股份的行为,公司股价将反应消极;如果不存在异常交易行为,公司股价将不作反应。

总而言之,大量的理论文献指出了股利作为信号机制所发挥的作用。另外,这些文献还指出,将股利政策的变更与内部人控制、对内部人持股份额及内部人交易活动的可能限制合并起来分析,是重要的。

---

[8] 实践中存在这种限制。例如,近期上市的公司通常受制于锁定协议。这些协议限制原始股东在首次公开发行之后的一个固定期限内出售规定范围之外的股份。在英国,Espenlaub,Goergen 和 Khurshed(2001)发现,虽然不存在此类法律要求,但首次公开发行的原始股东经常将其股份锁定至公司发布下一个财务报告。另外,许多德国的公司有着双重类型的股份,无表决权股在股票交易所上市,而有表决权股则掌握在大股东的手里。由于后者未上市交易,这会限制其交易(至少在短期内是如此)。

二、经验证据

关于股利的信息内容的理论文献,具有丰富的经验内涵。它们可以大致被归纳为以下三句话:(1)只有在公司未来的现金流很可能支撑更高的股利支付率时,经理人员才倾向于增加股利;(2)只有在经理人员相信未来的现金流不足以支撑当前的股利支付率时,股利才会下降;(3)异常的股价回报与宣布股利变更之间存在正相关。相当多的研究都至少报告了那些经验观察的一种结果,虽然绝大多数都与美国公司有关。(参见 Marsh 1992 完成的一份优秀的调查报告)。

美国和英国的证据

关于经理人员不愿改变公司的股利政策的经验观察,在 Lintner(1956)以及 Fama 和 Babiak(1968)的研究中可以发现其基础(参见第六章,其中有那些模型是如何与德国的数据很好契合的证据)。在众多的研究中,Kalay(1980),DeAngelo 和 DeAngelo(1990),以及 DeAngelo、DeAngelo 和 Skinner(1992,1996)证明了美国的公司经理人员同样不愿改变股利。Marsh(1992)也报告了英国公司的经理人员也存在类似的不愿削减股利的情形。Edwards 和 Mayer(1986)对住所设在伦敦的、大型的公司的财务董事组成的协会——"100 家集团"——的成员展开了问卷调查。从调查中反映的一个类型化事实是,公司的做法表明,只有收益的持续下降才可能导致股利削减,而收益的暂时下跌则不可能引发股利的削减。

就股利变更与股价回报之间的正相关的证据而言,Pettit(1972)首次验证了这一关系。然而,随后两份研究提供了互相冲突的证据。Watts(1973)和 Gonedes(1978)表明,股利的变更并不包含任何信息,因为股价对此的反应并不明显。相反,关于美国的更近些的研究持续表明,股利确实在关于收益的公告已经提供的信息之外,传递出了信息(例如 Aharony 和 Swary 1980;Asquith 和 Mullins 1983,1986;Healy 和 Palepu 1988;Kane,Lee 和 Marcus

1984；Ofer 和 Siegel 1987；Christie 1994）。与常规发放的现金股利的增长一样,特别发放的现金股利和股份回购也都会导致股票价格的持久增长（Brickley 1983；Dann 1981；Vermaelen 1981）。[9]

最后,几乎没有经验的证据表明,股利和内部人持股是否充当了替代性的信号机制。我们只见过四份就这一论题展开的研究,每一份研究的视角均各不相同。第一份研究出自 Zeckhauser 和 Pound（1990）。作者假设,如果股利的首要功能是发送信号,则在有大股东的情况下,股利显得更没有必要。这种大股东的存在,可以充当关于公司未来前景的替代性信号,因为股东强化的监督降低了经理人员和股东之间信息不对称的程度,同时缓解了经理人员以牺牲股东利益为代价来运作公司的倾向。Zeckhauser 和 Pound 计算了有大股东(被界定为至少持有 15% 表决权的股东)的公司和那些没有大股东的公司在股利支付率上的差别。他们发现,在有大股东的公司中股利支付率更高,但这种差别在统计数字上表现得并不明显。然而,由于作者未将公司的经营业绩纳入分析,因此他们的结论可能并不成熟。另外,有研究认为,起到信号作用的是股利的水平而不是股利的变更。Born（1988）提供了证据,以支持其以下假设:宣布异常的股利期间的股价回报,与转让受限制的内部人持股的程度呈正相关。[10] 他解释说,这一结果与以下观点一致:在转让方面受到限制的股份,为错误的信号提供了一项"经营绩效的约束"。Downes 和 Heinkel（1982）审查了公司价值与试图向投资者发出关于公司特性的信息的企业主潜在的两项行为之间的关系,如果没有这些信息,这些公司的特性对于投资者而言是不可通过观测而获得的。这两个信号是企业主持有的股权份额和公司的股利政策,它们被假定为与公司的价值存在正向关系。运用一个新股发行的样本进行的分析所得出的实证结果,与企业主所有

---

[9] 特别发放的股利被表明也传递了信息,这一事实可能被认为与股利的信号作用不相一致。然而,Brickley（1993）发现了其中的信息效果,因为贴上标签的股利(或者额外的股利)代表的不仅仅是股利和收益的暂时增长。

[10] 参见本章第二节第一部分对这一论争的描述。

权保留的假设相一致,但关于股利信号的假设却被推翻了。John 和 Lang(1991)基于内部人交易和股利的替代性信号作用,对其模型进行了检验。他们发现,市场对于股利增长的态度是积极、消极抑或是中立,取决于是否存在内部人异常的买入、卖出抑或是根本不存在这些活动。

其他各国的证据

对于英国和美国之外的国家,几乎没有相关的实证研究。Amihud 和 Murgia(1997)运用德国的数据,检验了 John 和 Williams(1985)的模型。该模型预测,考虑到股利比资本收益被课以更高的税率,股利是一种可靠的信号。但由于在德国,股利不存在这种税收劣势,因而人们认为,股利政策的信息提供功能相对较弱。然而,他们发现,在德国,股价对股利消息的反应与美国记载的情形类似。Behm 和 Zimmermann(1993)运用德国 1962—1988 年间的 32 家大公司的数据,检验了 Lintner 模式,然后得出结论称其与单个公司与公司整体的数据都非常契合。[11] McDonald,Jacquillat 和 Nussenbaum(1975)完成的另一份研究,对法国 1962 年至 1968 年间 75 家样本公司的股利政策进行了分析,得出的结论称 Lintner 模型非常契合法国的数据。

对于为什么股利蕴含着如此丰富的信息,Gugler 和 Yurtoglu(2003)提供了全新的解释:股利传递出的信息,反映了控制性大股东和外部小股东之间冲突的激烈程度。他们对德国 1992 年至 1998 年间 736 起宣布股利变动的事例进行的研究发现,由于所有权和控制权结构而使剥削小股东情形更可能发生的公司,相较于其他公司而言,宣布股利变动有着更为明显的负面财富效应。最大股东的持股份额越多,股利支付率越低;而第二大股东持股份额越多,股利支付率越高。最后,他们还表明,因金字塔和交叉持股结构而导致的对一股一票的偏离程度,也与更大的负面财富效应和更低的股利支付率有关。

---

[11] König(1991)和 Hort(1984)运用德国的数据,确认了 Lintner 模型。

第三节 作为替代性监督措施的股利和控制权

一、理论框架

所有权与控制权的分离,产生了代理成本问题。[12] 代理人(经理人员)从委托人(投资者)中筹集资金。作为交换,代理人被认为必须通过给予投资者公平的投资回报,来满足投资者的利益。然而,这一关系却带来了相当大的成本。由于经理人员不是公司的现金流的权利人,他们可能与那些资金供给者存在利益的分野。一种理想的做法是,不同的各方签署一份完备的契约,详尽规定经理人员应当如何运作资金,以及投资回报又应当如何在他们之间进行分配。然而,在实践中,并非将来的所有情形都可事先预见,因而经理人员和投资者不得不寻求监督机制。

金融经济学文献提供了一些方法来降低代理成本,其中两个即与本项研究有关:所有权集中以及股利。[13] 我们的讨论以所有权或者控制权的集中是如何降低代理成本为开端。近期的研究指出,所有权的集中同样具有成本。因而,我们对此予以简要地梳理。然后我们再回顾解释了股利如何能够降低代理成本的文献。最后,我们讨论了股利和集中的所有权赖以充当替代性代理成本控制措施的机制。

所有权或控制权的集中与代理成本

现金流和控制权利集中于一个大的投资者手中,可以使得公

---

[12] 对这一问题更为详尽的阐述,参见 Jensen 和 Meckling(1976);Fama(1980);Fama 和 Jensen(1983);以及 Shleifer 和 Vishny(1997)。

[13] 还有其他候选的方法。其中之一为债务(Jensen 和 Meckling 1976;Jensen 1986)。更多地运用债务融资会减少股权融资的总数,从而缩减"经理人员—股东"之间的冲突的范围(但增加了"股东—债权人"的冲突)。另一监督机制是董事会的组成(Fama 1980)。Schellenger(1989)报告称,董事会中外部董事的存在以及股利都是代理问题的替代性监督机制。参见 Franks,Mayer 和 Renneboog(2001)关于不同的公司治理机制的有效性的分析。

司的管理层利益与其股东利益保持一致(Jensen 和 Meckling 1976)。[14] 然而,在有着许多小股东的公众公司中,任何小股东都无法因监督管理层的运营而获得回报。Shleifer 和 Vishny(1986)认为,大股东拥有收集信息和监督管理层的激励,因而避免了监督的搭便车问题,并且带来了提升价值的公司政策的变化。

然而,所有权的集中同样会带来一种特定形态的代理成本,即所谓的控制权的私人收益(Grossman 和 Hart 1988)。表决权集中于单一的投资者手中,给了这位投资者以牺牲其他投资者和利益相关人(例如雇员、资本和货物的供应者,以及客户)为代价,而寻求有利于自身的差别待遇。换言之,控制权可以给予其剥削小股东的机会。例如,Mock,Shleifer 和 Vishny(1988)认为,一旦所有权的集中超过了一定的界限(管理层堑壕的临界点),拥有集中的所有权的所有者几乎获得了全部控制权,以至于他们宁可攫取不与其他利益相关人分享的控制权私人收益。在大股东拥有的表决权多于现金流权利的公司中,大股东剥削小股东的危险甚至更为突出。正如上述所提及的,通过无表决权股、多重表决权股或者金字塔结构等机制的运用,控制权可以进一步膨胀。

控制权的集中可能带来另外的成本。在本质上,大股东倾向于持有未经多元化的投资组合。其结果是,这可能会降低公司的风险承担,并且导致公司的资本预算(capital budgeting)决定发生潜在的扭曲。

Stulz(1988)集中关注作为经理人员约束机制的并购措施的重要性,并且提出了一项理论构想,证明公司价值和内部人持股份额之间具有曲线关系。当公司股权集中于内部人手中时,公司的市场价值上升;而当内部人持股达到50%时,公司的市场价值下降。Mock,Shleifer 和 Vishny (1988)关于公司价值与管理层持股之间

---

[14] 在英国和美国,将持有相当多的少数所有权份额(例如持有10%或者20%)的个人或者公司称为大股东,这是非常普遍的(例如,参见 Mock,Shleifer 和 Vishny 1988)。在德国以及在其他欧洲国家,大股东拥有大得多的所有权份额,通常是超过40%。

关系的发现,则略有不同。他们发现,管理层持股在0%和5%之间时,对于公司的财务表现有着积极的效果;如果管理层持股在2%和25%之间,对于公司的财务表现则起着消极的效果;而一旦这一比例超过25%,则又呈现积极的效果。McConnell 和 Servaes (1990)也对美国公司的托宾Q值和股份所有权结构之间的关系,予以实证研究。他们发现,托宾Q值与公司内部人持股份额之间,存在一种近似于Stulz所预测的关系,即存在一种二次关系。该曲线径直向上,直到内部人持股接近40%—50%为止,然后微微向下。另外,他们发现,在托宾Q值和机构投资者持股份额之间存在明显的正向关系。然而,近来关于公司价值和所有权之间关系的研究,例如 Agrawal 和 Knoeber(1996)、Kole(1996)、Himmelberg、Hubbard 和 Palia(1999)以及 Coles、Lemmon 和 Meschke(2002)却对早期研究背后的关键假定提出了质疑,这一假定即所有权是外因(参见第二章 Goergen(1998)关于这一问题的更为详细的讨论)。这些研究表明,早期的那些模型由于弄反了公司财务表现和所有权的关系,或者遗漏了一些变量而可能遭受相关性虚假的责难(Börsch-Supan 和 Köke 2000)。

迄今为止,我们都假定,无论大股东的性质如何,他们与经理人员的代理关系都属同一类型。然而,事实并非如此,因为不同类型的集权所有者(concentrated owner)可能拥有不同的控制或者监督水平或者能力。股东通常是个人或家族,或者是公司或金融机构,抑或是政府。如果股东是公司或者金融机构,则必须承认存在进一步的代理关系,因为这些公司或机构的经理人员自身也是代理人。除了公司经理人员与公司所有者之间的关系,公司和机构自身也受到它们的经理人员与股东之间的代理成本的制约。外部股东的一种特别有趣的类型是银行。例如,在德国,最大的银行自身的股份被高度分散地持有,因而银行也可能面临代理问题。一方面,银行与政治联系密切,因而银行的经理人员与银行所投资的公司之间可能存在利益冲突。另一方面,银行可能比其他股东拥有更多的专业知识。我们将在本章第四节中讨论这一问题。

总结说来，所有权或者控制权的集中可以(1)导致代理成本下降；(2)如果集权所有者几乎拥有完全的控制权，将会带来高昂的成本。

股利和代理成本

Rozeff(1982)、Easterbrook(1984)以及 Jensen(1986)对于公司为什么可能支付股利，提供了代理成本的解释。Rozeff(1982)认为，股利支付是公司最优的监督/约束系统的一部分，可以用来降低成本成本。Easterbrook(1984)列举了一些机制，股利及随后的筹资都依赖这些机制以控制代理成本。"如果公司不断在市场中发行新股，代理成本问题将更不严重。当公司发行新股时，公司的事务将经受一位投资银行家或一些类似的中介机构的审查，后者充当着股东集体利益的监护者的角色，同时公司事务还受到新的投资工具购买者的审查。"(第 654 页)[15]如果不存在第三方的验证程序，则股利可能只是一种暧昧不清的信号，因为它们并没有区分成长中的公司与投资下降的公司。最后 Jensen(1986)认为，拥有大量自由现金流的经理人员能够增加股利，并藉此支出现金。如是不支出的话，这些现金可能被投资于低回报项目从而被浪费掉。换言之，更高的股利可以降低"自由现金流的代理成本"。

股利、所有权、控制权及代理成本

Easterbrook(1984:657)建议在多种代理成本控制措施中互为取代。解决代理成本问题的一个方法是，经理人员在公司中持有大量的剩余索取权。当经理人员的剩余索取权增加时，其他情形保持不变，股利对于投资者就显得更没有价值，并且它也会下跌。在 Rozeff(1982)模型中，公司选择了使得整体成本(代理成本和融资交易成本)最小化的股利支付率。代理成本随着股利的上升而下降，而交易成本则随着股利的上升而上升。整体成本的最小化

---

[15] 这一观点存在一些问题。第一，如果发行的新股有许多购买方，则类似的影响着原有证券所有者的搭便车问题，也可能同样存在。第二，投资银行的激励与投资者的利益相一致，这并不必然正确。

为特定的公司创造了独一无二的最佳模式。

Schooley 和 Barney(1994)拓展了 Rozeff(1982)的模型,并且提出股利支付率和管理层持股比例之间存在非单调关系(non-monotonic relation)。作者指出,这种非单调关系与股利的监督原理(利益集中假设,甚或是股利的代理成本解释)以及管理层堑壕假说(Morck,Shleifer 以及 Vishny 1988)相一致。[16] 当内部人持股比例低时,内部人持股比例的增加将降低代理成本;当代理成本下降时,股利支付就成为进一步降低代理成本的更不可取的工具了,因而股利也会降低。在内部人持股份额高企(管理层堑壕自守)的情况下,代理成本会随着内部人持股份额的增加而加大,因而再次需要通过高额的股利来加强对公司的监督。然而,必须注意的是,以上研究表明,可能降低代理成本的是管理层持股的增加。在这些模型中,所有者基本上是经理人员,并且这些模型并没有区分所有者本身也是代理人的情形,也就是说,这种情形指的是集权所有者是一家为其自身的股东利益行事的公司。而正如前面所表明的,这可能会导致另外的代理问题。

Jensen,Sollberg 和 Zorn(1992)称,内部人持股本身可能由公司的许多特性所决定,这些特性同样影响着公司的股利和债务政策。因而,内部人持股、债务和股利政策是同时被决定的。这一推断直接源自 Demsetz 和 Lehn(1985),他们提供的证据证明,内部人持股的选择是价值最大化行为的内生性结果。Agrawal 和 Knoeber(1996)、Kole(1996)以及 Himmelberg、Hubbard 和 Palia(1999)确证了内部人持股的内生性质。

另有其他两份研究,指出了股利和表决权集中之间关系的两

---

[16] Morck,Shleifer 以及 Vishny(1988)研究了管理层持股和以托宾 Q 值测算的公司的市场价值之间的关系。他们发现存在明显的非单调关系的证据。当管理层持股增长至 5% 时,托宾 Q 值也随之增长;然后托宾 Q 值开始下跌,直到管理层持股达到 25%;最后托宾 Q 值又随着董事会持股的上升而略有回升(参见第 301 页图表 1)。然而,他们也承认"理论(利益趋同和堑壕假说)在这一关系应当如何设定方面,提供的指引相对较少……"(第 294 页)。

个不同的方面。Eckbo 和 Verma(1994)认为,股东关于股利政策的意见分歧(例如衍生于不同的股东应税税率、信息不对称和代理成本)在上市公司中可能是惯例,而不是例外。作者提出了"股利一致假说"。据此假说,当不同股东集团的利益由其投票权代表时,事实上的股利政策代表了一种妥协性解决方案。Shleifer 和 Vishny(1986)提出了一个公司估值模型,其中股利支付发挥着降低代理成本的作用。在他们的模型中,股利充当了对大股东——例如机构或公司投资者(在美国,他们所获得的高额股利有税收优惠)的补偿性支付,以诱使其持有股份并监督经理人员。

代理冲突和信息不对称情形同时存在情况下的股利支付政策

在结束本部分之时,我们提及 Noe 和 Rebello(1996)的文章,后者提出了一个理论视角,以理解逆向选择和管理层机会主义情境下的融资和支付政策。在他们的模型中,一家最初由一个大股东所有并且由一位在任经理人员运营的公司,为了抓住投资机会而寻求资金支持。股东和经理人员都拥有关于公司前景的私密信息,而且经理人员拥有特定的寻租激励,这使其与股东产生了代理冲突。在这种情形下,公司必须筹集资本,为其投资项目提供资金支持(假定该投资项目的资金需求大于公司的内部资金)。为获取外部资金,公司必须发行债券和股份。作者根据公司是属于股东控制(大股东通常是机构投资者),还是属于经理人员控制,揭示了成本最低的财务信号(按 Myers 在 1984 提出的"优序"融资方法),这些信号涉及内部融资(限制股利发放)与债权融资、股权融资、出售被低估(underpriced)的权利之结合。更为特殊的是,它出现于以下模型:在股东控制的公司中,限制股利传递了有利的信息。尽管股东倾向于更强烈地依赖外部资本(以及随后是更多的股利和债务),这种情形的发生仍然降低了管理层的机会主义。然而,发行股份成本更为高昂(证券价格误差之成本),因而更低的股利便被作为一种信号而被选用。在经理人员控制的公司中,可能会适用相反的融资层级。在那里,股利更高传递出的是更为有利的信息。

二、经验证据

美国与英国的证据

Rozeff(1982)提供的证据确证了其预测,即内部人持股份额较低以及/或者更多的股东持有外部股份的公司,会选用更高的股利支付率。其他的几份研究也提供了与这一观测相一致的证据(例如 Dempsey 和 Laber 1992;Crutchley 和 Hansen 1989)。Hansen, Kumar 和 Shome(1994)根据受管制的电力公用行业的数据,检验并得出了与 Rozeff(1982)序列相类似的结论。他们将自己的证据解读为,股利加剧了——他们所称的——作为监管者的股东的监督冲突。Eckbo 和 Verma(1994)发现了证据表明,现金股利会随着所有者——经理人员表决权的增加而减少,并且当所有者——经理人员拥有对公司绝对的控制性表决权时,公司股利几乎降低为零。Jensen, Sollberg 和 Zorn(1992)以及 Noronha, Shome 和 Morgan(1996)对与股利的监督原理相吻合的结论进行了探讨,而这一探讨是在对资本结构和股利决定的同时性假说进行检验的语境下进行的。

Born 和 Rimbey(1993)确证了 Easterbrook(1984)的假说,即股利可以被视作自我约束机制,迫使公司对外发行股份,从而使其面临外部人的审查。他们的样本包含了在 1962 年至 1989 年间发放股利或者再次发放股利的 490 家美国公司。他们发现,在这些公司中,稍稍多于 1/5(102 家公司)的公司在股利变更之前的 12 个月内对外筹集过资本。他们认为,融资应当在股利变更之前进行,以避免传递出暧昧不清的股利信号。虽然他们发现,对外筹集资本的公司的股利宣布,比那些没有筹集额外资本的公司,产生了更低的超常回报,但前者比后者拥有更高的每股股息收益率这一超常回报。Filbeck 和 Mullineaux(1999)实施了类似于 Born 和 Bimbey 所完成的测试,但却是集中于银行持股的公司。相反,他们并没有发现任何支持 Easterbrook(1984)假说的证据。他们如此解释他们的结果:考虑到银行监管者的存在,通过资本市场来监督银行持股的公司并不重要。

　　Moh'd、Perry 和 Rimbey(1995)也检验了 Easterbrook(1984)和 Rozeff(1982)的有效性,但运用的是改良过的代理和交易成本的概念。他们测算了在内部人控制、机构股东控制和所有权分散情形下的代理成本。他们还运用了时间序列数据——对 1972 年至 1989 年间的 341 家美国公司——而不是采取样本的横断面(sample cross section)分析。他们不但寻找到了支持 Easterbrook 和 Rozeff 的证据,而且还发现公司会调整自己的股利以反映其在代理及交易成本上的变化。

　　Chen 和 Steiner(1999)共同研究了股利政策、管理层持股、风险承担和资本结构。他们的样本包含了 1994 年这一横断面的 784 家美国公司。联立方程体系估计结果表明,管理层持股和风险承担是同时被决定的。[17] 结论还表明,管理层持股与股利政策是降低代理成本的替代性机制。与 Chen 和 Steiner(1999)类似的是,Crutchley 等人(1999)研究了被冀望于降低代理成本的以下四种措施的共同决定作用:股利政策、债务杠杆、内部人持股和机构持股。他们分析了 1987 年和 1993 年两个横断面的、在纽约证券交易所(NYSE)和美国证券交易所(Amex)上市的 800 家公司,以测算机构投资者潜在的、日益增长的能动主义。他们发现,在 1987 年,股利支付和机构持股被一并决定,而且两者呈现正向关系。内部人持股看起来并没有影响股利支付。相反,在 1993 年,股利却由机构持股反向决定,即后者正向地取决于前者。作者将机构持股对股利影响的变迁,归因于机构投资者对其持股公司的越来越多的介入。[18]

---

[17] 他们发现,与 Demsetz 和 Lehn(1985)类似的是,风险以一种非线性的方式决定着管理层持股。在风险较低的时候,存在正向的关系;而在高风险的情况下,又呈现为反向关系。他们还证实,更高的管理层持股导致更高的风险承担。这与预测更多的管理层持股会加重股东和债权人之间代理问题的理论一脉相承。

[18] 作者的结论同时表明,虽然在 1987 年内部人持股并不决定股利,但在 1993 年却存在二次关系(quadratic relation),尽管没有解释原因。

Short、Zhang 和 Keasey(2002)就机构持股及管理层持股对官方目录上的 211 家英国样本公司的影响，展开了调查。他们设计了四种股利模型——全面调整模型、部分调整模型、Wauld 模型以及修正后的收益趋势模型；同时引入一个虚拟变量——当至少有一位持有公司股份超过 5% 的机构股东时，这一变量值设定为 1；另外还引入另一虚拟变量——当管理层持股超过 5% 时，这一变量的值等于 1。在以上四种模式的任一种当中，他们发现各种证据一致表明，机构持股多则股利增加，而管理层持股多则股利降低。作者认为，机构投资者降低了代理成本，不是直接通过监督公司的管理层，而是通过迫使这些公司定期对外筹集股本、从而使它们经受资本市场的审查来实现。另外，机构可能出于自身的税收地位和现金流的需要，向公司施加压力，使其支付更高的股利。类似的，在美国，Zeckhauser 和 Pound(1999)也没有发现证据表明，大股东和股利支付是替代性的监督机制。与前面所有研究截然相反的是，Schooley 和 Barney(1994)、Hamid、Prakash 和 Smyer(1995)以及 Crutchley 等人(1999)检验了股利和内部人持股之间的非线性关系。与他们的理论构想相一致的是，他们发现了内部人持股和股息收益之间的凸向关系(convex relation)。

世界其他国家和地区的证据

La Porta 等人(2000)研究了 33 个国家的 4103 家大型公司的股利政策。他们通过分析公司所在的国家对小股东提供保护的程度，测算了代理问题发生的可能。他们发现，在股东保护水平高的国家中，公司支付的股利水平总体上比较高。另外，这些国家的公司的股利支付率与他们的投资机会（按销售增长测算）呈反向关系。相反，在股东保护水平低的国家中，公司的股利支付率与其增长机会毫不相干。La Porta 等人将此解释为股东保护水平低所带来的代理成本的证据。

Faccio、Lang 和 Young(2001)认为，西欧大陆和东亚的公司的控制权非常近似。在这两个地区中，大量的公司都由家族或者股东集团所控制。而且由于经常存在偏离一股一票的情形，控制权也会通过杠杆而放大。因而,代理问题主要表现为拥有控制权的大股东剥削小股东。然而,尽管在控制权方面存在诸多相同点,股利政策却迥然相异:西欧的公司倾向于比它们的东亚同行支付更高的股利。Faccio 等人下结论称,在西欧一些更可能发生剥削小股东的公司中,这种指责也被支付高额的股利所掩盖。

虽然前述两份研究将股利政策与代理成本联系在一起,但它们非常概括,而且集中于宏观的层面。以下的研究将集中关注微观层面,即关注特定类型的股东(或者控制权结构),并且讨论以下问题:为了降低代理成本,特定类型的大股东的监督,是否成为高额的股利支付政策的替代机制?

Gul 和 Kealey(1999)研究了韩国的公司。他们对财阀、由家族或银行持有的集团公司与股利之间是否存在相关性,展开了分析。他们没有发现存在这种关系。Gul(1999a)则在中国的公司中,发现了已支付股利与政府所有权之间正相关。

Gugler(2003)假设,不同类型的股东,对于成本高昂的股利信号作用的依赖各不相同,因而可能提供的监督程度也不尽一致。政府控制的公司由于其最终由民众所有,后者在监督公司运营的激励方面,甚至不如私有公司的小股东。因而此类公司的代理问题和信息不对称状况最为严重。因此,政府控制的公司的经理人员偏好于推行稳定的股利政策,并且发放高额的股利,以使其委托人身心愉悦并保护其私人利益。而家族控制的公司的代理成本较低,信息不对称问题也更不严重。因此,股利作为信号机制显得更不重要,并且股利应当更为灵活。然而,要对银行和外资控制的公司的股利政策做出预测,却显得困难得多,因为这些公司的股利政策取决于它们最终的控股股东,而这些股东又各不相同。Gugler 在对奥地利的上市公司和非上市公司的样本分析中,发现了支持其假说的证据。[19] 如果投资机会良好,则政府控制的公司会发放最

---

[19] 在他的样本中,只有大约五分之一的公司为上市公司,而且绝大多数的非上市公司只有一个股东。

高的股利,并且采取股利平滑(dividend smoothing)的做法,而家族控制的公司的股利支付率较低,并且不会采取股利平滑(dividend smoothing)的手法。银行控制和外资控制的公司的股利政策则居于二者之间。最后,几乎没有投资机会的公司,无论其控制权结构如何,都会支付高额的股利。与 Gugler(2003)类似的是,Yurtoglu (2000)发现,土耳其由家族控制的上市公司的股利支付率,就低于其他公司。然而,与 Gugler 相反的是,Yurtoglu(2000)还提供证据表明,政府控制的公司的股利支付率较低。

总结而言,代理成本理论及相当多的实证研究表明,股利和集中的所有权充当着替代性的监督形式。有证据表明,当家族成为控股股东时,代理成本下降,这样人们必须更少地依赖成本高昂的股利的信号作用。然而,在其他类型的股东是否充任了股利的监督替代作用方面,具有决定意义的经验证据却要少得多。

第四节 银行的公司治理作用

一、关于银行作用的制度背景和传统观点

德国、法国、意大利和日本在传统上被认为是由银行主导的(Rajan 和 Zingales 1995:1445)。银行的全能特征赋予其两项功能:外部资金供给者和公司运作监控者。[20][21] 在本章中,我们只考虑后一项功能。[22]

德国的银行在公司治理中的重要作用,主要源于三个方面:第一,银行直接参股工商业公司(关于德国德国公司的所有权和

---

[20] Edwards 和 Fischer(1994)提供了理解这一问题的重要文献。
[21] 全能银行体制最典型的特征是,银行能够承销、买卖、特别是能够持有公司的股份。
[22] 有兴趣的读者可以参考 Edwards 和 Fischer(1994);Mayer(1990);Corbett 和 Jenkinson(1996);Mayer 和 Alexander(1990);Rajan 和 Zingales(1995);Allen 和 Santomero(2001);以及 Carlin 和 Mayer(2002)。读者可以从中获得不同国家的融资范式的证据。值得注意的是,从这一文献来看,德国的公司倚赖银行来获取外部资金的程度,并不像世人通常所相信的那样深。

控制权的详细描述,参见第二章和第八章;Becht 和 Boehmer 2001;Franks 和 Mayer 2001)。Edwards 和 Fischer(1994:114)提供的证据证明,德国银行持有的股份主要集中在大银行(德意志银行、德累斯顿银行和商业银行)的手中。第二,因为绝大多数的德国公司的股份是不记名证券(bearer shares),个人股东将他们的股份交存于银行。[23] 正如 Edwards 和 Fischer(1994:196)所指出,银行对大公司的股东大会相当数量的表决权股份的控制,主要是通过投票权代理,而不是通过其自身的持股来获得。第三,银行选派代表进入德国公司的监事会。Frank 和 Mayer(2001)报告称,银行在公司监事会中拥有大量的席位,特别是在股权高度分散的公司中。[24]

其结果是,由于在一定范围内控制了表决权,银行可以对股东大会的表决结果、特别是对监事会的股东代表产生重大的影响。长期的外部融资和积极的监控,一直以来被认为是德国投融资体制的基石。根据这一见解,公司和银行之间长期的关系,以及银行对公司的积极监控减少了代理成本,并且缓解了投资者和经理人员之间的信息不对称。[25] 银行选派代表进入监事会以及银行对公司的监控,将使银行有权对公司的低效运营施加约束。[26] 另外,技术专业知识、银行入主监事会以及长期的关系,都使银行得以接触更高层级的信息。

---

[23] 德国的上市公司(AG)可以发行记名股份、不记名股份或者两者兼而有之。然而,绝大多数的上市股份为不记名股份,这为识别股东身份增加了难度(Boehmer 2002)。

[24] 还可参见 Edwards 和 Fischer(1994:表 9.2)以获得进一步的证据。

[25] Jensen 和 Meckling(1976)认为,激励问题提高了外部融资的成本。外部融资稀释了管理层持股,因此加剧了激励问题。Myers 和 Majuf(1984)指出,如果经理人员比投资者拥有更多的信息,风险证券通常会被折价,因而会增加外部融资的成本。

[26] 这在传统上区别于以市场为基础的融资体制,后者如美国和英国,在这些国家中,敌意收购机制被认为在约束公司的运营方面发挥着关键的作用。参见 Hart(1995)关于公司经营管理的投资者监督机制的简要梳理。Nickell(1995)以及 Shleifer 和 Vishny(1997)提供了对这一文献的梳理。

这一见解的核心思想是,假定股利发挥着监督和信号作用,银行持股和控制权就可能是替代性机制,它们缓解了公司和股东之间的信息不对称和利益冲突,因而降低了对高额股利的需求。

另外,银行对股权高度分散的公司的广泛介入,造就了德国公司控制权市场的空白(Mayer 和 Alexander 1990)。没有银行在股东大会上的同意,敌意收购显得十分困难。[27] 更为特殊的是,如果股利是公司防御战略的一项重要组成部分,或者如果并购的威胁鼓励支付比不存在这一威胁时更高的股利[28],那么在德国,这一威胁的缺位(由于银行控制着公司)可能降低了公司支付股利的压力。然而,值得注意的是,虽然这一观点可以解释股利支付的各国差异,但它并没有解释德国国内观测到的结果之差异。

日本的制度设计使人们想起类似的观点。Kester(1986),Prowse(1990),Hoshi、Kashyap 和 Scharfstein(1990,1991),以及 Berglöf 和 Perotti(1994)认为,日本公司的管理层和投资者之间的紧密关系(特别是在产业集团内部,银行对其成员公司持有债权和股份),大大降低了信息不对称状态,并且相对于其美国同行而言,也缓解了代理冲突。相应的,既持有债权又持有股权的银行,就拥有强烈的激励去密切监督公司的运作,并降低管理层对不同的利益相关人采取偏倚行为的可能性。Hoshi、Kashyap 和 Scharfstein(1991)提供的证据表明,在资本市场上,信息和激励问题影响着投资。在那些与大银行关系孱弱而且或许会面临更大的筹资困难的公司中,投资被认定为对流动性更加敏感。Dewenter 和 Warther(1998)表明,在这种情况下,股利发挥的信号和监督作用就更弱一些,并且发现了与这一假说相一致的经验证据。Gul(1999b)为此找到了额外的证据支持。虽然在股利支付率方面,集团公司和非集团公司在数据统计上没有显著的差别,前者的股利收益比后者

---

[27] Frank 和 Mayer(1998:1385)指出,"在德国,第二次世界大战后只发生三起敌意收购事件",至 2000 年之前仍未有改变。

[28] 关于股利在英国是一项针对并购的防范机制的证据,可参见 Jenkinson 和 Mayer(1994)以及 Dikerson,Gibson 和 Tsakalotos(1998)。

要低得多。

乍一看,意大利的公司治理结构似乎与德国和日本的相似。Bianchi、Bianco 和 Enriques(2001)的研究表明,三个国家都存在公司所有权集中、经常产生金字塔结构、敌意收购绝少发生的情形。银行持有大约 8% 的上市公司市值。然而,Bianchi、Bianco 和 Enriques(2001)以及 Parigi(2003)认为,在银行的监督作用方面,意大利的体制有着重大的区别。第一,从 1974 年至 1998 年,银行获准行使其客户的委托投票权。自 1998 年以来,委托投票即已可行,但它限于超过 1% 的股份,而且程序复杂。第二,银行倾向于由政府所有,因而其自身的治理结构可能并没有效率。绝大多数的公司还倾向于从数家银行而不是从一家银行中获得贷款,而且通常要求提供担保。所有这些均表明,就意大利的情形而言,并没有强烈的理由使人相信,银行替代股利成为了一种监督机制。

Dherment 和 Renneboog(2002)研究了作为样本的 325 家法国上市公司的控制权范式。他们的研究成果表明,工商业公司是最大类型的所有者,平均拥有 22% 的表决权股份,而机构——银行、投资和产业基金以及保险公司——合并直接持股为 20%。金融和产业公司控制了普通公司 17% 的股份。与德国、意大利和比利时的情形相类似,在法国,股份通过多重的所有权来持有,形成了复杂的所有权和控制权结构。Dherment 和 Renneboog 几乎没有发现证据表明,机构投资者、银行或者政府在监督着经营业绩低下的公司(那些股利下降的公司)。法国的这些结果,对于比利时也同样有效(Renneboog 2002)。

二、银行介入对股利影响的证据

前面的讨论提出了许多重要的问题,对于这些问题,实证研究可以做出重要的解答。银行是否减轻了信息不对称和代理问题?或者银行只是本着其自身利益行事且有损于公司运作的绩效?除了接下来要讨论的研究之外,几乎没有其他的实证分析来回答这一重要的问题。

　　Low等人(2001)分别选取了一大一小两家样本公司,这两家公司在1978年至1996年间的一段时间里停发了股利,Low等人分析了市场对股利停发的反应。他们发现,宣布股利停发对于有着大量银行负债的小公司,相较于没有或很少银行负债的小公司,带来的负面超常回报要小。然而,他们在自己选取的大公司样本中,并没有发现这种关系。他们还发现,在股利宣布时,非银行债务比银行债务对超常回报的积极影响要小。这表明,银行降低了信息不对称及/或代理成本。

　　在美国,不允许银行持有工商业公司的股份。如果银行对于美国公司的股利政策都产生着影响,则人们可以期望,银行在资本市场——例如在德国资本市场中的影响,将更为重大。Cable(1985)选取了德国48家最主要的公司作为样本,对于银行介入与公司收益率之间的关系,进行了估计。作者发现,银行介入与公司收益率之间存在明显的正向关系,这种关系已经超越了单单从银行增强了市场权力或者提供了财务专业知识所能料想的范畴。他将这种结果解读为与以下假说相一致:银行的介入缓解了信息不对称的问题,并且降低了使管理人员与股东的利益保持一致所耗费的成本。Gorton和Schmid(2000)检验了1975年和1986年公司绩效与银行影响的关系。他们发现,德国的银行持股改善了公司的经营业绩,而代理投票权却没有做到这一点。他们认为,这是德国的银行发挥监督作用的明证。他们还把代理投票权未能对公司的财务表现产生影响,解读为银行运用代理投票权并没有产生利益冲突的证明。

　　对于银行缓解了信息不对称和代理成本问题的假说,另一种不同的假说认为,银行与公司管理层并无任何二致,都是在发现并追逐垄断租金(Cable 1985)。另外,银行与政治联系密切,而且本身是被高度分散持股的公司,也面临着代理问题。Edwards和Fischer(1994)搜集了大量的证据表明,德国的银行并不像人们从其发放贷款及行使股份表决权方面可以料想的那样,在公司治理中表现积极。例如,作者并没有发现证据来证明以下观点:银行选派代理人进入公司的监事会,促使银行更多地向这些公司予以贷款融资。此外,他们也没有发现与以下观点相一致的证据:银行通过监督和控制陷入财务困境的公司的管理人员,降低了解决财务危机和避免破产的成本。另一重要的发现是,在有着非银行大股东的德国公司中,银行通常不会行使高度的控制权(参见 Franks 和 Mayer 2001 的类似结论)。

与 Cable(2001)以及 Gorton 和 Schmid(2000)不同的是,Chirinko 和 Elston(1996,2000)并没有发现银行的影响对公司收益率有着强劲的积极效果。Franks 和 Mayer(2001)对公司低效运作的约束进行了研究,但并没有发现证据表明,银行持股对经营业绩低下的公司的董事会人选变更起到了积极的影响。另外,Mayer 和 Alexander(1990)发现,对德国大公司的银行贷款与对美国大公司的银行贷款,两者之间并没有程度上的差别,作者将这解读为与信息不对称假说不相一致的证据。

虽然在德国,股利政策与银行影响之间的关系,是一项在经验上可予检验并且具有关联性的问题,但在财务文献中,它受到的关注却较少。就我们了解而言,在一定程度上对此问题有所研究的唯一的文献是 Chirinko 和 Elston(1996)。他们关于银行对个体公司影响因子的概率分析,并没有揭示出任何范式。他们运用了两个不同的银行影响因子。第一个是虚拟变量,对于由一家德国银行或者保险公司至少持股25%且没有另一家股东持股超过25%的公司,这一变量值设定为1。第二个因子与此类似,但运用了持股50%这一更高的门槛。

第五节 有关税收的争论

或许,有关股利的文献中最富有争议的问题是,税收是否影响了股利。[29] 美国明确实施公司收益的双重课税制,第一层是在公司层面征税,第二层则发生于股东获得利益之时。直到 2003 年,在这种"古典的"(classical)税收体制之下,在个人层面,股利比资本利得被课以更高的征收。[30] 这就提出了一个问题,即究竟为什么要支付股利?相反,在英国,养老基金通过投资而获得的股利收益,直到 1997 年的财政改革之前,都是免予征税的。直到那个时候,享有税收豁免的股东,都严格偏好于(strict preference)股利支付(Bond,Chennells 以及 Deverux 1995)。[31] 类似的,德国公司的股东明显偏好于股利,但对于位于最高的边际所得税区间(marginal income tax brackets)的个人而言,情形却并非如此。因而,或许可以认为,存在着关于股利支付的税收原理。在第八章中,我们将更为详细地描述德国不同类型的股东的税收状况。[32]

前述关于股利政策的税收问题的研究,已经至少使以下一个问题清晰地呈现出来:(1)股利收益率高的公司,其股价是更高还是更低?(2)股利政策是否影响了特定类型的股东(换言之,是否存在税收诱导下的股利顾客效应)?以及(3)特定类型的(税收地位特殊的)股东是否影响着股利政策?

描述第一个问题的另一种方法是,投资者是否会要求股利收益率(也就是每股股利除以股份价格)高的普通股,有着更高的回报。在股利及资本利得被课以不同税收的假定之下,Brennan(1970)设计了一种股份估值模型。在该模型中,带有高额股利支

---

[29] Litzenberger 和 Ramaswamy(1982)梳理了关于税收的理论争议和经验证据。参见 Copeland 和 Weston(1988),还可参见第五章 Lease 等人(2000)对相关论争的梳理。

[30] 参见 Brealey 和 Mayers(2003)以及 McDonald(2001)关于美国对股利征税的总体情况的信息。在 2003 年,布什政府将股利应纳税率调整至 15%,低于资本收益应纳税率,资本收益的应纳税率为 20%。

[31] Bell 和 Jenkinson(2002)发现,在 1997 年之前,养老基金是具有高额股利收益率的公司的边际投资者。他们预测,1997 年的税制改革会带来养老基金投资的配置,以及具有高收益率的公司相对于低收益率的公司的估值方面的变化。

[32] 还可参见 McDonald(2001)关于德国和美国税收体制的比较。

付的股份比股利支付低的股份，被要求具有更高的税前回报。然而，关于 Brennan 模型的实证检验却得出了含糊不清的结果：股利的税收状况对股份价格回报的影响，取决于所运用的股利收益概念。[33] 虽然 Black 和 Scholes(1974)以及 Miller 和 Scholes(1978，1982)认为，公司的价值与其股利收益率并不相干，Lizenberger 和 Ramaswamy(1979,1982)以及 Poterba 和 Summer(1984)完成的实证研究表明，在对公司估值时，资本利得比现金股利受到更多的重视。然而，近期两项关于美国和英国的研究却提供了混杂不一的证据。Hubbard 和 Michaely(1997)分析了美国 1986 年的税制改革对西铁城公用事业公司(Citizen Utilities)的影响。该公司拥有两类股份。股份 A 支付了现金股利，而股份 B 则支付了股票股利。他们发现，现金股利相对于资本利得的税率降低，对于这两类股份的估值，并没有产生影响。相反，Bell 和 Jenkinson(2002)却找到了强有力的证据证明，英国 1997 年的税制改革，对于高收益的公司产生了影响。

Miller 和 Modigliani(1961)认为，存在股利的顾客效应。但对此的经验证据也混杂不一。Elton 和 Gruber(1970)以及 Lizenberger 和 Ramaswamy(1982)提供了美国公司的证据，这些证据与以下观点相一致：位于较高所得税区间的投资者，偏好于购买股利支付率较低的股份，可以推测是由于他们以资本利得的方式来获取回报，可以交纳较少的税收。然而，Lewellen 等人(1978)在美国公司中却只发现非常孱弱的顾客效应。而 Lasfer(1996)在美国的公司中，更是没有发现任何证据来证明存在税收诱导下的股利顾客效应。

虽然我们承认前述两个问题的相关性，但我们却并不打算在本书中进一步展开。相反，我们集中关注第三个问题，即公司的股利政策是否受到了它的股东的税收状况的影响。其推理(institution)如下：如果这一观点是正确的，并且有一位股东拥有大量的表决权，或者有大量的小股东居于同样的税收状况，则我们有望看到

---

[33] Copeland 和 Weston(1988:588—596)对于这一问题，进行了更为详细的阐述。

公司根据其股东的税收地位来采纳股利政策（Eckbo 和 Verma 1994）。Lasfer(1996)以及 Poterba 和 Summers(1984)报告了其发现,这些发现表明,英国的公司在制定股利政策时考虑到了其股东的税收地位。Bond, Chennells 和 Windmeijer(1996b)提供了与以下假说相一致的证据:在英国,机构投资者拥有的表决权越大,这些机构投资的公司所发放的股利就越多。最后,Eckbo 和 Verma (1994)提供的关于加拿大公司的证据表明,控股股东的税收地位对于公司的股利支付,在经济上具有重要的影响。

德国为我们提供了内容非常丰富的实验场,因为正如我们前面已经讨论的,公司的所有权高度集中于少数的几位股东手中。另外,不同种类的股东之间在股利的税收偏好方面还存在一定程度的异质性。为了检验德国公司的税收顾客效应,我们必须(1)明确德国不同股东的税收地位;(2)计算与每一种类的投资者相关的税收差异变量(tax discrimination variable)。我们在第八章中详细探讨这些问题。

第六节 结论

本章梳理了股利和控制权结构赖以互相关联的机制,并考察了能够从各种股利理论的分析中得出的见解。股利可以传递出关于公司前景的信息。然而,当公司已经被高度控制时,股利可能就成为相对不重要的信号。因此,股利的信号作用在股权高度分散的公司中是重要的,虽然在集中持股的公司中,控制权的集中可以将其取而代之。这一观点要求满足两个条件。第一,在一股一票的原则并没有得到遵循(由于持股的金字塔结构、委托投票等)的情况下,人们应当如何界定控制权,这并不明晰。因而,在第八章的实证分析中,我们运用了关于控制权的不同定义。第二,强大的控制权,可能会使特定类型的所有者(例如内部人、其他公司、家族或者个人)以牺牲其他(小)股东的利益为代价,攫取控制权的私人收益。在这种情形下,强大的控制权导致了另类的代理问题,也就是那些大股东和小股东之间的问题。致力于发放高额的股利,可以降低控制权集中所带来的潜在的外部性问题。在这种语境下,股利政策和控制权的集中并不是互相取代,而是互为补充。因而,有必要将股利的信号作用以及控制权集中的成本,予以同时考虑。

以代理成本来解释股利和控制权,提供了一套更为直接的、有关股利政策和控制权关系的假说。理论研究表明,股利和控制权都能够降低经理人员和股东之间的冲突,但同时又都成本高昂。进而言之,所有权或者控制权的高度集中,会带来与控制权的私人收益相关的代理问题,而且高额的股利支付会产生大量的交易成本。我们还认为,当拥有集中所有权的所有者本身是一位代理人(也就是公司)时,所有权或者控制权的集中,可能会使代理关系的成本高于主要股东是家族或者个人时的成本。在德国,一类特别有意思的股东是银行。德国的银行,被推定为公司权益资金和债务资金的长期供给方,可以缓解代理冲突和信息不对称的状态。在这种情势下,要求股利去承担那些职责的必要性也就降低了。然而,虽然这是一个适合进行实证研究,也是可以检验的假说,但在财务文献中,它几乎没有受到什么关注。

最后,我们简要地回顾了关于股利的税收论争。我们提出,如果不同股东的税收地位是公司设计股利时的重要考虑因素,则那些大股东表决权足够大的公司,将按照他们控股股东的税收地位来制定股利政策。其结果是,我们料想,对于股利的征税将诱发税负顾客效应(tax clienteles)。

第二部分
公司治理体制中股利的灵活性

第四章 研究的问题

本章的目的如下:提出一系列可以通过经验予以检验的假说,并在接下来的数章中,正式对其予以检验;同时,对于本书第二部分所运用的实证策略,也予以描述。前面数章对理论和实证文献的梳理表明,股利和控制权可能会通过不同的机制而产生联系。我们将集中讨论以下公司控制权形式:家族或者个人控制、通过银行而控制、通过其他公司(每一公司的控制权都经过了金字塔式控制权效应的校正)而控制,以及由于大量股东分散持股而缺乏对该公司的控制权。

第一节 信号、股利政策和控制权的集中

正如我们在第三章所阐述的,大量的文献认为,预期之外的股利变更,会传递出公司收益所无法传递的、关于公司前景的信息。另外,公司之所以不愿削减或不愿意不发放股利,是因为担心这会传递出公司发展前景不佳的信号。由于通过变更股利来传递信号可能成本高昂,特殊的控制权结构可以降低通过股利来发送信号的需求。例如,在 Leland 和 Pyle(1977)的研究中,经理人员、创办人持有更多的股权份额,会降低外部投资者和经理人员之间的信息不对称。在所有权或者控制权颇为集中的公司中,对于市场而言,股利政策在信息方面的意义可能会弱一些,因而其信号作用就小一些。

信息理论表明闭锁公司更愿意削减或不发放股利(假说之一)

运用两种估计方法可对信号假说进行检验。在第六章中,我们以德国的数据为基础,对 Lintner(1956)的"部分调整模型"进行了检验。作为对这一分析的补充,我们运用了"离散选择模型"方

式(discrete choice modelling approach),这使我们得以对德国公司提高、降低或者不发放股利的可能性进行估计。我们还估计了德国公司在以往业绩优良,但现在遭受损失且所有权集中的情形下,削减或不发放股利的可能性。第七章和第八章将对其结果予以报告。

第二节　代理成本、股利政策以及控制权集中

股权高度分散会带来严重的代理成本问题。一方面,大股东的存在可以使股东和经理人员的利益保持一致,从而降低了那些成本。另一方面,更高的股利支付率增加了公司由于必须对外筹资而必须面对外部监督的可能性,从而降低了代理成本。根据Rozeff(1982)和Easterbrook(1984)的见解,持股份额的集中能够减少为降低代理成本而支付高额股利的需要。

根据股利和控制权集中的监督原理,股利水平和控制权集中水平之间存在负面的线性关系。同样的,股利和控制权集中是替代性的监督机制(假说之二)

然而,Morck、Shleifer和Vishny(1988)提出,一旦控制权超越了一定的界限(堑壕临界点),拥有控制权的股东可能会以损害外部小股东利益为代价,满足其个人私欲。根据Schooley和Barney(1994)的见解,在超过这一界限时,通过提高股利以增加对公司的监控,或许就是事所必需的。

根据有关利益集中和经理人员堑壕的争论,股利和控制权集中呈现如下关系:在控制权的最初几个阶段向下倾斜,然后向上倾斜(假说之三)

运用一种可确定股利变化在多大程度上因应着所有权结构变化的测算方法,我们可以检验代理成本的假说。为完成这一工作,我们运用Lintner(1956)的"部分调整模型",建立了德国公司的股利模型,并且随后将不同的股东控制权变量导入这一模型中。本书第六章将报告其结果。

然而，上述假说指向的是管理层控制，其他类型的大股东控制可能会产生不同的代理关系和代理成本。在这里，值得区分的是三种类型的股东：家族或者个人、银行以及其他公司。如果控制性股份掌握在家族或者个人，而不是掌握在公司手中，则可能会产生自由现金流方面的代理成本（Jensen 1986；Eckbo 和 Verma 1994）。如果最大的股东握有对公司运作的控制权，则他可能决定将当前的现金用于低回报的项目，或者向自己支付高额的薪酬，而不是将现金流投入会产出最高净现值的项目当中。另外，正如第八章所要讨论的，位于最高边际收入的税收层级的德国民众，稍稍偏好于获取长期的资本收益，而不是股利。

在股利相对于资本收益存在税收劣势的情况下，家族或者个人持有的公司控制权可能与更低的股利支付息息相关（假说之四）

由于个人在公司中的持股份额增加了，就必然有另一种假说与证券投资多元化程度降低所带来的成本息息相关。这一成本可能意味着，家族需要付给自己现金，这样他们就能够偿付大额个人借贷，以对更大份额的持股提供资金支持。

厌恶风险的个人可能偏好于更高的股利支付，以补偿证券投资多元化程度的降低（假说之五）

第八章的第三部分和第六部分分别检验了前面的两个假说。这两项检验都包含了对一组数据的分析，并且提到了一个问题，即当家族持有的控制权增加时，股利会产生多大的变更？

鉴于世人所声称的德国银行在产业中所发挥的公司治理作用之大，银行所拥有的控制权问题特别有趣。本章提出的传统见解是，公司和银行（银行身兼债权人和股东双重角色）的长期关系，降低了代理成本及外部投资者和经理人员之间的信息不对称（例如，参见 Cable 1985）。

银行控制权与在其投资的公司中推行较低的股利支付，以及更愿意削减或者*不发放股利息息相关（假说之六）

---

* 原文此处为"cut omit"，疑为在"cut omit"之间遗漏了"or"。——译注

第八章将对这一假说进行探讨。

德国的银行可以运用的控制公司的手段之一是代理投票(也就是,德国的银行可以作为股份控制权的受委任者而行事。进一步的讨论,可参见第八章)。然而,Gorton 和 Schmid(2000)认为,代理投票会在银行和小股东之间制造利益冲突,因为小股东的投票权被银行代理行使。"由于银行本身看似对于外部的控制权刀枪不入,权力集中于银行被视为实际上允许它们为其自身利益而运作公司。例如,银行可以拒绝公司付出现金,以维持'秘密盈余'。或者银行可以迫使一家问题公司(a distressed company)和非问题公司之间进行价值减损的合并,这两家公司都由银行所控制"(第30页)[1]。在股权高度分散的公司中,委托投票权通常更加重要。如果银行本着高度分散的股东的利益行事,则委托投票在降低代理和信息成本方面,可以替代股利而发挥作用。

在股权高度分散的公司中,代理投票和股利是替代性的监督和信号措施。因而,代理投票和股利的水平与不愿意削减或者发放股利呈负相关(假说之七)

我们将在第八章中对这一问题进一步探讨。

大股东的最后一种类型是工商业公司,它们本身是自身股东的代理人。因而,他们本身可能受制于代理冲突,并且相较其他类型的股东而言,它们是效率更为低下的监督者。另外,在第八章中,我们还将表明公司的股利享受着很大的税收优惠。

(a)假定股利和大宗持股是替代性的监督措施,则由其他公司持有的公司比由其他类型的股东持有的公司,可能会拥有更高的股利支付;(b)假定股东的税收地位是股利政策的一项决定性因素,则由国内公司控制的公司比由国内个人控制的公司,拥有更高的股利支付(假说之八(a)和(b))。

第八章第三节第三部分(监督假说)将对假说之八(a)进行检验,同时第八章第六节(关于课税的论争)将检验假说之八(b)。

---

[1] Wenger 和 Kaserer(1998)的观点认为,银行增加而不是降低了代理成本。

正如 Franks 和 Mayer(2001)所称,德国资本市场的一个主要特色是,大量运用了复杂的股权结构(金字塔)——某公司持有一家公司的股份,后者又持有另一家公司的股份。在金字塔的每一层级中保持多数或者大额的少数股份,就可能使最后的股东保持控制权。这将我们引领至最后的假说,该假说认为:

复杂的持股并没有稀释金字塔的中间层级的控制权,这样,最终层级的集中所有者就是公司的控制性股东。换言之,前面的假说中提及的控制权,应当被解释并测算为最终的控制权(假说之九)。

换另外一种说法,中间层级的控制权的冗长链条(高的金字塔),稀释了最终层级的股东所行使的控制权。行使最终控制权的所有权层级越高,相较于第一层级的大股东而言,最终的股东行使的监督绩效越弱。第八章将探讨这种竞争假说,在该章中,我们将运用第一层级的股东结构得出的估计结果,与运用最终层级的控制权得到的结果进行比较。第八章第三节至第五节对后一结果予以汇报,而第八章第六节将对前一结果予以描述。

第五章　股利支付率的实证问题

第一节　引言

本章是本书有关实证的所有章节的一个引子。它具有三重目的:第一,探讨世界上关于股利政策的一些类型化事实;第二,通过描述与公司和个人所得税有关的事项,以及描述与德国公司股利政策研究相关的公司法,来提供一个分析的方法论框架;第三,对于一些关于德国的股利相较于英国和美国是如何之低的传统观点,提出挑战。为此,我们考察了德国所有工商业上市公司、英国一个大样本的公司群体以及美国公司的公开数据所显示的股利政策。在本章中,我们所提供的证据试图解决以下问题:(1) 公司现金流和净利润的多大比例是作为股利支出的;(2) 从1984年至1993年的十年间,股利支付率是如何演进的;(3) 德国公司的股利在多大程度上是稳定的;(4) 与来自英国和美国的证据相比,这些结果又当如何;以及(5) 在不同的所有权和控制权范式之间,股利支付率存在着重大的差异吗?

本章的结构安排如下:在第二节中,我们回顾了世界上的股利政策模式,并且对于由分析各国的股利政策而引发的一些方法论问题,进行了探讨。在第三节中,我们简要描述了股利和资本利得在德国的税收待遇。[1] 本节还讨论了与德国的股利政策相关的重要问题。例如,德国公司法的一些条款对于本研究具有重要的意义。第四节描述了本书第六章至第八章所使用的数据。我们的分析,以审查德国公司的股利政策如何根据利润变化而变更为起点。

---

[1] 股利和资本收益在德国的税收待遇,在第八章第六节中有更为详尽的探讨。

我们考量了作为股利而支付的内部来源资金以及公司报告收益所占的比例。我们还特别关注了零股利支付政策的重要性。这些分析的结果,主要与所选取的一个英国公司样本进行比较,同时在更小的范围内,它们还与英国和美国公开的数据进行比较。本节还表明,股利支付率是如何因规模分布(size distribution)、产业和所有权范式的不同而存在差异。第五节总结了本章的主要结论。

第二节　世界上关于股利政策的类型化事实

　　Lease 等人(2000)回顾了关于特定国家股利收益的实证研究。他们发现,在德国、法国、意大利、瑞士和日本,公司的股东所获取的股利收益比英国和美国的股东要低。就我们所知,La Porta 等人(2000)完成的研究是股利政策方面唯一的跨国研究。[2] 他们对来自 33 个国家的 4103 家公司的股利政策进行了横截面研究。他们根据其法律制度的渊源——大陆法还是普通法——将这些国家和地区分为两组,并认为,大陆法系在总体上比普通法系提供的股东保护程度要低。另外,他们还发现,大陆法系的公司支付的股利,比普通法系的公司支付的股利要低。他们将这一证据解读为股东保护水平低所带来的代理成本。

　　然而,仔细分析他们的数据(表 5.1)表明,这一模式并非如作者所相信的那样存在截然的分野。他们运用了三种不同的股利支付的计量标准:股利与现金流的比率、股利与收益的比率以及股利与销售额的比率。虽然大陆法系国家的这三个标准的中数(median)都明显偏低,但一些国家却十分惹眼,与这一简单的模式格格不入。例如,德国和日本,这两个都是大陆法系国家,它们的股利

---

[2] 对不止一个国家的股利行为进行分析的其他研究,不像 La Porta 等人(2000)那样跨越了大量的国家,这些研究是:Leithner 和 Zimmermann(1993)(法国、德国、瑞士和英国),以及 Dewenter 和 Warther(日本和美国)。

表 5.1　世界范围内的股利支付率

国家和地区	数量	低生产率	股利/现金流(%)	股利/收益(%)	股利/销售额(%)	总表（年度）	股利的税收优势
固定样本 I:中数							
阿根廷	3	0	12.65	27.36	4.32	14.32	1.00
澳大利亚	9	1	5.85	24.83	0.77	13.31	0.78
比利时	33	1	11.77	39.38	1.09	3.78	0.74
丹麦	75	1	6.55	17.27	0.71	4.32	0.67
芬兰	39	1	8.08	21.27	0.77	-2.14	1.07
法国	246	1	9.46	35.55	0.63	4.54	0.64
德国	146	1	12.70	42.86	0.83	5.88	0.86
印度尼西亚	1	1	8.72	25.11	0.77	32.62	0.76
意大利	58	1	9.74	21.83	0.92	-1.38	0.77
日本	149	0	13.03	52.88	0.72	6.19	0.70
韩国	2	1	7.33	18.49	0.66	5.29	0.79
墨西哥	14	1	19.47	46.44	3.59	8.02	1.00
荷兰	96	1	11.29	30.02	0.74	4.13	0.40
挪威	50	0	10.74	23.91	0.98	4.43	1.08
菲律宾	4	1	6.72	10.47	2.45	-7.29	1.05
葡萄牙	17	1	0.64	38.01	0.64	8.20	0.98
西班牙	33	0	15.77	30.45	1.04	1.32	0.72
瑞典	81	1	5.59	18.33	0.78	-0.63	1.03
瑞士	70	1	10.38	25.30	0.98	3.73	0.56
中国台湾	3	1	48.97	68.89	11.54	1.62	0.60
土耳其	6	1	8.61	22.64	2.08	0.16	0.90
大陆法系国家和地区的中数	33	1	9.74	25.11	0.83	4.32	0.78
澳大利亚	103	0	22.83	42.82	2.22	2.21	0.90
加拿大	236	0	8.00	19.78	0.78	-0.62	0.89
中国香港	40	0	35.43	45.93	7.51	7.94	1.00
印度	1	0	25.69	49.34	1.55	-0.09	0.59
爱尔兰	16	0	17.39	27.28	0.96	9.96	0.77
马来西亚	41	0	15.29	37.93	3.12	16.31	0.68
新西兰	17	0	19.16	35.60	2.26	3.11	1.00
新加坡	27	0	22.28	41.04	2.14	11.02	0.96
南非	90	0	16.16	35.62	1.90	3.47	0.85
泰国	10	1	32.83	52.56	3.35	17.73	0.90

(续表)

国家和地区	数量	低生产率	股利/现金流(%)	股利/收益(%)	股利/销售额(%)	总表(年度)	股利的税收优势
英国	799	0	16.67	36.91	1.89	2.44	0.83
美国	1588	0	11.38	22.11	0.95	3.15	0.58
普通法系国家和地区的中数	40	0	18.28	37.42	2.02	3.31	0.87
样本的中数	39	1	11.77	30.02	0.98	4.13	0.83
固定样本Ⅱ:中数的检验(z-统计)							
大陆法系比于普通法系			3.97***	−3.29***	−1.722*	−2.36**	−0.34	−0.09

注:固定样本Ⅰ按法律渊源将国家或地区作了类分,并且按国家或地区提供了中数。每一变量的界定可以在表5.2中找到。固定样本Ⅱ报告了大陆法系比之于普通法系的中数检验结果。

* 代表在10%水平上统计显著。
** 代表在5%水平上统计显著。
*** 代表在1%水平上统计显著。
来源:La Porta 等人(2000)。

支付——按股利与收益的比率计量——高于普通法系国家股利支付的中数。台湾,另一个大陆法系地区,根据所运用的计量方法的不同,其股利支付是普通法系国家股利支付的中数的2.5至6倍。相反,加拿大这一普通法系国家,其股利支付却低于大陆法系国家股利支付的中数。[3]

对 La Porta 等人(2000)的研究的回顾,提出了一些重要的问题。第一,股利支付的计量方法是重要的,因为运用不同的方法可能会得出不同的结论。本章第三节将进一步讨论这一问题。第二,更低的股东保护水平可能与低水平的会计准则如影随形。这再一次地要求对股利支付的不同计量方法进行彻底比较。第三,对股利政策的横截面研究遗漏了一个重要的因素,也就是股利年复一年的变更。就此而言,以下的事例可能恰如其分:声称德国公司的股利政策非常灵活的这一传言性证据(anecdotal evidence)是

---

[3] 在本书的实证章节中,我们发现,在德国的股利支付和所有权或者控制权之间,并不存在简单的线性关系。这明显精细化了 La Porta 等人(2000)的研究。

真实的。这三个都是我们在本章接下来的部分中要进一步讨论的问题。

第三节 制度框架

本节的目的在于,简要地回顾和研究与德国的股利政策相关的一些重要问题。这些问题与以下内容相关:(1)"控制权协定",该协定可能存在于有着一个大股东的公司中;(2)优先股,该股份可保证获得股利;(3)股份回购;以及(4)德国的会计规则。

德国的一些上市公司与其母公司之间有"控制权协定"。[4] 在控股公司和附属股份公司(Aktiengesellschaft-AG)之间存在两类控制权协定:一个是利润和亏损协定(我们称之为 PLA)(Gewinnabführungsvertrag),另一个则是管理从属协定(SMA)(Beherrschungsvertrag)[5]。SMA 要求控股股东承担亏损,但利润的转移则是任意的。在存在 PLA 的情形下,经常会发生向控股公司输送利润或者转移亏损的情况。[6] 因而,与此相关的问题是,被控制的公司是否应一并纳入研究?

由于以下两个原因,我们选择将其排除在分析范围之外。第一,这两类控制权协定的主要目的,是想利用在附属公司层面结转

---

[4] 在 1993 年的德国 477 家工商业上市公司样本中,61 家公司属于这种类型。参见本章第四节。

[5] 两个协定都要求分别得到控股公司和下属公司出席股东大会的股东所持表决权股份的至少 75% 的同意。注意,控股股东的存在并不必然表明存在 PLA 或者 SMA 类型的协定。

[6] 附属公司的小股东在利益免受集团侵占方面是受到保护的。他们必须要么被支付担保股利(保证股息),要么被赋予出售其股票的机会以获取现金,或者在控股公司为德国公司的情况下,也可以换取控股公司的股票。在法律上,并未保证向"自由"股东、即附属公司的小股东支付正的股利。然而,在实务中,即使附属公司已然发生亏损,仍然支付正的股利也是常见的事。在一些情形下,附属公司的"自由"股东按照控股公司的股东所获取每股股利的一个固定百分比支取股利(例如,奥迪大众公司的股东得到的是德国大众集团股东所获每股股利的 100%)。

可能的应税损失这一优势。[7] 那时,控股公司可以吸收这些损失,并且将其在年度利润中予以抵消,从而减少其应税利润。这是有利的,因为在德国,正如同在英国,应税利润以集团内个别公司的报表为基础来单独确定,这与美国不同。这样,向母公司转移的金额远远不是股利本身,而是产生了利用机会来降低母公司纳税义务的结果。第二,财务报告非常复杂,而且在这些情形下难以解读。公司经常不披露利润,对外显示的则是向母公司转移的金额(或正或负),以及向"自由"股东(被控制的公司的小股东)支付的每股股利。一种消除样本的排除性偏差(bias)的方法,是运用合并报表(consolidated accounts)。如果母公司是上市公司,其子公司向该母公司的资产转移,将在母公司的财务报告中体现出来,因而这些子公司也在我们的样本中得到了(间接的)记录。这也是为什么本研究要运用合并报表的一个原因。其他的原因则与涉及利润分配的条款有关,我们接下来对其进行讨论。

关于利润分配的规定,参见德国《股份公司法》第150段。根据这一规定,公司必须拨出利润以在资产负债表中建立法定准备金(gesetzliche Rücklage)。[8] 年度利润在扣除拨入法定利润准备金的部分之后,在当时即构成了根据德国《股份公司法》第58条规定进行股利分配的基础。该条主要规定,董事会(Vorstand)和监事会(Aufsichtsrat)无须征询股东意见[9],即可保留部分但不超过半数的年度利润。换言之,本条要求公司至少将其当前利润的50%作为股利来支付。然而,并非所有公司都是如此,因为公司章程中关于法定准备金的规定及其他特殊规定(例如董事会可能被授权将年度利润的100%转为利润准备金),减损了德国《股份公司法》第

---

[7] 德国的公司税收制度规定,公司应税的营业净损失首先向前结转,并在前两年的应税收入未被分配的范围内最多可予抵消1000万德国马克。剩余的损失则可向后结转,且无时间限制。

[8] 将年度利润(减除向前结转的损失)的5%转入法定公积金,直到法定准备金和资本准备金的数额达到股本的10%(或任何公司规定的更高的比例)。

[9] 只要在控股公司及其附属公司之间不存在控制权协定。

58条的效果。

这些规定的一个含义是,集团报表中显示的利润,通常比那些未经合并的母股份公司报表显示的利润要多。在法律上,当就公司的股利政策做出决定时,(母公司)的管理层只须考虑(未经合并的)母公司的利润。然而,在实践中,集团报表在股利支付决定中发挥着基础性的作用。如果控股公司的财务报表体现的利润大大低于集团报表,股东可以要求公司做出解释,或者要求支付更高的股利。因而,出于本次研究目的的考虑,我们选择将集团的利润作为利润之计量标准。[10]

德国公司经常发行优先股(*Vorzugsaktie*)。[11] 几乎在所有的情形下,优先股都没有表决权[12],但拥有最低的累积优先分红权。一般而言,如果连续两个年度公司均未支付股利,则优先股就成为表决权股。优先股相对于普通股(*Stammaktie*),不仅有权优先分取股利,而且还能获取通常介于每股 DM 1 和 DM 2* 之间的额外的股利。[13] 这些关于股份公司的规定,基本上确保了完全由一个或少数几个股东控制的公司以及发行优先股的上市公司,不会采纳有利于大股东但却牺牲了无表决权股的小股东的股利政策。

在德国,公众公司通常不允许购回其自身股份(AktG §§71-71e)。但有一些例外。例如,如果回购对于避免公司的严重损失

---

[10] Harris、Lang 和 Möller(1994)表明,合并增加了德国公司会计方法的价值相关性。

[11] 例如,1993 年所有 477 家上市的工商业公司中,98 家公司发行了优先股。

[12] 除非"优先股"这一术语指的是拥有多重表决权的股份、而不是指具有优先分取股利权的股份的少数几种情况。

* 德国货币以马克(Mark or D-Mark)以及芬尼(Pfennigs)为单位,一马克等于 100 芬尼。硬币有面额 1、2、5、10、50Pfennigs 以及 DM 1、DM 2、DM 5;纸钞则有面额 DM 5、DM 10、DM 20、DM 50、DM 100、DM 200、DM 500、DM 1000。——译注

[13] 换言之,在有双重类型股份的情况下,已分配利润首先向优先股支付,如果当前利润还有剩余,则普通股开始获取股利。如果向普通股支付的股利在数量上与向优先股支付的股利相等,而且还有利润剩余,则向两类股份支付的股利的边际增量相同,虽然通常优先股获得的股利略微多于普通股。

(例如财产或资产的减损)事所必须、或者为把股份支付给公司的雇员,公司可以购回最多占其股本金10%的自身股份。

最后还存在一个问题。通常人们会认为,在向投资者披露信息方面,德国会计规则的相关规定特别欠缺。[14] 相对于英美财务报告的方法,德国的制度在传统上鼓励着一定程度的保守主义(参见 Harris、Lang 和 Möller(1994)对这一制度的概览)。特别的,三个因素促成了在公司披露利润的数额方面,存在着保守主义的偏见。首先,资产评估在一定程度上过于谨慎小心。例如,减值原则要求确认未实现的损失,但不确认未实现的利得。

第二,德国《股份公司法》第58条(参见前文)确立了股利和收益之间的关系,其结果是激励着经理人员对实现了股利政策预期之中的收益瞒而不报,因为公告出更高的收益,可能会产生股东要求分取更多股利的更大压力。[15] 养老金条款的存在,可能也能解释公司已发布利润数额在一定程度上调低这一偏差。我们将很快回到这一论题。

根据会计信息报告的稳健性,我们在接下来的章节中,提供一个公司收益率的替代性测量方法。我们将现金流定义为包含折旧和长期准备金变动额的零分配利润。由于这一定义值得我们做出解释,我们简要地讨论了:(1)零分配利润和与股利相关的税收;(2)折旧;以及(3)养老金及其他准备金。

1. 德国的税收制度影响利润的计量及股利支付率。[16] 如果股利与留存收益在税收方面有所差别,则公司的纳税义务对股利分配保持着敏感。在这一例子中遵循惯例,是想通过零股利分配

---

[14] 例如,参见 Waller, D. "Germans Draw Line at Two Sets of Accounts", *Financial Times*, 1992年3月19日;The Lex Column, "German Accounting", *Financial Times*, 1995年2月6日。

[15] 虽然我们应当牢记解读德国公司的账目时会面临的所有这些困难,但并没有实证材料表明,德国公司的已报告收益(reported earnings)相较于其他国家,其价值相关性更低。例如,Harris、Lang 和 Möller(1994)认为,德国公司的报告收益与美国公司的报告收益相比,具有类似的信息含量。

[16] 参见 Mayer 和 Alexander(1990)关于这一问题更为详细的讨论。

利润来计量利润,它们被界定如下:

$$\frac{D(1-t_c)}{(1-t_d)} + R \tag{5.1}$$

其中,t_d 代表已分配股利的税率,t_c 代表留存利润的税率,$D(1-t_c)$ 是净股利(也就是税后股利),$D/(1-t_d)$ 是税前股利,R 是留存收益。为了理解股利在德国是如何影响纳税义务的,假定一家公司亏损,如果该公司不支付股利,则不存在纳税义务。然而,如果公司打算不顾亏损而支付股利,则会存在纳税义务(等于 t_d 乘以已分配股利)。关于公司和股东层面的股利应税义务,第八章将予以详细探讨。

2. 折旧被纳入考虑,因为它只是一个账面交易,不涉及现金的流入或流出。

3. 长期准备金被定义为养老金(*Pensionsrückstellungen*)[17]和其他准备金(*Sonstige Rückstellungen*)的合计。在现金流的计算中将养老准备金予以纳入,这值得予以置评,因为,例如在英国,养老金这一项目其实并不显著。一方面,养老准备金应当被认为是一种(公司向雇员的)义务,因而它不应当是留存收益的一部分。然而,在我们看来,将养老金看作是现金流的一种,是很有道理的。Edwards 和 Fischer(1994,表 3.4,第 66 页)报告称,在 1970 年至 1989 年间,这一金额几乎占到了非金融企业部门内部资金的 6%。作者还认为,公司通常拥有高度的自由来决定养老金的投资方向。这是为什么德国公司的利润金额的底线可能是偏于保守的另一个原因。因而,我们选择将这一项目纳入现金流的数额中。"其他准备金"项目是净税收准备金,如递延税项。

---

[17] 这里采取的是公司直接向其雇员承担义务的方式。企业通过向企业自身的雇员养老金注入资金而完成了对其雇员的准备金。养老金的支付通过在公司资产负债表中完成准备金而完成。当公司完成准备金时,利润降低,因而也减少了纳税义务,而养老金支付给雇员时,它们被调整得对于公司利润没有任何影响。参见 Edwards 和 Fischer(1994:53—58)关于德国养老准备金的更为详细的概述。

第四节 样本和数据

在 1993 年年底,德国股票市场共有 655 家上市公司;英国则有 2412 家上市公司;日本(东京)有 1777 家;美国(纳斯达克和纽约交易所合并计算)有 6973 家;法国(巴黎)有 677 家(Quality of Markets Review 1994)。这表明,相较于英国和日本的市场,德国的股票市场较小。

我们的样本包括了 477 家报告于 *Sailing Astienführer* 一文的德国的工商业上市公司——该文发表于 1993 年 9 月底的 Hoppenstedt 杂志。这些公司要么在官方市场(*Amtlicher Handel*),要么在德国八家股票交易所中的一家或多家非官方的受规制市场(*Geregelter Market*)上市。我们排除了金融公司(保险、银行、金融控股公司等等),因为对这些公司的投资和股利政策不同于工商业公司,这是可资证明的。从同样的来源中,我们采集了有关公司公布的税后净收益、折旧、养老准备金和其他准备金的变动额、普通股和优先股每股的现金股利、普通股和优先股的数量、1993 年每一季度末股份价格的数据,并对表决权股份的持有状况进行了详细描述。

在我们的样本中,61 家公司与其母公司之间签订了控制权协定。[18] 39 家公司只有优先股上市;98 家公司拥有双重类别的股份,其中至少一种股份上市。只有 3 家公司同时并存控制权协定和双重类别的股份。由于第三节所提及的原因,61 家有着控制权协定的公司被排除在分析范围之外,这使得我们的样本公司降至 416 家。考虑到产业之间的区别,我们选用了 1991 年 Commerzbank 的 Wergehörtzuwem 所提供的关于贸易和产业的划分标准。[19] 我们得以将 416 家公司

---

[18] 通常在这 61 家公司中,控股股东拥有其子公司 90% 的股份。关于为什么这些子公司或者其他不在这些协定之下但类似地由母公司紧密持有的公司是上市公司,是一个有趣的问题。对此,一些可能的解释与这些公司主要是小的区域性公司这一事实有关,上市会带来许多好处:其一,经理人市场,因为上市提升了公司的知名度,因而可能会吸引到更好的经理人员;其二,更有效的监督,因为存在出席监事会的要求;其三,可以筹集到更多的股本。

[19] 选择这一年度与该书三年只出版一次这一事实有关。

的 397 家划入 14 个不同的产业(参见本章附录中的表 5A.1),其余的 23 家公司组成命名为"其他产业"的另一类别。[20]

我们运用了关于股利支付率的三种不同的定义。第一种定义是税前股利总额与已公布利润总额的比率。我们选用了毛股利而不是净股利,这是因为前者反映着公司向股东和征税机关支付或缴纳的总额。由于样本取自于 1993 年所有的上市公司,一些公司在以前的年份里并没有上市。对于这些公司而言,平均的股利支付率仅涉及它们上市的年份。计算股利支付率时遇到的一个问题产生于以下事实:公司有时即使亏损或者盈亏相抵也支付股利;因而,我们将总体股利支付率计算为,所有公司支付的股利总额除以所有公司的利润总额。[21] 其他两个股利支付率的计算以现金流为基础。第一个被界定为包含折旧和养老准备金变动额的零分配利润。第二个与前一个基本相同,但同时还考虑"其他准备金"的变动额。

为了与英国公司的股利支付率进行比较,我们从 *Extel Financial Handbook*(1993 年 6 月)中选取了 250 家工商业上市公司作为样本。Extel 报告的英国工商业上市公司共有 1090 家,根据其规模大小划分为五个不同的种类,其市场股本从最低的 43.6 万英镑到最高的 26,532.8 百万英镑大小不等。接下来,我们从每一五等分规模中选取 50 家公司作为样本。从数据流(*datastream*)中,我们获取了关于留存收益、普通股和优先股股利、长期准备金(扣除递延

---

[20] 其他 19 家公司没有在 *Wergehörtzuwem* 上市。
[21] 换言之,它被定义为

$$\frac{\sum_{i}^{N} D_{it}}{\sum_{i}^{N} P_{it}}, \quad i = 1, \ldots Nfirms$$

D 代表向普通股和优先股股东支付的现金股利(包括奖金),P 代表已公布的利润。

税项)的变动额、不可转回的预付公司所得税(ACT)[22]和折旧[23]的数据。

与计算德国公司的利润数据所运用的方法相类似,以零股利分配为基础的税后利润的计算,也是为了避免税后利润的内生性问题,后者取决于股利引起的纳税义务(dividend-induced tax liabilities)。在英国,只有对于那些在研究期间报告了其不可转回的预付公司所得税(ACT)的公司而言,这才会影响利润的计算。我们遵循Edwards等人(1986)对零分配利润的计算方法。本质上,这些利润是通过将不可转回的预付公司所得税(ACT)加上已公布的净利润而获得。[24]

---

[22] 直至1997年,英国一直实行公司所得税的归集抵免法(imputation system),在这种制度下,公司支付的公司所得税,被认为有一部分是向股东支付股利所应缴纳的个人所得税的预付。公司必须支付扣除个人收入所得税后的股利,这一个人收入所得税按归集率征收(通常设定为与基本的收入所得税率相同,也就是自1988年以来这一税率设定为25%):这就在英国产生了名为预付公司所得税(Advance Corporation Tax, ACT)的税项。于是,股东就对其名义上的税前股利负有缴纳个人收入所得税的义务,税收可抵免额已经在源头扣缴。因而,公司的整体公司所得税责任包括两部分:ACT以及剩下的在英国被称为主体公司税(mainstream corporation tax)的税项。公司可以将ACT在其主体公司税中抵消,但必须接受以下限制:抵消的ACT数额不能超过一定数量,这一数量加上与其相关的已支付股利等于公司的应税利润。如果应税利润不足以供ACT全额抵消,则公司的一些ACT无法抵消。通常,未予抵消的ACT向后或向前结转,或者甚至从资产负债表中的递延税项中扣除。ACT是不可追回的——如果它的可追回性并非"合理地确定而且可以预见"——也就是说,它向前结转通常不应超过下一会计期间。公司必须披露其不可追回的ACT的数额,而不是其未予补偿的ACT的数额。于是,我们收集了不可追回的ACT的数据,以代替未予补偿的ACT。参见Edwards等人(1986)关于英国归集抵免税收制度的精彩描述。参见Bell和Jenkinson(2002)关于1997年的税制改革对英国股利政策的影响的研究。

[23] 数据流编码(以下称为DS)如下:留存利润(也就是已经公布税后利润,扣除股利)—DS196;普通股利—DS187;普通股每股股利—DS190;折旧—DS136;不可追回的预付公司所得税(ACT)—DS164;其他长期准备金(也就是长期准备金,例如养老金、风险和费用的准备金)—DS313。

[24] La Porta等人(2000)未能为此调整其1994年的数据。

第五节 股利支付率

一、股利决定

在德国,股利通常是一年宣告一次。[25] 在形式上,公司的董事会(特别是财务董事)和监事会共同向股东大会提交每股分配多少股利的建议,股东大会通常会批准这一建议。如果监事会未能与董事会达成协议,就由股东会来决定每股分配多少股利。

二、关于德国公司的股利行为的一些事实

"股利平滑"是一种公司仅仅部分地调整其股利以因应当期收益变化的做法。为了对德国公司的股利平滑的重要性做出大致的估计,我们采用了 Fama 和 Babiak(1968)的方法。[26] 它包含对期间内(ΔD_t)每股股利分配增减的计算,以期间 t 和 $t-1$(分别是 ΔE_t 和 ΔE_{t-1},以及 ΔCF_t 和 ΔCF_{t-1})内的每股利润或每股现金流[27]的变化为基础。

附录中的表 5.2、表 5A.2 和 5A.3 表明,大多数德国公司无论其每股收益(表 5A.2)或者每股现金流(表 5A.3)是增还是减,都不会变更其每股股利。更为重要的是,即使连续两年收益或者现金流增加或者减少,股利在绝大多数情况下仍然保持不变。这迥异于 Fama 和 Babiak(1968)(参见表 5.2)提供的美国公司的实际情况。作者报告称,在 t 时段,只有 11% 至 19% 的公司不调整其股利。可能更令人吃惊的是以下事实:在公司盈利能力连续两年增

---

[25] 这与美国不同,美国通常是一季度宣告一次股利;这也不同于英国,英国通常一年宣告两次股利。Lease 等人(2000:表 9.1)提供了关于股利支付频率的更为全面的概述。

[26] 第六章将对这一问题深入探讨。在那里,我们对 Lintner(1956)以及 Fama 和 Babiak(1968)的股利模型进行估计,后者提供了关于股利平滑命题的一种经典测试方法。

[27] 被定义为包含折旧的零分配利润和养老准备金的变化。

长的情况下,美国有压倒性的 75% 的公司提升了其每股股利,而我们的结果表明,德国相应的数据只有 32%。另一个显著的区别,则与即便收益连续两年下降但仍然提高其股利的公司所占的比例有关:美国这一比例为 32%,而德国这一比例只有 3%。

表 5.2 基于德国和美国的 ΔCF_t 和 ΔCF_{t-1} 的股利支付的变化(ΔD_t)

ΔCF_t	ΔCF_{t-1}	ΔD_t(%)					
		−		0		+	
		Germany(%)	USA	Germany(%)	USA	Germany(%)	USA
+		13.9(16)	20.3	49.5(47)	13.9	30.9(36)	65.8
−		36.5(47)	39.5	54.7(41)	17.9	8.9(11)	42.6
+	+	13.5(15)	13.8	55.1(49)	11.4	31.5(36)	74.8
−	−	37.7(58)	48.8	59.4(38)	19.4	2.9(4)	31.8

注:Fama 和 Babiak(1968)报告了美国的数据,并且它不像德国,它报告的是净利润而不是现金流。样本大小:美国——392 家主要的产业公司;德国——可获得现金流数据的所有 397 家德国工商业公司,现金流被定义为包含折旧和养老准备金变动额的零分配利润。圆括号内的数据与 ΔD_t 的分配有关,排除了 $\Delta D_t = 0$ 与零股利相符的公司。

对美国 1990—1992 年间 250 家样本公司的分析(参见第四节关于这一样本公司的构成)揭示,所有的公司年观察值(Firm-year observations)中,53% 与每股股利增加相一致。股利减少和股利维持的比例分别为 18.2% 和 28.8%。

总之,看起来,德国的公司相比于英国或者美国的公司,更不愿意增加其股利以回应公司经营业绩的提升,但在公司盈利能力连续下滑的时候,它们在削减股利方面却相对灵活。另外,德国的数据表明,相对于我们在美国和英国观察到的股利的"平滑性"(也就是每年对每股股利频繁进行微调),德国的每股股利在时间序列里呈现出高度的"不连续性"。接下来我们要讨论的问题是,这种稳定的股利行为,在多大程度上与一些公司推行零股利支付政策这一事实有关。

三、零股利

表 5.3 报告,在 1991 年至 1992 年间,所有德国公司中大约四

分之一没有支付股利,而同期只有 10% 至 12% 的美国公司没有支付股利。Devereux 和 Schiantarelli(1990)报告,在 1969—1986 年间的 720 家英国样本公司中,零股利支付的频次接近为 6%。运用 Bond、Chennells 和 Windmeijer(1996b)报告中的 600 家英国制造业样本公司的数据,我们计算出 1984 年至 1990 年间零股利支付率的比重达到了所有的公司年观察值(Firm-year observations)的 6.7%。这些数据表明,德国的样本中,零股利支付率的频次更高。表 5.3 表明,这并不能归因于德国公司的经营业绩更差,因为公告亏损的公司所占的比例,德国的公司与英国的公司相类似。表格还表明,在亏损时不支付股利的公司的比例,德国高于英国。这一问题在第七章中有更为详细的讨论。

表 5.3 在德国所有工商业上市公司组成的样本和英国 250 家工商业上市公司组成的样本中,零股利支付的公司所占的比重

	1990(%)	1991(%)	1992(%)
零股利	14.7(6.5)	22.0(9.9)	26.4(11.6)
负收益	9.8(9.2)	15.8(13.3)	23.7(19.4)
零股利且负收益的公司所占的比重	63(50)	66(49)	79(60)

注:圆括号内的数字是英国的数字。

表 5.2 报告了股利不变的德国公司比例高企的一个原因是,许多德国公司推行了零股利支付政策。如果我们排除了零股利的公司,德国公司的股利行为又会发生怎样的变化?表 5.2 中圆括号内的数字表明,虽然在时间序列 t 中不改变每股股利的公司所占的比重现在更低了,但不改变股利政策的公司的数量,相较于美国还是多的。这些结果强化了这一事实:相较于降低股利,德国的公司更不愿意增加每股的股利。

四、合计股利支付率

表 5.4 记载了在我们三种不同的定义之下股利支付率的大小。股利占已公布利润的比例,大大高于股利占现金流的比例,分

别是 82.7% 对 28.4% 或者 25%（取决于对现金流的界定）。第三栏和第四栏揭示，其他准备金的引入，只是使得以税前股利为基础的支付率下降了很少的百分点。

表 5.4　德国 250 家工商业上市公司平均的股利支付率，1990—1992

	支付率的定义		
	税前股利/已公布利润(%)	税前股利/(ZDP + Dep + ΔPensProv)(%)	税前股利/(ZDP + Dep + ΔPensProv + ΔOtherProv)(%)
平均	82.7	28.4	25.0
1990—1992	(69,416)	(31,409)	(39,250)
1990	80.7	29.5	27.0
1991	84.4	28.6	26.3
1992	83.0	26.4	21.5

注：表格采用了三种计量股利支付率的方法。ZDP 代表零分配利润，Dep 代表折旧，ΔPensProv 代表养老准备金的变化，以及 ΔOtherProv 则代表其他准备金的变化。这三个比率按 $\Sigma D_{ii}/\Sigma P_{ii}$ 计算，其中 P 是利润的三种计量方法之一种。圆括号内的数字是比率的标准差和样本容量。

　　Behm 和 Zimmermann(1993) 报告，在 1962 年至 1988 年间，32 家德国主要的上市公司的以净现金股利占报告收益的比率计算的股利支付率高达 60%。类似的，Harris、Lang 和 Möller(1994) 发现，在作为样本的 230 家上市公司中，用与 Behm 和 Zimmermann(1993) 研究所用的同样方法界定的平均股利支付率为 55%。我们获得的 1990 年至 1992 年的股利支付率是 52.9%。在总体上，Behm 和 Zimmermann(1993) 得出的支付率高达 94%，Harris、Lang 和 Möller(1994) 得出的为 85.9%，我们的样本得出的则为 82.7%。

　　现在，我们来追溯在 1984 年至 1993 年间，德国和英国公司的股利支付率是如何演进的。表 5.5 的固定样本 I 显示了被界定为

表 5.5　德国和英国的股利支付率

样本	年份	国家		t 统计
		德国%	英国%	
固定样本 I				
250 家工商业公司	1992	21.5(22.4)	32.5(31.8)	-3.068
	1991	26.3(25.9)	32.5(33.6)	-2.416
	1990	27.0(27.1)	28.2(31.2)	-1.411
固定样本 II				
德国:221 家工商业上市公司	1993	20.7	n. a.	n. a.
	1992	23.7	n. a.	n. a.
	1991	20.8	n. a.	n. a.
英国:600 家制造业公司	1990	23.7(24.1)	28.1(30.1)	-2.405
	1989	23.1(24.0)	34.5(34.0)	-4.088
	1988	23.5(21.5)	33.5(32.1)	-4.708
	1987	24.3(23.5)	33.2(34.8)	-4.788
	1986	22.2(22.2)	33.7(32.9)	-4.755
	1985	19.8(20.6)	32.5(33.1)	-5.548
	1984	17.2(17.9)	33.9(31.8)	-6.298

注：固定样本 I 记录了两个样本——德国和英国各自的 250 家工商业上市公司——的股利支付率之比较,股利支付率被界定为税前股利除以包含折旧和准备金变动额的零分配利润。德国的数字与表 5.4 报告中的数字相一致。固定样本 II 记载了 1984 年至 1993 年的 10 年期间 221 家德国工商业上市公司的情况,这些公司是固定样本 I 报告的 250 家公司的一部分。股利支付率的定义与固定样本 II 相一致。英国的样本来自于 Bond 等人(1996a)的报告。该样本由 1984 年至 1990 年间 600 家英国的制造业公司组成。在固定样本 II 中,股利支付率却与德国的不同。它被定义为税前股利除以包含折旧的零分配利润。在圆括号内,我们报告的是计算公司的平均支付率而得到的结果。为此,我们遵循了以下排除标准:(1) 支付率超过 500% 的观察值(Firm-year observations)被排除;(2) 利润数额为负或零并且已支付股利严格为正的观察值也被排除在外。这种算法对于报告于第 5 列的平均差 t 统计分布(t-statistics)的测算,是必要的。

税前股利除以包含折旧和准备金变动额的零分配利润的股利支付率。[28] 在第 5 列中,我们报告了德国和英国之间股利支付率差异的 t 统计分布(t-statistics)结果。为控制例外情况,我们排除了以

---

[28] 应当注意的是,固定样本 I 报告的结果可能反映了商业周期。因而,固定样本 II 再次确认了固定样本 I,因为它记载了德国 10 年间以及英国 7 年间的股利支付率的演进。对于德国,我们从固定样本 I 报告的 250 家公司中选取了 221 家公司作为样本公司,1984 年至 1993 年间至少可以获得其 5 个连续年度的数据。对于英国,我们使用了 1984—1990 年间 600 个制造业公司(正如 Bond 等人 1996b 中所描述的)作为样本。对德国所采用的股利支付率的定义,与固定样本 I 采用的相一致,但与对英国所采用的不同。在固定样本 II 中,英国公司的股利支付率只以包含折旧的现金流为基础,而不像在固定样本 I 计算时还加计了准备金变动额。这是因为准备金变化的数据无法从财政研究所(IFS)的数据中获取。

下观测值:(1)股利支付率超过500%的观察值;(2)利润数额为负或零并且已支付股利严格为正的观察值(在这种情况下,支付率应是负值)。

表5.5中的固定样本Ⅰ表明,英国公司中将现金流的相对较高比例用于支付股利。虽然在1990年,两国的股利支付率在统计数字上差别并不大($t = -1.4$),但在1992年,这一差别迅速增长至11%。固定样本Ⅱ显示了同样的范式:在1984年至1990年间,英国的股利支付率一直比较高。最后,这一表格还表明,在20世纪80年代的后半段,德国的股利支付率从17%上升至将近24%。t统计显示,英国和德国的股利支付率在统计数字上的差别,在这一期间的早期要高于这一期间的末期。[29]

最后的一项评论,与对美国公司的已公布结果和我们对德国的分析结果的比较有关。Harris、Lang 和 Möller(1994),Michel(1979)以及 Michel 和 Shaked(1986)报告,在美国,按税前股利除以报告收益计算的股利支付率,位于39%至41%之间,也就是,这些支付率大大低于表5.5所显示的德国的数据。

总结而言,以现金流为基础的股利支付率,德国的要低于英国。然而,这一差别大约为10%,并不像大家通常所想像的那样大。[30] 另外,以已公布利润为基础的股利支付率,德国则大大高于*英国或美国。然而,这可能反映了德国公司在报告收益时更为保守,以及公司法规则对于以已公布利润为基础的股利支付率,施加了最低的限额要求。

---

[29] 虽然表格并未报告这一点,但我们可以基于已公布的利润来计算固定样本Ⅰ所报告的两个样本的股利支付率。英国的股利支付率,最低为48.2%(1989年),最高则为65.7%(1984年),其间变动不居。1984年—1990年间的平均值为58%。德国的数据则从71.2%(1985年)至91%(1991年)变动不一,1984年—1993年间的平均值为86%。

[30] 例如,参见 The Economist,1994年1月29日,第17页。

　* 原文用的是"higher ... then",此处"then"疑为"than"的笔误。——译注

五、规模

推测起来,一家组织健全、收益稳定且有着良好盈利记录的大型公司,比一家有风险的小型公司,更容易从资本市场上获取融资。人们认为,小型的公司会留存更多的年度收益为其经营提供资金,其股利支付率就显得比大型的公司低。表 5.6 的固定样本 Ⅱ 显示的一些证据表明,最小的德国公司的股利支付率低于平均水平。虽然在五分位数排序中最小的公司和公司平均水平的股利支付率的 t-统计分布并不显著,但最小的公司比五分位数排序中排名前两位位序的公司,其支付零股利的频率要高。英国的数据(固定样本 Ⅱ)显示,最小的公司的股利支付率要大大低于所有公司的平均水平,而且其支付零股利的频率,比五分位数中其他任何规模的公司要高得多。Devereux 和 Schiantarelli(1990)报告,英国最小的公司组成的样本支付零股利的频率(10.8%),也要高于最大的公司组成的样本支付零股利的频率(2.5%)。这一表格还表明,英国的股利支付率成为了公司规模的一项单调增加函数值。

表 5.6 按公司规模划分的德国和英国公司的股利支付率,1990—1992

	公司数量	市场总值的区间 (德国:百万马克; 英国:百万英镑)	股利支付率的平均值(t-统计分布,至少连续两个年度支付零股利的公司所占比重)
固定样本 Ⅰ:德国			
规模五分位数排序第一	50	2.4—42.5	20(-1.3,35)
规模五分位数排序第二	50	41.3—97.4	26(0.2,24)
规模五分位数排序第三	50	100.5—249.5	31(1.4,16)
规模五分位数排序第四	50	256.0—722.9	29(0.6,9)
规模五分位数排序第五	50	729.2—37,262.2	21(-1.3,11)
固定样本 Ⅱ:英国			
规模五分位数排序第一	50	0.4—10.4	21(-3.0,22)
规模五分位数排序第二	50	10.6—27.1	28(-0.9,8)
规模五分位数排序第三	50	27.4—62.7	29(-0.7,11)
规模五分位数排序第四	50	63.0—212.5	34(1.2,4)
规模五分位数排序第五	50	214.0—26,532.8	39(2.1,3)

注:采取了表 5.5 中固定样本 Ⅰ 报告中同样的样本。股利支付率被定义为包含折旧和长期准备金变动额的零分配利润,取样 1990—1992 年间的平均值。第 4 列报告的 t-统计分布,记载了的是每一规模五分位数排序的平均值与整个样本之间的差距的检验统计量。市场总值按 1993 年的平均数计算。

或许更令人吃惊的是,表格还显示,在公司规模的五分位数排序中,只有排名于前两个位序的英国公司的股利支付率,才大大高于德国的公司。虽然在表格中未予报告,英国和德国在五分位数排序中规模最大的公司,其平均股利支付率的差别的 t-统计分布值是 -3.146,而在规模五分位数排序中其他位序的公司,其 t 比率的绝对值却低于 1。最终的观测结果是,在所有的规模五分位数排序中,德国的样本公司支付零股利的频率要高于英国的样本公司。

六、产业

处于非周期性行业的公司更容易预测其未来的现金流,因而它也能够提供更高的股利支付率。相反,在一些收益非常不稳定的行业中,一旦面临萧条的商业周期,维持高企的股利支付率,其成本将非常之高。因而,人们可以期待在能源部门中发现高于平均水平的股利支付率,而在例如建筑、汽车和化工部门,则可以发现其股利支付率低于平均水平。

正如我们在附录的表 5A.1 中所看到的,机械工程、电机工程和电子是最具代表性的行业,分别占到了公司比例的 20% 和 26%。有一些证据证明,处于诸如建筑和汽车(分别为行业 X 和行业 Ⅵ)这些周期性行业的公司,其股利支付率低于平均水平,但没有证据表明能源部门(行业 Ⅱ)这一典型的非周期性部门,显示出高于平均水平的股利支付率。位于产业控股部门的公司,其股利支付率大大高于平均水平,这与以下事实相一致:与其他产业公司相比,它们更不需要将现金流再投资于商业运作当中。

七、股利和所有权

在这一节中,我们简要地描述了 1990 年至 1992 年间几乎所有的德国工商业上市公司在不同的所有权和控制权结构之下所计算得出的股利支付率。第八章将对股利和控制权的关系进行更为彻底的分析,在那里,我们得益于控制权模式内部暂时的变化,对 10 年来的这一关系进行估计。

在最初 416 家作为样本的德国工商业上市公司中,408 家公司可以提供有表决权股份的所有权集中度数据,404 家公司可以被确定为存在着大股东。我们将股东分为德国的家族股东、其他德国工商业公司、德国银行、德国保险公司、德国政府或其他公共机构、德国产业/金融控股公司、外资公司,以及持股分散的公司,也就是那些不存在一个至少持有表决权股份 25% 或者 50% 的集中持股者的公司。[31]

表 5.7 表明,绝大多数德国的上市公司持股集中,这与英国不

表 5.7 大横截面的德国工商业上市公司的表决权的分布模式,1993

持股高于:	25(%)	50(%)
Ⅰ. 不具有大股东的公司	9.7(39)	29(117)
Ⅱ. 具有大股东的公司,大股东是:		
家族	37.45(151)	30(121)
其他德国的公司	26.5(107)	21.8(88)
德国银行	4.2(17)	1.7(7)
德国公共机构	4.7(19)	3.2(13)
外国公司/机构	6.7(27)	6.7(27)
德国控股公司	7.7(31)	5.7(23)
德国保险公司	2.2(9)	1.0(4)
德国基金(Stiftung)	0.7(3)	0.7(3)
雇员	0.2(1)	0.2(1)
总计	100(404)	100(404)

注:表格记载着封闭持股公司(也就是存在一个持有 25% 或 50% 以上表决权的大股东的公司)和持股分散的公司(也就是不存在一个持有 25% 或 50% 以上表决权的大股东的公司)的比例。表格还记载着持股封闭公司的最大的股东的来源。在总共 416 家公司(排除有着控制权协定的公司)中,我们无法获得 14 家*公司的与所有权结构有关的信息,这使得我们最终的样本为 404 家公司。圆括号内为公司的数量。

---

[31] 在德国,控制着超过 25% 的表决权的股东,就可以阻挠许多重大的公司决定,例如变更公司章程。持有超过所有表决权的 50%,就可以对选派股东代表进入监事会进行控制。控制着 75% 的股本,就有能力来做出绝大多数影响公司的重大决定(例如罢免监事会成员、变更公司章程)。直到 1995 年,德国的信息披露规则要求,持有表决权股份超过 25% 和 50% 时,才要予以披露。1995 年以后,公司持有表决权超过 5% 时,就必须披露其份额。

* 原文为"14 家",但根据表格及简单运算,疑为"12 家"之笔误。——译注

同(Franks, Mayer 和 Renneboog 2001)。最重要的大股东群体是家族和其他公司。然而,这并没有将59家公司考虑在内,这些公司与其他国内或国外公司有着控制权协定。因此,这两类大股东的重要性,在表格中被低估了。

我们要考虑的下一个问题是,股利支付率因控制权范式而变,其幅度有多大(参见第八章中更详细的分析)。持股分散的公司看起来比持股集中的公司拥有相对更低的股利支付率(表5.8)。银行控制的公司,其股利支付率(以现金流为基础)大大低于样本的平均水平。由其他公司控制的公司,其股利支付率最高。由外国公司、家族、政府和控股公司控制的公司略略居中,其股利支付率大抵相同。

表5.8 按最大股东的种类划分的所有德国工商业上市公司的平均股利支付率,1990—1992

固定样本 I :持股分散的公司		
持股分散,也就是指不存在集中持股的所有者,其持股不低于	25	22(-1.5,38,18)
	50	26(-0.1,116,20)
固定样本 II :持股封闭公司	最大的股东持有(表决权股份)(%)	
最大的股东	(25%,50%)	(25%,100%)
家族	27(-0.2,30,27)	29(0.2,150,19)
另一德国公司	34(0.6,19,16)	32(1.0,106,22)
德国银行	11(-7.1,10,40)	20(-1.1,17,35)
德国的政府/其他公共机构	36(0.4,6,34)	28(0.0,19,11)
外国公司	n. a.	28(0.0,25,36)
德国控股公司	22(-1.3,8,0)	29(0.0,29,14)
德国保险公司	27(-0.4,5,0)	24(-0.9,9,11)

注:表格记载了根据所有权结构而划分的不同公司群体的股利支付率,股利支付率被定义为税前股利除以包含折旧和长期准备金变动额的零分配利润。固定样本 I 记载了所有权门槛为25%和50%时的持股分散公司的股利支付率。固定样本 II 记载了在持股集中的所有者类型各异的情况下的股利支付率。例如,当最大的股东是持有25%—50%表决权股份的家族时,公司支出27%的现金流作为股利。t-统计分布、样本规模和至少两个连续年度为零股利的公司所占的比例,其数据报告于圆括号内。t-统计分布报告了每一类所有权的公司和整个397家样本公司的平均值的检验统计量。

第六节 总结

本章通过描述了主要的德国公司法规定,回顾了股利决策的制度框架,这些公司法规则调整着母公司和子公司之间的(利润)关系、德国相关会计规则(例如那些有关养老准备金)、税收制度以及优先股事宜。法律规则在三个方面影响着股利支付率。第一,一些公司与其母公司之间签订有控制权协定,据此它们向母公司输送利润和/损失。由于这些输送并不是股利本身,而是母公司从子公司层面的税收减免中获取收益的机会,故而我们将这种子母结构排除在样本之外。第二,德国的公司通常被要求至少将它们已公布利润的50%作为股利来支付,当然也有一些特殊的规定会减缓这一规则的效果。最后,德国的公司通常不许回购它们自己的股份。

德国的会计规则通过影响利润报告也对股利政策发挥着影响。相对于英美财务报告所采用的方法,德国的会计规则经常被认为对投资者披露的信息不足。在德国的制度下,经理人员有动机拒不报告会促成预定股利政策的收益,因为报告更高的收益会带来股东要求更高股利的压力。另外,养老准备金可能也解释了已公布利润数额一定程度上向下倾斜的状况。

本章得出了以下结论:第一,相比于英国公司,德国公司将现金流的较低比例用于支付股利。第二,以已公布利润为计算基础,情形正好相反,德国公司展示出了更高得多的股利支付率。La Porta 等人(2000)揭示了一个类似的范式,但没有对此提供任何解释。前述公司法规则部分地解释了这两种互相冲突的结果。第三,对所有在规模五分位数排序中处于不同位序的公司的、以现金流为基础的股利支付率的分析表明,德国公司和英国公司在股利支付率上的主要差别,主要存在于五分位数排序中最大的公司。传统见解认为,德国公司的股利支付率明显偏低,这并没有得到我们的研究结果的支持。第四,德国公司和英国公司不但股利支付水平存在差异,而且其股利支付行为也存在不同。例如,50%的德国公司的每股股利经年不变,这与英国和美国公司的实际情况判然有别。与它们的英美同行相比,德国的公司更不愿提升股利以回应其出色的经营业绩。然而,在公司盈利持续下降时,它们却更愿意削减股利。另外,德国的数据表明,相对于在美国和英国观察到的股利的"平滑性"(也就是每年对每股股利频繁进行微调),德国的每股股利在时间序列里呈现出高度的"不连续性"。第五,股利支付政策与控制权的集中度密切相关。银行控制的公司比由其他公司控制的公司支付的股利(占现金流的比例)更低。

附录

表 5A.1 按行业划分的德国工商业上市公司的平均股利支付率
(税前股利/现金流)

行　　业	平均值 1990—1992(%)
Ⅰ. 采矿和石油加工	34(30,14)
Ⅱ. 能源	31(23,28)
Ⅲ. 钢铁和金属	22(20,19)
Ⅳ. 机械工程	20(19,51)
Ⅴ. 电机工程和电子	26(27,37)
Ⅵ. 造船、铁路和公路交通工具和飞机制造	12(16,12)
Ⅶ. 化工	27(22,25)
Ⅷ. 纺织品、衣服、木工和皮革制品	30(28,45)
Ⅸ. 食品和饮料	19(16,32)
Ⅹ. 建筑	24(19,14)
Ⅺ. 批发和零售	33(25,30)
Ⅻ. 交通	14(16,15)
ⅩⅢ. 产业控股	43(56,36)
ⅩⅣ. 住宅和不动产	61(52,36)
ⅩⅤ. 其他	31(38,23)

注:根据德国商业银行"*Wer gehört zuwem*"(1991)提供的贸易或产业代码而完成行业划分。圆括号内为标准偏离和样本的大小。

表 5A.2 基于 ΔE_t 和 ΔE_{t-1} 的所有德国工商业上市
公司股利分配的变化,1990—1992

ΔE_t	ΔE_{t-1}	$\Delta D_t = D_{1992} - D_{1991}$					
		−		0		+	
		Nr of cies	% of row	Nr of cies	% of row	Nr of cies	% of row
+		4	2.4	96	58.2	65	39.4
−		97	40.8	126	52.9	15	6.3
+	+	1	1.5	39	57.4	28	41.2
+	−	2	2.3	51	58.6	34	39.1
−	+	46	39.0	59	50.0	13	11.0
−	−	48	42.9	62	55.4	2	1.8

表 5A.3 基于 ΔCF_t 和 ΔCF_{t-1} 的所有德国工商业上市公司
股利分配的变化,1990—1992

ΔCF_t	ΔCF_{t-1}	$\Delta D_t = D_{1992} - D_{1991}$					
		−		0		+	
		Nr of cies	% of row	Nr of cies	% of row	Nr of cies	% of row
+		27	13.9	107	49.5	60	30.9
−		74	36.5	111	54.7	18	8.9
+	+	12	13.5	49	55.1	28	31.5
+	−	11	12.9	49	57.6	25	29.4
−	+	39	33.4	63	53.8	15	12.3
−	−	26	37.7	41	59.4	2	2.9

第六章 股利政策、收益和现金流:一项动态面板数据的分析

第一节 引言

Lintner(1956)对公司逐步调整其股利以回应收益变化之经验层面进行观察,已经发现了关于公司股利政策的类型化事实的现状。[1] 其开创性的研究表明,经理人员倾向于变更股利,其主要目的在于回应预期之外的、并非暂时的公司收益的变更。同时,在朝着长期目标支付率迈进而调整股利的速度方面,公司也有着合理而明确的政策。后续的研究,例如 Fama 和 Babiak(1968)也确认了 Lintner 最初的发现。

由于绝大多数有关股利模型的经验证据都运用了英国和美国的数据,关于欧陆国家的股利政策及相关股利模型的解说力,世人知道的比较少。在本章中,我们运用 Lintner 的"部分调整模型"和广义矩量法(GMM)中带有不同的工具变量的差别化路径来估计,在德国股利和收益之间存在怎样的经验层面的关系。对此问题有过论述的以往的研究中,有一项为 Behm 和 Zimmermann(1993),但他们的研究成果是以德国最大的 32 家公司这一数量有限的样本为基础的。他们对 1962 年至 1988 年间 Lintner 模型的有效性进行了评估,然后下结论称这一模型与公司整体和个体的数据都吻合。

我们对股利政策的变更是否以长期目标支付率为基础进行了检验。另外,我们还调查了这一目标支付率是否基于已公布收益

---

[1] 参见 Marsh 和 Merton(1986)以及 Brealey 和 Myers(2003)。

或现金流。我们还研究了股利调整进程是如何进行的。这一研究通过运用更妥当的估计方法、更大而且更具代表性的样本、更长的时间窗（time window）和不同的盈利能力的替代变量，完善了以往的研究。特别是，我们完善了研究方法。第一，我们运用了221家工商业上市公司1984年至1993年的面板数据，这一样本超过了德国工商业上市公司数量的50%。我们选择这一期间，是因为它包含了五年的经济增长期及其后的经济萧条期。与以往研究（例如Behm和Zimmermann 1993）不同的是，我们排除了金融公司，因为这些公司在确立其投资和股利政策时，可能会有着不同的考虑。第二，对德国股利政策的早期研究，并没有对未观测到的公司特定的影响加以控制，后者可能与导致了普通最小二乘法（OLS）和组内（WG）估计量发生偏差和不相容的其他解释性变量有关。我们运用了由Arellano和Bond(1991)、Blundell和Bond(1998)以及Arellano和Bover(1995)开发的技术。最后，我们不仅将已公布收益底线作为一个解释性变量，还将现金流也作为解释性变量，后者的优点是，它们更少地受到德国会计保守主义（举例来说，将收益转为备用金的法定要求）的制约。

本章安排如下：在第二节中，我们描述了在以往的研究中运用的股利模型。然后描述了我们数据的采集，并且在第三节中提供了解释性变量。第四节以讨论与这些股利模型有关的计量经济学问题为开端，然后报告了计量经济学的结果，并进行了一些检验以证明这些结果是富于生命力的。第五节是结论部分。

第二节 股利模型

Marsh和Merton(1987:3)认为，关于股利的规范理论（也就是放宽Miller-Modigliani(1961)股利无关理论的假设）已经引导着经验研究者极大地依靠实证方法来细分模型。Lintner(1956)首次提出了一个"股利—收益"的实证模型，他的工作为随后大量的股利文献奠定了基础。他与28家精心挑选的美国公司进行了访谈,以探求他们的股利政策决定因素背后的基本原理。他的实地调查工作揭示了不同公司的股利政策之间的巨大差别,同时他也发现了一些共同的模式。Marsh 和 Merton(1987)将这些模式概述如下:

(1) 经理人员相信,公司应当具有一定的长期目标支付率;

(2) 在做出股利决定时,经理人员关注于当前股利支付的变化,而不是股利的支付水平;

(3) 股利的变化,通常由非预期而持续的收益的变化所引发;

(4) 绝大多数经理人员会尽力避免变更股利,如果这种股利变更很可能在一年之内或者一年左右被逆转。

基于这些事实,Lintner(1956)制定了公司股利行为的部分调整模型。在任何一年 t 里,公司 i 的目标股利水平 D_{it}^*,与当前收益 E_{it} 和期望的支付率 r_i 有关。

$$D_{it}^* = r_i E_{it} \qquad (6.1)$$

在任何一个给定的年份里,公司将只会部分调整以适应其目标股利水平。我们得到:

$$D_{it} - D_{i,t-1} = a_i + c_i(D_{it}^* - D_{i,t-1}) + u_{it} \qquad (6.2)$$

其中,

- a_i 是常数;
- c_i 是调整速度的系数,其中 $0 < c_i \leq 1$;
- $D_{it} - D_{i,t-1} = \Delta D_{it}$ 是股利的实际改变值;
- $(D_{it}^* - D_{i,t-1})$ 是股利的预期改变值;

如果 $a_i = 0$ 并且 $c_i = 1$,那么股利的实际改变值就和预期改变值相一致。相反的,如果 $c_i = 0$,股利的预期水平未发生改变,t 时刻其实际改变值与前面时刻观测值相一致。假设公司逐渐调整其股利来响应收益改变值,并且因此申请股利平稳化使得调速系数 c_i 处于 $0 < c_i < 1$。此外,正数 a_i 象征着管理层对于降低股利的反对。

调速过程式(6.2)可以写作:

$$D_{it} = a_i + c_i D_{it}^* + (1 - c_i) D_{i,t-1} + u_{it} \qquad (6.3)$$

此时将式(6.1)代入式(6.3)得:

$$D_{it} = a_i + c_i r_i E_{it} + (1 - c_i) D_{i,t-1} + u_{it} \quad (6.4)$$

可以得到如下推导检验式：

$$D_{it} = a_i + b_i E_{it} + (1 - c_i) D_{i,t-1} + u_{it} \quad (6.5)$$

其中 $r_i = \dfrac{b_i}{c_i}$ 表示支出比率，c_i 表示调速系数。

作为选择，推导检验式(6.5)可以通过建立一个适合的期望模型得到。在这个模型中，现行的股利假定为长期期望收益函数：

$$D_{it} = r_i E_{it}^* + u_{it} \quad (6.6)$$

由于期望变量 E_{it}^* 并不能直接观测，我们假设按照如下步骤形成收益期望值：

$$E_{it}^* - E_{i,t-1}^* = d_i (E_{it} - E_{i,t-1}^*) \quad (6.7)$$

其中 d_i 表示收益期望值系数。其等式表示有关收益的期望值。通过收益的目前观测值和前段时期的预测值的差异，系数 d_i 每个时期都产生修改。代入即得式(6.5)(但是没有常数项)。

适合的期望值和部分调整模型的组合组成了另外一种不同的模型。这里，我们假设股利遵从式(6.3)列出的调整方法。而且，目标股利与长期期望收益成比例。

$$D_{it}^* = r_i E_{it}^* \quad (6.8)$$

而长期期望收益通过下式得到

$$E_{it}^* - E_{i,t-1}^* = e_i (E_{it} - E_{i,t-1}^*) \quad (6.9)$$

我们最后得到一个推导检验式，其中有常量 E_{it}，$D_{i,t-1}$ 和 $D_{i,t-2}$。

Fama 和 Babiak(1968)结合一项滞后的收益变量扩展了部分调整模型。他们假设反映公司的年度收益的步骤 i 可通过下式表示：

$$E_{it} = (1 + \lambda_i) E_{i,t-1} + v_{it} \quad (6.10)$$

这里的 v_{it} 表示一项连续独立误差项目标股利在部分调整模型(式6.1)已定义。可以更进一步假设，存在期望收益 $\lambda_i E_{i,t-1}$ 的股利全面调整和余项的部分调整。

$$D_{it} - D_{i,t-1} = a_i + c_i [r_i (E_{it} - \lambda_i E_{i,t-1}) - D_{i,t-1}] + r_i \lambda_i E_{i,t-1} + u_{it}$$
$$(6.11)$$

调整等式得到

$$D_{it} = a_i + (1-c_i)D_{i,t-1} + c_i r_i E_{it} + r_i \lambda_i (1-c_i) E_{i,t-1} + u_{it}$$
(6.12)

从而得到如下的推导检验式：

$$D_{it} = a_i + (1-c_i)D_{i,t-1} + b_i E_{it} + d_i E_{i,t-1} + u_{it} \quad (6.13)$$

其中 $b_i = c_i r_i$ 和 $d_i = r_i \lambda_i (1-c_i)$。

有着广泛（早期）经验的研究进一步证实了 Lintner 的发现。（如下：Fama 和 Babiak1968；Pettit1972；Watts1973）。

存在两种微观计量经济学的方法建立股利行为的模型。第一种方法运用个别公司的长期序列数据并允许斜率系数为一视公司特定情况而定的值。第二种方法是运用较大的截面和短期时间单位并强调相同的斜率系数。后者允许目标股利支付率以有限的方式在公司间变化——这种方法好就好在股利行为很可能是因公司而异。举例来说，股利顾客效应（最初由 Miller 和 Modigliani1961 提出）和信号机制可以影响个别公司的股利决定。鉴于我们时间序列的长度被限定为十年时间数据。我们将选择一项面板数据途径。

一种备选方法是由 Marsh 和 Merton（1987）所提出的微观计量经济模型。他们假设固定的经济收益，由股票市场价格来替代（并非会计收益），是股利的基本决定因素，并将这种观点应用于那些在美国股票交易所上市的公司。

第三节 样本和数据描述

一、样本

我们选择了221家工商业上市公司，这些公司至少在八家德国股票交易所（German Stock Exchange，GSE）中的一家上市，而且在1984年至1993年的10年间，这些公司至少保存有5年的会计数据。我们选择这一期间的原因是：它包括5年的经济增长期以及随后的经济发展迟缓期。在我们分析期间，我们的样本中有13

家公司退出了股票市场并走向了私有化,6家破产,5家被收购,2家签订了"控制权协定"。36家公司在1984年后的某个年份上市,但到1989年,所有的样本公司都已经上市。总体而言,这一样本由包含着2,098个观察值的未经平衡的面板数据(unbalanced panel data)组成(参见表6.1)。

表6.1 样本的总体构成

固定样本 I	
样本期间	1984—1993
公司数量	221
观察值的数量	2098
固定样本 II	
每家公司的记录的数量	公司的数量
10	174
9	13
8	15
7	8
6	9
5	2

会计数据采集自 *Sailing Aktienführer*。这是一份由 *Hoppenstedtv* 公司出版的年刊,它提供了资产负债表、利润表、在股票交易所上市的股份的历史数据、股权分布、股价、首次上市的日期等等。通过这一渠道,我们采集了1984年—1993年10年间的以下数据:公布的税后收益、折旧、养老准备金和其他准备金的变动额、优先股和普通股每股股利、每股股利所属会计年度末期的普通股和优先股的数量。因为股份分割,每股股利的数额经过了调整。

二、定义和数据问题

我们使用税前股利,它被界定为包含了针对股利分配而征收的公司税在内的现金股利。公司经常在德国股票交易所(GSM)发行优先股:我们样本中20%的公司(总计221家公司中的44家),在1984年至1993年间的至少一年里,在交易所上市过优先股。为了说明优先股股利,我们计算了普通股和优先股股利的加权平均值。权重包括优先股和普通股的股本,分别除以流通在外的总权益资本的总市值所得到的比率。

于是,每股股利的加权平均值可以计算如下:假设 N_T 是流通在外的股份总数,N_o 是普通股的数量,N_p 是优先股的数量。这样 $N_T = N_o + N_p$。另外,假设 DPS_o 是已支付的普通股每股股利,并且 DPS_p 是已支付的优先股每股股利,则每股股利的加权平均值(WDPS)等于

$$WDPS = \frac{DPS_o \times N_o + DPS_p \times N_p}{N_T} \quad (6.14)$$

根据这一公式所计算的结果,股利的整体加权值超过普通股每股股利的加权值,超过部分约为4.5%。因而,这一发现也就确认了第五章所描述的:向优先股支付的股利高于向普通股支付的股利,超出部分在2%和5%之间。

关于英国的研究通常只考虑向普通股支付的股利(例如参见 Edwards 等人,1986;Bond, Chennells 和 Windmeijer 1996)。即便是在德国,在面板数据估算层面,优先股的股利问题也可能缺乏经验相关性,因为几乎在我们所有的样本公司中,两类股份的每股股利的变动是同向的。换言之,例如,当普通股每股股利增加时,优先股每股股利也增加了类似的百分比。只有(43家拥有优先股的公司中的)3家德国公司的普通股每股股利的变化才不同于优先股每股股利的变化。而且,只有在不发放股利或者首次发放股利(dividend initiations)时,其变化才有所不同,这种变化也与以下事实相一致:即使在公司运营绩效低下之时,对优先股支付的股利也较多。总结而言,我们的数据表明,在选择股利的水平的灵活程度方面,优先股与普通股类似。

一项令人吃惊的事实是,德国公司支付的特别指派股利(specially designated dividends)具有强大的影响力。我们发现,2098项观察值中有191项发生了此类支付,占到整个样本的9%。这些特殊的股利突出地反映了股利政策的变更,而不是股

利和收益的短期增加。Brickley(1983)研究了美国的样本公司在宣布发放特别股利当年的股利支付和收益之后,也赞成了这一观点。在 10 年的公司观察期中,我们观察到大量的一次性支付(*Sonderausschüttung*),它们或者与"特别周年纪念"有关,或者与出售子公司(有一例)有关,或者同以前在不同的税率制度下累积的准备金分配有关。[2] 这些大量的股利支付的一个基础问题是时机选择,也就是说,这些支付应当归属至哪些会计年度中? 由于我们没有充分的信息来使我们将这些支付归属至特定的会计年份,因而我们将这些支付从样本中予以排除(正如 Behm 和 Zimmermann 1993 所做的)。

我们运用了两组收益数据:(1)年报中公布的税后收益;以及(2)被定义为包含折旧和准备金变动额的零分配收益。[3] 这两组收益数额,除以每一会计年末流通在外的股份数量,就得到了每股收益的数额。

由于以下原因,我们运用了合并数据。第一,数据的合并确保了以下事实:我们将受"控制权协定"拘束的公司排除在外(正如我们在第五章第三节所讨论的),并没有造成样本的排除性偏差(Exclusion Bias)。这些公司通过其上市母公司的报表,间接地被纳入我们的数据中,如果后者(指其上市母公司——译注)在我们的样本之中。第二,在实践中,母公司的股利政策是在考虑了年度合并报表之后才做出的。然而,在处理合并报表时产生了一个问题。我们有 14 家样本公司由其他公司所有,而其他公司也在样本之列。这一双重计算问题可能使我们的估计发生了偏差。一个典型

---

[2] 在 1990 年和 1993 年间,公司可以通过分配以往年份中累积的诸备金,要求税务部门按往年税单的 6% 退还税款。这一税款退还衍生于以下事实:针对留存利润的公司税收从 1990 年的 56% 降至 1993 年的 50%。从 1994 年起,不再许可退税。

[3] Behm 和 Zimmermann(1993)使用了"净利润",这个数字是德国金融分析师协会(*Deutsche Vereinigung für Finanzanalyse und Anlageberatung*, DVFA)建议的。然而,在我们的样本中,无法获得所有公司的净收益的数据,也没有关于负的"净利润"的报道。

的例子是Renk AG,在我们的样本期间,它由MAN AG所有。相对于它们的母公司而言,这14家公司的规模通常非常小。Renk AG的平均市场价值是样本公司平均市场价值的8%,同时仅仅为MAN AG(它是上市公司平均值的3倍)市场价值的3%。我们将会在排除这14家公司后予以重新估计,来调查这一双重计算的问题是否使我们的结果发生了偏倚。

我们运用了德国商业银行的产业分类标准,将221家公司分为九大产业门类。作为规模的替代计量,我们以所有公司每一季度末期市值的平均值为基础,来计算其年度市场价值。[4]

三、一些描述统计

表6.2对整个期间的一些有关股利、已公布收益和现金流的描述性统计,进行了归纳。一项令人吃惊的结果是,已公布收益仅仅占到了现金流的25%。因而,以已公布收益为基础的平均股利支付率,就大大高于以现金流为基础的相应比率:分别为86%和21.4%。这也表明,已公布收益的数额非常保守。Behm和Zimmermann(1993)在德国主要的32家上市公司组成的样本中,发现了类似的数字。他们的报告称,平均净股利为7.31德国马克,也即税前股利为11.4德国马克,稍稍低于我们的数字,即12.3德国马克。另外还发现,它们每股平均的已公布收益的数额,也稍稍低于我们的数字,即分别为12.5德国马克和14.3德国马克。表6.2还揭示,每股股利数额的变异系数(coefficient of variation)(也就是被界定为对平均值的标准偏离)为0.75,它低于已公布收益的变异系数(1.07)和现金流的变化系数(0.95)。股利与已公布收益的方差比等于$0.36(=9.2^2/15.3^2)$,而股利与现金流的方差比大约等于0.03。这提供了一项关于"股利平滑"程度的粗略估计。在变异系数方面,现金流稍稍低于已公布收益,但在方差比方面,已公布

---

[4] 由于在76项观察值中,普通股没有上市,而优先股为上市股份,所以我们将普通股和优先股的总量乘以上市的优先股的价格。

收益除以现金流等于0.079,这提供了我们可以称之为"已公布收益平滑"的一些证据。由于上述每股金额可能会受到公司规模的影响,我们提供了公司规模与每股股利、每股已公布收益和每股现金流之间的相关系数。我们观察到,每股现金流与公司规模存在正相关(系数为21.1%)。公司规模与每股股利和已公布收益的相关系数要小一些,但同样为正相关(分别为8.3和14.7)。

表6.2 股利、已公布收益和现金流的描述统计

	每股股利	每股已公布收益	每股现金流
平均值	12.3	14.3	57.6
标准偏离	9.2	15.3	54.6
变化系数	0.75	1.07	0.95
中值	12.5	12.2	46.4
最大值	76.6	684.2	695.7
最小值	0	-222.9	-198.5
与公司规模的相关系数(%)	8.3	14.7	21.1

注:样本期间:1984—1993。样本:221家德国工商业上市公司。股利为每股税前股利。现金流被定义为包含折旧和准备金变动额的零分配收益。所有股份的面值被标准设定为50德国马克(约等于£25)。变异系数被定义为对序列均值的标准差。

关于德国股利的一项重要的类型化事实是,股利经年不变的公司所占的比重高。正如表6.3所报告的,我们样本中几乎51%的观察值符合股利维持的情形。在1984年—1993年间股利分配变化的频率,看起来并无异常,公司平均每两年调整其每股股利。

表6.3表明,大约11%的观察值符合在至少两个连续年份里为零股利的情形。该表还揭示了,观察值中的21%(也就是203/955)维持着零股利支付。股利减少(包括不发放股利)的比重约为总样本的16%。股利减少中30%的情形为不发放股利,这表明,德国公司的股利政策并不是非常僵化的。在整个样本期间,只有5家公司没有支付任何股利,而116家公司经常支付严格为正的股利(表格中并没有报告)。

表 6.3 股利增加、减少和维持的数量

	观察值的数量	占总量的%
股利维持	955	50.9
其中,在至少两个连续年份中为零股利	203	10.8
股利增加	615	32.8
其中,首次发放股利	65	3.5
股利减少	307	16.4
其中,不发放股利	107	5.7
总数	1877	100

注:样本期间:1984—1993。样本:221家德国工商业上市公司。

在表 6.4 中,我们展示了每股股利分配变化的特点。我们观察到,股利增加和减少的平均值(分别排除首次发放股利和不发放股利的情形)在绝对值方面几乎相同(31%)。股利减少的中数达到25%或者更多一些,而股利增加的中数则更低,为15%。总结说

表 6.4 分配指标的百分比的变化

	增加(%)	减少(%)
平均值		
股利增加[a]/减少[b]所占的百分比	31	30.5
中值		
股利增加[a]/减少[b]所占的百分比	15.4	−25
标准偏离		
股利增加[a]/减少[b]所占的百分比	63.4	20.4
股利增加[a]/减少[b]所占的数量	550	200
首次发放股利的数量	65	
不发放股利的数量		107
分配(%)		
股利增加[a]/减少[b]的规模		
[0;10] 股利增加/减少	166(30.2)	29(14.5)
[10;25]	247(44.9)	76(38)
[25;50]	74(13.5)	69(34.5)
[50;75]	29(5.3)	18(9.0)
[75;90]	7(1.3)	8(4.0)
[90;100]	24(4.9)	

注:样本期间:1984—1993。样本:221家德国工商业上市公司。
a 排除首次发放股利的情形。
b 排除不发放股利的情形。

来,我们观察到:(1)每股股利变动颇为频繁;(2)不支付股利和采取零股利支付政策经常发生;(3)股利减少的中数高于股利增加的中数。

第四节 估计和结果

我们采取的可予实证检验的基础模型,以第二节的讨论为基础:

$$D_{it} = \alpha D_{i,t-1} + \beta \Pi_{it} + YEAR_t + \eta_i + V_{it} \tag{6.15}$$

其中:
- $D_{it}, D_{i,t-1}$ 是公司 i 分别在时段 t 和 $t-1$ 的每股股利;
- Π_{it} 是公司 i 分别在时段 t 的每股收益或现金流;
- $YEAR_t$ 是虚拟的时间变量,控制着时间对所有样本公司的股利行为的影响;
- η_i 是公司特定的影响,以考虑对每一公司的股利行为的未观察到的影响,它被假定为常年不变。这些未观察到的影响有若干可能的渊源。例如,这种公司特定的影响,可以被视为公司"通常的"信号约束机制的组成部分,后者是上市公司必须满足的。
- V_{it} 是随机扰动项。

一、估计

在这一部分中,我们简要地描述本章所运用的估计技术。关于这些技术的更为详细的描述,将由本章的附录完成,在那里,我们将在一个简单的自回归设定模型(autogressive specification model)背景下来阐述它们。在诸如(6.15)方程式的、有着大量的公司横截面数据和少量的时间序列观察值的动态面板数据模型中,由于收益变量 Π_{it} 可能与公司间的公司特定影响 η_i 相关,就产生了估计的问题。另外,滞后因变量(lagged dependent variable)最可能与这些公司特定影响产生关联。因而,如果我们运用普通最小二乘法(OLS)来估计(6.15)方程式,估计值会不连续而且存在偏差,因

第六章 股利政策、收益和现金流:一项动态面板数据的分析

为协方差$(D_{i,t-1}, \eta_i) \neq 0$,而且协方差$(\Pi_{it}, \eta_i) \neq 0$(Hsiao 1986)。组内(WG)估计值,也就是对方程式的普通最小二乘法(OLS),而这一方程式带有被表达为对时间平均值的偏离的每一观察值,会消除公司特定的影响。然而,这一估计仍然是不连续且存在偏差的,因为协方差$(D_{i,t-1}, V_i) \neq 0$,且V_i是随机扰动项V_{it}的平均值的偏离(Nickell 1981)。

为获得连贯的估计值,模型被一阶差分(first-differenced)以清除特定的影响η_i,

$$D_{it} - D_{i,t-1} = \alpha(D_{i,t-1} - D_{i,t-2}) + \beta(\Pi_{it} - \Pi_{it-1})$$
$$+ (YEAR_t - YEAR_{t-1}) + (\eta_i - \eta_i)$$
$$+ (V_{it} - V_{i,t-1}) \qquad (6.16)$$

然后我们运用工具变量方法(Anderson 和 Hsiao 1981)来估计(6.16)方程式,这也正是 Arellano 和 Bond(1991)所建议的。

假设随机扰动项V_{it}中不存在序列相关,我们就能够运用因变量的所有滞后价值,也就是$D_{i,t-2}, D_{i,t-3}, \cdots$,其中$D_{i,1}$是方程式一阶差分中的有效工具。类似的,考虑到$\Pi_{it}$和$V_{it}$之间可能存在关联关系,只有日期标明为$t-2$和更早些的滞后价值,才会被用作工具(Arellano 和 Bond 1991)。换句话说,我们考虑到了回归量的内生性,因为影响股利选择的意外事件,可能也会影响到已计量的收益和现金流。Arellano 和 Bond(1991)在一阶差分中运用广义矩量法(GMM)来获得这一估计值。

Arellano 和 Bover(1995)以及 Blundell 和 Bond(1998)对此予以进一步完善。他们的蒙特卡罗法分析*表明,在回归参数(也就是方程式 6.15 中的α)一般大以及时间序列观察值一般少的动态面板数据模型中,Ⅳ的一阶差分广义矩估计值,表现不佳。[5]在这种情况下,序列的滞后水平为一阶差分方程式提供的是屡弱的工

---

* 即随机抽样法。——译注
[5] 一阶差分广义矩量法的第一步和第二步的版本,都表明了一种向下的有限样本偏差。

具。作者提出,在一阶差分和水平方程式中引入线性广义矩估计值,它能够为在一阶差分广义矩量法表现不佳的场合提供显著的效率收益。得到的线性估计值运用了序列的滞后水平作为一阶差分方程式的工具,此外还运用了序列的滞后差分作为水平方程式中的工具。特别的,它运用了($D_{i,t-1} - D_{i,t-2}$)和($\Pi_{it} - \Pi_{it-1}$)作为水平方程式(6.15)的附加工具,这基于以下假定:虽然序列的水平与 η_i 有所关联,但这些差分与公司特定的影响 η_i 不存在关联。我们将这一技术称为系统内的广义矩量法。

我们继续分析如下。我们对基础模型以及其他变量予以估计,以便纳入其他滞后结构。[6] 我们报告了与第二节所解释的模型相关的主要结果,同时也估计了基于方程式(6.9)的模型,该模型表明 $D_{i,t-2}$ 的系数无论是个体还是整体,在统计上都并不具有突出的意义。为了说明这一切,我们报告了运用前面描述的四种估计方法的每一种估计结果:水平的普通最小二乘法(Ordinary Least Square,OLS)、组内(WG)、一阶差分广义矩量法(GMM(DIF))和系统内广义矩量法(GMM(SYS))[7]。这一程序向我们显示了调整系数(也就是 $1 - \alpha$)的速度的大小,以及其中一个隐含的目标支付率(也就是 $\beta/(1 - \alpha)$)在不同的估计技术之间存在多大的差异。另外,将我们的结果与那些主要运用基础性的普通最小二乘法测算的前期研究进行比较,也是有益的。

有10%的公司至少在两个连续的年份里采取零股利支付,以及五家公司在样本期间根本就没有支付股利,这一事实可能表明存在其他的估计程序。第一,托宾或者有限因变量模型能够被用来审查问题(Maddala 1983)。然而,时间序列每股股利有着高度的连续性(体现为高企的自回归参数),这是关于托宾模型的文献未予充分说明的。托宾模型的另一个局限性,在于其关于同方差误

---

[6] 正如在第六章第二节所探讨的,对于股利模型的滞后结构,并不存在一个预先的理论指引。

[7] 我们运用了高斯的动态面板数据(DPD)程序(Arellano 和 B 陈列 1988),来完成我们的估计进程。

差项的基本假设。第二,有着样本选择偏差的面板数据估计,可以获取时间序列的动因,同时解释着股利不发生变化的情形(Amemiya 1973;Heckman 1979)。[8] 这种方法同样面临一些问题。首先,通过并入固定样本回归的第一步程序的概率单位所获得的参数估计值,最可能与随机扰动项发生关联。因而,我们必须为这些参数估计值寻求有效的工具。作为一种替代方案,概率单位可以引入例如日期为 $t-2$ 的解释性变量,从而使得就随机扰动项而言,未知的参数估计值就成为外生的因素。问题在于,概率单位未必含有丰富的信息,因为,例如日期为 $t-2$ 的收益,对于是否要变更股利这一当前的决定,其预测力就是孱弱的。

考虑到我们替代性的估计方法(托宾和样本选择模型)所存在的问题,我们选择了前面描述过的差分广义矩量法(GMM in-difference)和系统内广义矩量法(GMM in-systems)。

二、结果

我们探讨三组结果:(1) 那些符合已公布收益模型的结果;(2) 那些从现金流模型中获得的结果;(3) 那些从同时包括收益和现金流的模型中衍生的结果。

从已公布收益模型(方程式 6.16)中获得的参数估计值,报告于表 6.5 中。在组内(WG)估计中,当运用普通最小二乘法的水平值(OLS in levels)时,滞后股利的系数 α 就从 0.42 至 0.79 大小不等。这样,调整速度 $(1-\alpha)$ 就处于一个广泛的区间范围内,也就是 $[0.21,0.58]$。显然,大至 0.58 的调整速度参数比 0.25 这一参数(源自于 GMM(SYS))的经济意义要小,因为平均而论,我们样本公司中的 50%并不变更股利,而且当它们变更时,增减的平均百分

---

[8] 这一方法包括一个两步程序。在本质上,在第一步中,我们获得了受制于截取(也就是样本选择规则)的预期残差价值。这些预期价值包括未知的参数,但这些参数能够以概率方法予以估计。在第二步中,我们将这些变量的预期价值引入一个类似于方程式(6.15)的面板数据模型,并在限制样本(也就是排除了采取零股利支付政策的公司样本)中估计这一模型。

比都一般化(参见表 6.3 和 6.4)。这表明,一些估计技术产生了不正确的结果,这些可能是对个别公司股利行为未观察到的影响带来的偏差所造成的。表 6.5 也表明,一阶差分广义矩量法和系统内广义矩量法的估计程序,产生了现实的调整速度估计值,而一阶差分广义矩量法的估计值与系统内广义矩量法的估计值相比,可能还存在下偏的情形。对于工具有效性的 sargan 检验(sargan test),否决了日期为 $t-2$ 的工具,这可能是由于测量固有误差在序列上无关这一事实造成的。

另一个有益的统计是隐含的目标支付率(也就是 $\beta/(1-\alpha)$),这可以从表 6.5 中计算出来。目标支付率从 15%(定式(d))到 41%(定式(a))大小不等,显著低于观测得到的支付率,后者达到了 86%。[9] 无论采用怎样的方法来获取估计值,这种情形都确实存在。换句话说,特有的影响带来的偏倚,无法解释隐含的和观测得到的股利支付率之间的差距。运用系统内广义矩量法这一在计量经济学上应当提供一个接近于真实的观察值的参数估量值,人们得到隐含的股利支付率为 28%(定式(g))和 25%(定式(h))。因而,看起来对于德国的公司而言,股利决定都不是以长期的目标股利支付率为基础。

相较于股利文献,我们关于调整速度和隐含股利支付率的估计表现如何?在前面的研究中,估计的调整速度通常显著低于已观测到的调整速度。例如,Behm 和 Zimmermann(1993)在一个由 32 家大型德国上市公司 1962 年至 1988 年间的数据组成的样本中,检验了部分调整模型。运用对合成数据(pooled data)的普通最小二乘法回归,作者发现以当期收益为基础的定式只有 0.26 的调整速度。将滞后的收益纳入模型还是将调整速度的系数降低至 0.13。在 Behm 和 Zimmerman 研究中,48% 这一隐含的目标支付率

---

[9] 表 6.2 表明,目标支付率是 86%;每股股利是 12.3 德国马克,每股收益达到 14.3 德国马克。

表 6.5 有着已公布收益的股利模型

变量	普通最小二乘法的水平值(OLS in levels)		组内(WG)估计值		一阶差分广义矩量法(GMM(DIF))		系统内广义矩量法(GMM(SYS))	
	(a)	(b)	(c)	(d)	(e)	(f)	(g)	(h)
常量	1.598***	1.630***	—	—	—	—	—	—
	(0.472)	(0.457)						
$D_{i,t-1}$	0.776***	0.786***	0.437***	0.420***	0.584***	0.592***	0.682***	0.745***
	(0.047)	(0.049)	(0.041)	(0.043)	(0.080)	(0.083)	(0.070)	(0.082)
PP_{it}	0.090***	0.093***	0.098***	0.097***	0.077***	0.078***	0.088***	0.095***
	(0.011)	(0.012)	(0.011)	(0.011)	(0.017)	(0.017)	(0.017)	(0.019)
$PP_{i,t-1}$	—	−0.012	—	0.010**	—	−0.003	—	−0.034
		(0.008)		(0.005)		(0.010)		(0.023)
时间虚拟变量	Yes	Yes	Yes	Yes	Yes	Yes	Yes	Yes
m_1	−1.994	−2.248	2.804	3.154	−4.142	−4.108	−4.220	−4.292
m_2	1.638	1.511	3.829	3.822	1.401	1.424	1.475	1.538
Sargan(d.f.)					71(61)	69(60)	72(68)	77(67)
观测值	1876	1876	1655	1655	1655	1655	1655	1655

注: D_{it} 是因变量, 代表每股股利。PP是已公布的每股股利。时间虚拟变量被引入所有定式之中。m_1 和 m_2 是对残差缺乏一阶和二阶序列相关性的检验, 在无序列相关性时渐近地分配为 $N(0,1)$。Sargan统计是一项对过分识别(over-identifying)的检验, 在有效工具为零的情况下渐近分配为 $\chi^2(k)$。报告于圆括号内。自由度(k) 报告于圆括号内。WG 代表组内估计法。OLS 代表普通最小二乘法。定式(d) 列明了表述为对时间平均值的偏离的变量。定式(e) 和定式(f) 的变量以一阶差分来表达。工具变量是一步估计法。一阶差分和水平方程式的线性系统。一阶差分广义矩量法和系统内广义矩量法是一步估计。工具: $D_{t-3}\cdots D_1$ 和 ΔD_{t-2} 以及 $PP_{t-3}\cdots PP_1$ 和 ΔPP_{t-2}。定式(g) 和定式(h): D_{t-3} 和 $PP_{t-3}\cdots PP_1$。定式(g) 和定式(h) 渐近于异方差的标准误差, 报告于圆括号内。

* 代表在10%水平上统计显著。
** 代表在5%水平上统计显著。
*** 代表在1%水平上统计显著。

也低于58%这一观测支付率(两个数字都以净值为基础)。在对美国的研究中,调整速度的估计平均值也低于观测的同一数值。例如,Lintner观测的调整速度的估计平均值接近于30%,其目标支付率为收益的50%。Lintner的隐含的目标支付率看起来大大高于我们在定式(h)中的数字。Fama和Babiak(1968)发现一个常数项被抑制而且增加了$t-1$的收入水平的定式,提供了对股利的最佳预测。定式(h)加入了一个滞后收益变量,但这一系数的统计意义只处于15%的水平。请注意,Fama和Babiak(1968)发现调整速度的平均水平接近0.37,稍微高于Lintner所发现的。

总之,对德国公司已公布收益模型的估计表明,股利决定并不像Lintner(1956)原先所假设的那样以长期的目标支付为基础。这一观点得到了大大偏离于观测支付率的隐含的支付率的支持。一种替代性的解释是,目标支付率是以另一种盈利能力计量来表述的,例如现金流。这与以下事实相一致:已公布收益数据倾向于保守,因为德国的公司保留了部分收益以建立(法定)准备金。另外,它也与以下假设相一致,即公司对现金流的调整比对收益的调整要慢。我们以现金流为基础,重新估量我们的模型,从而审视了这一替代性观点。

表6.6表明,现金流模型所产生的参数估计值与现实接近得多。基于系统内广义矩量法估计技术的定式(g)和(h),产生的调整速度分别是0.33和0.26,与从已公布收益模型中获得的调整速度相类似。与收益模型不同的是,现金流模型提供了一个更为现实的(隐含的)目标支付率。这一目标支付为19.6%(定式(g)),这可与21.4%这一平均(或观测)的支付率相提并论。[10] 而且还应当注意到,滞后现金流变量的系数现在也具有统计意义(在7%的水平)。

---

[10] 在表6.2中,每股股利是12.3德国马克,每股现金流达到57.6德国马克,这使得现金流支付率为21.4%。

表6.6 有着现金流的股利模型

变量	普通最小二乘法的水平值 (OLS in levels)		组内(WG)估计值		一阶差分广义矩量法(GMM(DIF))		系统内广义矩量法(GMM(SYS))	
	(a)	(b)	(c)	(d)	(e)	(f)	(g)	(h)
常量	0.987**	1.259***	—	—	—	—	—	—
	(0.414)	(0.391)						
$D_{i,t-1}$	0.827***	0.841***	0.462***	0.465***	0.528***	0.553***	0.674***	0.737***
	(0.049)	(0.046)	(0.043)	(0.023)	(0.096)	(0.090)	(0.082)	(0.081)
CF_{it}	0.026***	0.045***	0.059***	0.060***	0.077***	0.080***	0.064***	0.088***
	(0.005)	(0.008)	(0.008)	(0.004)	(0.019)	(0.019)	(0.015)	(0.018)
$CF_{i,t-1}$	—	−0.026***	—	−0.002	—	−0.017	—	−0.035*
		(0.009)		(0.004)		(0.014)		(0.020)
时间虚拟变量	Yes	Yes	Yes	Yes	Yes	Yes	Yes	Yes
m_1	−1.382	−1.872	3.469	8.381	−4.514	−4.643	−4.655	−4.899
m_2	1.959	1.437	3.996	6.421	1.130	1.250	1.339	1.431
Sargan(d.f.)	—	—	—	—	63(61)	64(60)	76(68)	70(67)
观测值	1876	1876	1655	1655	1434	1434	1434	1434

注:D_{it}是因变量,代表每股股利。CF是每股现金流。时间虚拟变量被引入所有的定式之中。m_1和m_2是对残差缺乏一阶和二阶序列相关性的检验,在无序列相关时渐近分配为$N(0,1)$。Sargan 统计量是一项对过度识别的检验,在有效工具变量为零的情况下渐近分配为$\chi^2(k)$,自由度(k)报告于圆括号内。OLS 代表普通最小二乘法。WG 代表组内估计法;定式(c)和定式(d)列明了表述为对时间平均值的偏离的变量。一阶差分广义矩量法(GMM(DIF))的变量以一阶滞后估计。定式(e)和定式(f)的变量以一阶差分和水平方程式的线性系统。一阶差分广义矩量法(GMM(DIF))和系统内广义矩量法(GMM(SYS))是一步估计法。定式(e)和定式(f):$D_{t-3}\cdots D_1$ 和 $CF_{t-3}\cdots CF_1$,ΔD_{t-2} 以及 $CF_{t-3}\cdots CF_1$;定式(g)和定式(h):$D_{t-3}\cdots D_1$ 和 ΔD_{t-2},ΔD_{t-1} 和 $CF_{t-3}\cdots CF_1$,ΔCF_{t-2}。渐近于异方差的标准误差,报告于圆括号内。

* 代表在10%水平上统计显著。
** 代表在5%水平上统计显著。
*** 代表在1%水平上统计显著。

当对同时纳入已公布收益和现金流而获得的结果进行审视时（参见表6.7），我们发现现金流变量的解释力消逝了，但已公布收益变量的解释力却依然存续。无论采取什么估计技术，这一结果都确切无疑。因而，虽然现金流模型看似在经济上更具有意义（参见第五章的相关争论），在解释德国公司的股利政策时也更为妥当，但令人疑惑的是，已公布收益变量主导着复合模型。一个可能

表 6.7　同时有着已公布收益和现金流的股利模型

变量	普通最小二乘法的水平值（OLS in levels）(a)	组内（WG）估计值 (b)	一阶差分广义矩量法（GMM(DIF)）(c)	系统内广义矩量法（GMM(SYS)）(d)
常量	1.591*** (0.409)	—	—	—
$D_{i,t-1}$	0.787*** (0.050)	0.421*** (0.044)	0.522*** (0.086)	0.714*** (0.086)
PP_{it}	0.103*** (0.017)	0.105*** (0.018)	0.074** (0.034)	0.069* (0.036)
$PP_{i,t-1}$	-0.022 (0.015)	0.008 (0.012)	0.022 (0.030)	-0.007 (0.038)
CF_{it}	-0.010 (0.013)	-0.008 (0.014)	0.005 (0.033)	0.032 (0.034)
$CF_{i,t-1}$	0.011 (0.012)	0.001 (0.010)	-0.028 (0.027)	-0.016 (0.031)
时间虚拟变量	Yes	Yes	Yes	Yes
m_1	-2.248	-5.162	-4.755	-4.843
m_2	1.500	1.944	1.476	1.536
Sargan(d.f.)	—	—	97(86)	116(100)
观测值	1876	1655	1655	1655

注：D_{it}是因变量，代表每股股利。PP 是已公布的每股股利，CF 是每股现金流。时间虚拟变量被引入所有定式之中。m_1 和 m_2 是对残差缺乏一阶和二阶序列相关性的检验，在无序列相关性时渐近分配为 $N(0,1)$。Sargan 统计是一项对过度识别的检验，在有效工具为零的情况下渐近分配为 $\chi^2(k)$，自由度（k）报告于圆括号内。定式（b）拥有表述为对时间平均值的偏离的变量。OLS 代表普通最小二乘法。WG 代表组内估计值；定式（c）中的变量以一阶差分来表述。定式（d）是一阶差分和水平方程式的线性系统。一阶差分广义矩量法（GMM(DIF)）和系统内广义矩量法（GMM(SYS)）是一步估计法。工具：定式（c）：$D_{t-3}\cdots D_1$，$PP_{t-3}\cdots PP_1$ 和 $CF_{t-3}\cdots CF_1$。定式（d）$D_{t-3}\cdots D_1$，ΔD_{t-2}，PP_{t-3} $\cdots PP_1$，ΔPP_{t-2} 和 $CF_{t-3}\cdots CF_1$，ΔCF_{t-2}。渐近于异方差的标准误差，报告于圆括号内。

* 代表在10%水平上统计显著。
** 代表在5%水平上统计显著。
*** 代表在1%水平上统计显著。

的原因是已公布收益平滑(相对于现金流)和股利平滑。其结果是,未予平滑的股利和现金流的真正的相关性,可能会高于股利和经过平滑的收益之间的相关性。我们通过运用系统内广义矩量法,对滞后已公布收益和当期已公布收益进行回归,进一步研究这一问题。我们发现持久性系数(也就是自回归参数)为 0.682。我们随后在现金流中复制这一试验,发现其系数为 0.321。这表明已公布收益的持久性强于现金流,这也与我们的描述性统计相吻合。

就股利调整速度向着长期目标支付率而言,德国在某种程度上居于两个极端。一方面英美国家的公司只是缓慢地调整着它们的股利政策。例如,Short,Zhang 和 Keasey(2002)的部分调整模型表明,英国的公司有着长期的目标支付率,它与机构持股状态呈现正相关,而与管理层持股呈现负相关。相反,"新兴市场中的公司经常有着目标支付率,但它们通常较少关注一定时期内的股利波动,其结果是,一定时期内的股利平滑就相对不重要了"(Glen 等,1995:24)。例如,Adaoglu(2000)表明,在伊斯坦布尔股票交易所上市的公司,即便在半数收益必须作为现金股利予以分配的规定被废除后,其股利政策仍然不稳定。

三、替代性定式

为了验证以上结果的稳健性,我们首先考虑了不同产业的股利做法差异的影响。我们估计了包括九个产业虚拟变量的收益和现金流模型,但对这些产业的共同重要性的 wald 检验(wald test)却被拒绝。另外,所有其他解释性变量的系数(现金流、已公布收益或者滞后股利)也几乎保持不变。

为了控制通货膨胀因素给估计带来的影响,我们根据德国中央银行(Deutsche Bundesbank)每月公告所列明的消费者价格指数,紧缩了(deflate)所有的变量。我们按 1985 年的不变价格计算了股利、已公布收益和现金流,并且重新估计了第六章第四节第二部分的模型。我们得出结论,对通货膨胀予以纠偏后,结果并没有大的改变。[11] 对于按实值计算和按名义价值计算的时间序列每股股利的观察表明,几乎所有的公司都变更过其按实值计算的每股股利,这与按名义价值计算的股利恰成鲜明对比,后者的特征是个体差异性更强。然而,就横断面变异性(cross-sectional variation)而言,以不变价格来估计模型,也没有许多进一步信息可以加诸于该模型。因而,我们得出结论,并没有很强的理由在估计中运用按实值计算而不是按名义计算的股利和收益数据。

接下来,根据 Bond、Chennells 和 Windmeijer(1996)的建议,我们按比例缩小(scale)我们的变量。他们提出,规模迥异的公司的存在,可能是点估计值存在异方差的原因。可能一些变量可供用来衡量股利和收益,例如总资产、规模和市值。我们在样本期间的初期运用市值,可予实证检验的基础方程式(6.15)就变为:

$$\frac{TD}{MVE_{i0}} = \alpha\left(\frac{TD_{i,t-1}}{MVE_{i0}}\right) + \beta\left(\frac{T\Pi_{it}}{MVE_{i0}}\right) + YEAR_t + \eta_i + V_\pi$$

(6.17)

其中,TD 代表总股利,TΠ 是总的已公布收益或者现金流。表 6.8 概要地报告了按比例缩小模型(6.17)的结果,以及运用了滞后收益和现金流之后的变异。从这一表格观测到的主要结果是,有关的范式及点估计值与非按比例缩小的模型(non-scaled model)之间,并没有显著的区别。我们获得了一个现金流模型,该模型生成了一个近似于观测率的隐含支付率;我们还获得了一个已公布收益模型,该模型生成了显著区别于观测数据的隐含参数,以及一个高频的自回归参数。最后,同时带有已公布收益和现金流数据的模型,显示出类似于非按比例缩小模型的范式:现金流对于股利而言,不再是统计意义上的重要决定因素。两个广义矩量法技术,在

---

[11] 例如,运用系统内广义矩量法,则表 6.5 的(h)模型的点估计值(point estimate)如下:滞后股利的系数为 0.761,当前收益系数为 0.084,以及滞后收益系数为 −0.028,而运用同样的模型但按照当前价格来计算而得到的三个数字分别为 0.755,0.095 和 −0.034。类似的,对现金流模型的估计,以及对同时包含着现金流和已公布收益的检验模型的估计,其中的差别并不大。

按比例缩小模型中得到了一致的估计值。

Bond、Chennells 和 Windmeijer(1996)对作为样本的英国 1218 家工商业上市公司的类似于表 6.8 中(a)的定式进行了估计。他们运用了一阶差分广义矩量法技术,对带有滞后股利以及带有当前和滞后收益的定式,进行了估计。他们发现了一个大至 0.69 的、生成了调整速度为 0.31 的自回归参数。这可与我们在定式(a)中所获得的、生成了调整速度为 0.29 的 0.71 这一自回归参数,形成了对比。换言之,与英国的数据相比,我们发现德国公司

表 6.8 按比例缩小的估计结果之概要

变量	一阶差分广义矩量法(GMM(DIF))		系统内广义矩量法(GMM(SYS))		
	(a)	(b)	(c)	(d)	(e)
$TD_{i,t-1}$	0.710*** (0.094)	0.685*** (0.095)	0.722*** (0.074)	0.720*** (0.080)	0.661*** (0.070)
TPP_{it}	0.069*** (0.020)	—	0.066*** (0.018)	—	0.056 (0.050)
$TPP_{i,t-1}$	-0.040 (0.031)	—	-0.031 (0.027)	—	-0.010 (0.044)
TCF_{it}	—	0.080*** (0.017)	—	0.079*** (0.018)	0.012 (0.045)
$TCF_{i,t-1}$	—	-0.026 (0.027)	—	-0.031 (0.028)	-0.003 (0.042)
m_1	-5.062	-5.005	-4.832	-4.931	-5.068
m_2	0.676	0.266	0.628	0.346	0.481
Sargan(d.f.)	64.0(53)	55.5(53)	77.6(67)	73.9(67)	110.8(100)
观测值	1655	1655	1655	1655	1655

注:TD_{it}是所有定式中的因变量。它代表总股利。TPP 是总的已公布收益,TCF 是总现金流。这两个变量均按市值进行了等比例缩小。时间虚拟变量被引入所有的定式之中。m_1 和 m_2 是对残差缺乏一阶和二阶序列相关性的检验,在无序列相关性时渐近分配为 $N(0,1)$。Sargan 统计是一项对过度识别的检验,在有效工具为零的情况下渐近分配为 $\chi^2(k)$,自由度(k)报告于圆括号内。定式(a)和定式(b)的变量以一阶差分来表述。定式(c)、定式(d)和定式(e)是一阶差分和水平方程式的线性系统。一阶差分广义矩量法和系统内广义矩量法是一步估计法。工具:定式(a) $TD_{t-3}\cdots TD_1$, $TPP_{t-3}\cdots TPP_1$;定式(b) $TD_{t-3}\cdots TD_1$, $TCF_{t-3}\cdots TCF_1$。定式(c) $TD_{t-3}\cdots TD_1$, ΔTD_{t-2}, $TPP_{t-3}\cdots TPP_1$, ΔTPP_{t-2};定式(d) $TD_{t-3}\cdots TD_1$, ΔTD_{t-2} 和 $\Delta TCF_{t-3}\cdots TCF_1$, ΔTCF_{t-2}。渐近于异方差的标准误差,报告于圆括号内。

* 代表在10%水平上统计显著。
** 代表在5%水平上统计显著。
*** 代表在1%水平上统计显著。

的调整速度稍微有些低。这一结果也与我们在非按比例缩小模型中获得的数据相类似（参见第六章第四节第二部分）。Bond、Chennells 和 Windmeijer(1996)也报告了一个数额为 33.2% 的隐含现金流支付率，我们的是 28%（定式(d)）。

由于纳入样本中由德国其他上市公司所控制的 14 家公司，可能会因双重计算而产生偏差（参见第六章第三节第二部分），我们去除了这些公司，并且对 207 家样本公司的表 6.8 中的定式(c) 和 (d) 重新进行了估计。我们运用了同样的工具，但在点估计值方面并没有发现显著的变化。例如，在现金流模型中，自回归参数是 0.708；在已公布收益模型中，自回归参数是 0.734。另外，当前现金流的系数为 0.081，而滞后价值的系数为 − 0.035。

最后，我们来讨论与以下事实相关的方法论问题：我们观测到定式(a)时间序列里的每股股利极为易变（与英美国家的公司相比较），以及定式(b)中大量的公司在至少两个连续年度里没有变更股利并采取零股利支付政策（参见第六章第三节第三部分）。为了研究时间序列里每股股利的这些特征对自回归参数大小的影响，我们运用系统内广义矩量法技术，对一个样本的基础模型进行了估计，这一样本排除了那些至少在我们样本期间的 75% 的年份里未变更每股股利的公司。相应的，我们除去了 31 家公司，也就是我们整个样本的 14%。运用这一更小的样本重新估计模型定式，生成了一个更大的自回归参数。

第五节　结论

构建于 Lintner(1956) 基础之上的、关于英美公司股利政策的大量文献表明，几乎所有的公司都设定了长期目标支付率。股利的变动，往往触发于非预期的公司收益的持续变动。而且，如果从短期来看，股利可能反转至以前的水平，则股利的变动会被避免。其后果是，不是股利的水平，而是股利的变动，对市场发挥着信号机制的作用。在本章中，我们研究了这些类型化事实是否也适用于德国的公司。德国的公司运作于迥然不同的公司治理体制之中,这一体制的特征是控制权集中、所有权呈金字塔式结构、银行选派代表进驻董事会(参见第二章和第三章)。为此目的,我们将股利行为的微观模型,运用于对包含了德国半数以上工商业上市公司的数据库的分析中。

与英美国家的实际情况形成对照的是,德国公司的股利更为易变,并且不发放股利和采取零股利支付政策的情形更为频繁。当我们以已公布收益为基础,运用局部调整模型来估计隐含的目标支付率,以及以基于已公布收益的长期目标支付率为方向的股利调整速度时,发现在我们的模型定式中,无一生成与观测获得的支付率和调整速度相一致的结果。当我们放弃诸如普通最小二乘法和组内估计法这些基础的估计技术,转而采用诸如一阶差分广义矩量法和系统内广义矩量法这些更为先进的技术时,我们的结果也并没有改善。后两个方法避免了由未经平衡的动态面板数据模型估计而产生的偏差,这些模型的时间区间狭小,公司横截面大,并且公司间存在未观测到的异质性。我们发现,我们模型定式中关于股利、以往股利政策和已公布收益之间的关系表明,估计的股利调整速度与观测获得的股利范式相一致。尽管如此,甚至是广义矩量法的估计技术生成的基于已公布收益的目标支付率也为25%左右,大大低于观测得到的86%的支付率。因而,德国的公司并没有将它们的股利决策构建于以已公布收益为基础的长期目标股利支付率之上。

然而,已公布收益数字可能并未准确反映公司的经营业绩,因为德国的公司倾向于保留相当部分的收益以建立法定储备金。考虑到已公布收益的数字较为保守,长期的支付率可以以现金流为基础。我们的确发现,当现金流取代了已公布收益时,Lintner的部分调整模型生成了现实的估计结果。股利调整速度和隐含支付率都近似于我们观测得到的结果,这确认了我们的预测,即现金流在经济方面更具有意义。20%这一隐含的目标支付率,可与21%这一以现金流为基础的观测获得的支付率相比较。然后,我们得出结论,德国公司的股利支付率是以现金流而不是以已公布收益为基础。我们以现金流而不是以已公布收益为基础的部分调整模型生成了更好的结果,这一事实的产生,可能是因为收益比现金流的平滑度更高。已公布收益的自回归大大高于现金流的相应数值,表明了这一点。

附录

我们对本章所运用的动态面板数据估计技术,予以概要总结。我们在下述形式的自回归定式背景下来描述它们:

$$y_{it} = \alpha y_{i,t-1} + \eta_i + V_i \qquad (6.18)$$

其中,

- η_i 是公司特定的影响
- V_{it} 是干扰项
- i 是指在时间 t 中的个体(据此 T 有代表性地小,而 i 则大)
- $i = 1, \cdots, N; t = 1, \cdots, T$

运用普通最小二乘法回归对方程式(6.18)的估计,可能会导致不连贯和存在偏差的 α 估计值。原因是协方差$(y_{i,t-1}, \eta_i) \neq 0$,也就是说,公司特定的影响可能与滞后因变量有关。这种相关性带来这样的结果是 α 会典型性上偏(Hsiao 1986)。关于公司特定影响的估计,可以使用组内估计方法。本质上,运用 OLS 回归它可以演变为估计式(6.19):

$$(y_{it} - y_i) = \alpha(y_{i,t-1} - y_{i-1}) + (v_{it} - v_i) \qquad (6.19)$$

这里

$$y_i = \frac{(y_{i1} + y_{i2} + \cdots + y_{i,t-1} + y_{it} + \cdots + y_{iT})}{T} \qquad (6.20)$$

$$v_i = \frac{(v_{it} + v_{12} + \cdots + v_{i,t-1} + v_{it} + \cdots + v_{it})}{T} \qquad (6.21)$$

y_i 表示 y_{it} 的时刻,v_i 表示 v_{it} 的时刻。

第六章 股利政策、收益和现金流:一项动态面板数据的分析

但是,除非 T 值很大,这种估计技术仍然会产生前后矛盾的估计结果,如果 $\text{cov}(y_{i,t-1}, v_i) \neq 0$ 会产生下偏。如果 $\alpha > 0$,其偏差值通常是负数,而且当 α 趋向于 0 时并不趋向于 0。当在式(6.18)合并外部变量时,这种情况变得更糟(Nickell 1981)。

为了得到 α 具有相容性的估计值,我们通过基于工具变量估计方法的途径。为此,我们一阶差分式(6.18)得到:

$$(y_{it} - y_{i,t-1}) = \alpha(y_{i,t} - y_{i,t-1}) + (v_{it} - v_{i,t-1}) \quad (6.22)$$

上式可以化简为:

$$\bar{y} = (\alpha \bar{y}_{i,t-1}) + \bar{v}_{it} \quad (6.23)$$

如果 $E(v_{it}, v_{i,t-1}) = 0$,就是说在干扰 v_{it} 中不存在连续相关性,

$$\text{cov}(y_{i,t-2}, (v_{it} - v_{i,t-1})) = 0 \quad (6.24)$$

此外,

$$\text{cov}(y_{i,t-2}, (y_{i,t-1} - y_{i,t-2})) \neq 0 \quad (6.25)$$

从式(6.24)到式(6.25),我们得出可以作为式(6.22)或(6.23)估计的工具。一般来说,如果 v_{it} 连续不相关,我们可以使用 y 的所有滞后值作为工具(Anderson 和 Hsiao 1981-AH)。Arellano 和 Bond (1991)指出 AH 估计是无效的,尽管是相容的。倘若 $T > 3$,在随后的交叉截面存在另外的有效工具可以提供进一步的信息。作者发展了广义矩估计方法,充分运用了来自于误差中无序列相关性假设的所有时间限制。更特殊的是,(B.6)导致了过分识别的限制。

(1) $(y_{i3} - y_{i2}) = \alpha(y_{i2} - y_{i1}) + (v_{i3} - v_{i2})$
(2) $(y_{i4} - y_{i3}) = \alpha(y_{i3} - y_{i2}) + (v_{i4} - v_{i3})$.
⋮
(T−2) $(y_{iT} - y_{i,T-1}) = \alpha(y_{i,T-1} - y_{i,T-2}) + (v_{iT} - v_{i,T-1})$

假设在 v_{it} 的时间限制中不存在序列相关性

$$E(Z_i' \bar{V}_t) = 0, \quad i = 1, \cdots, N \quad (6.26)$$

这里

$$Z_i = \begin{bmatrix} y_{i1} & 0 & \cdots & 0 \\ 0 & y_{i1}y_{i2} & 0 & \vdots \\ \vdots & 0 & \ddots & 0 \\ 0 & \cdots & 0 & y_{i1}\cdots y_{iT-2} \end{bmatrix}$$

Z_i 是一个 $(T-2)\times n$ 的矩阵,并且

$$\bar{V}_i = \begin{bmatrix} \bar{v}_{i3} \\ \bar{v}_{i4} \\ \vdots \\ \bar{v}_{iT} \end{bmatrix}, \quad \bar{V}_i = (T-2)\times 1$$

可以用来组成广义矩(GMM)估计。作为不同的,这种估计技术是由估计下列等式组成的

$$\begin{bmatrix} \bar{y}_{i3} \\ \bar{y}_{i4} \\ \vdots \\ \bar{y}_{iT} \end{bmatrix} = \alpha \begin{bmatrix} \bar{y}_{i2} \\ \bar{y}_{i3} \\ \vdots \\ \bar{y}_{i,T-1} \end{bmatrix} + \begin{bmatrix} \bar{v}_{i3} \\ \bar{v}_{i4} \\ \vdots \\ \bar{v}_{iT} \end{bmatrix} \quad (6.27)$$

运用了有效工具的矩阵 Z_i。

Blundell 和 Bond(1998)、Arellano 和 Bover(1995)界定了工具性变量估计。他们的随机抽样法表明,在动态面板数据模型中一阶差分广义矩量法估计方法表现不佳,其模型中自回归参数适度地大,并且时间序列观察值的数量适度地小。序列的滞后水平在这事件中为一阶差分提供了孱弱的工具。Arellanohe Bover (1995)、Blundell 和 Bond(1998)在 first-differences 和齐次式体系中提出一种线性 GMM 估计方法,从而在 GMM-in-differences 表现不佳的情况下提供一种有效的数据链。形式上,从(6.18)开始,作者列出的等式与 $\bar{y}_{i,t-1}$ 和 η_i 不相关这一条件有关。扩展(6.18)的一阶差分:

$$\begin{aligned} \bar{y}_{it} &= \alpha \bar{y}_{i,t-1} + \bar{v}_{it} \\ &= \alpha(\alpha \bar{y}_{i,t-2} + \bar{v}_{i,t-1}) + \bar{v}_{it} \\ &= \alpha[\alpha(\alpha \bar{y}_{i,t-3} + \bar{v}_{i,t-2}) + \bar{v}_{i,t-1}] + \bar{v}_{it} \end{aligned}$$

第六章 股利政策、收益和现金流:一项动态面板数据的分析

$$= \alpha^3 \bar{y}_{i,t-3} + \alpha^2 \bar{v}_{i,t-2} + \alpha \bar{v}_{i,t-1} + \bar{v}_{it}$$

$$= \cdots\cdots$$

$$= \alpha^K \bar{y}_{i2} + \sum_{j=0}^{k-1} \alpha^j \bar{v}_{i,t-j} \tag{6.28}$$

关键是 $\bar{y}_{i2}$ 和 η_i 不相关。因此,在平稳性条件下(本来 $\alpha<1$),$\bar{y}_{i,t-1}$ 在齐次式(6.18)中作为一种工具。然后,这种技术包括了估计:

$$y_{it}^+ = \alpha y_{i,t-1}^* + u_{it}^+ \tag{6.29}$$

运用 Z_{it}^+ 作为工具,这里

$$y_{it}^+ + \begin{bmatrix} \bar{y}_3 \\ \vdots \\ \bar{y}_T \\ \cdots \\ y_3 \\ \vdots \\ y_T \end{bmatrix}, \quad u_{it}^+ = \begin{bmatrix} \bar{v}_3 \\ \vdots \\ \bar{v}_T \\ \cdots \\ \eta_i + v_3 \\ \vdots \\ \eta_i + v_T \end{bmatrix} \tag{6.30}$$

并且

$$Z_{it}^+ = \begin{bmatrix} y_{i1} & 0 & \cdots & 0 & 0 & \cdots & \cdots & 0 \\ 0 & y_{i1}y_{i2} & 0 & \vdots & \vdots & \ddots & & \vdots \\ \vdots & 0 & \ddots & 0 & \vdots & & \ddots & \vdots \\ 0 & \cdots & 0 & y_{i1}\cdots y_{i,T-2} & 0 & \cdots & \cdots & 0 \\ 0 & \cdots & \cdots & 0 & \bar{y}_2 & 0 & \cdots & 0 \\ \vdots & \ddots & & \vdots & \vdots & \bar{y}_3 & 0 & \vdots \\ \vdots & & \ddots & \vdots & \vdots & 0 & \ddots & 0 \\ 0 & & & 0 & 0 & 0 & 0 & \bar{y}_{T-1} \end{bmatrix}$$

$$\tag{6.31}$$

第七章　公司何时会变更股利政策？*

第一节　引言

在前面一章中,我们对德国公司在多大程度上变更其股利支付的决策进行了检验。在本章中,我们来研究另一有关于股利政策决定的有趣的问题:我们集中关注公司何时会变更股利。这一问题是重要的,因为股利支付的变更,对于股价可能有着重要的影响(参见第三章)。考虑到德国公司时间序列里的每股股利呈现高度的离散性特征,也就是非经常性的小变动,我们将选择离散选择模型(discrete choice model)方法。

关于变更股利的决定的定量分析,可以根据 Modigliani 和 Miller(1959)所称的"股利信息含量"来解读。例如,Miller 和 Modigliani(1961:430)认为,"……如果在一家公司已经采取的稳定的政策中,'目标支付率'已经根深蒂固且广为接受,投资者就会倾向于(并且有理由)将股利支付率的变更,解读为管理层对公司未来盈利前景的看法发生了变化。"因此,股利政策的变更就可能传递本不能为市场所知悉的信息。这一股利的信号作用的见解,最初由一些学者,如 Bhattacharya(1979)、Miller 和 Rock(1985)以及 John 和 Williams(1985)等提出,并且被其他学者如 Aharony 和 Swary(1980)、Asquith 和 Mullins(1983)以及 Healy 和 Palepu(1988)予以经验验证。在 Lintner(1956)对管理层实务操作的调查中,股利变更的适时决策也与此密切相关。Lintner(1956:99)的调查指出,"……许多管理人员相信,绝大多数股东偏好于一个合理稳定的股

---

* 本章大体基于(loosely based on)Goerg, Renneboog an da Silva(2003)。

利支付率,并且市场对于稳定的或者逐渐增长的支付率予以较高评价,足以使绝大多数管理人员努力避免做出可能在一年左右的时间内又不得不转回的股利支付率的变更。"

我们将运用离散选择模型(discrete choice model)方法来分析以下问题。第一,我们将检验净收益的底线是否为增减当前股利的决定因素。Lintner(1956:109)观测到,"……净收益是决定着当前股利变更的重要因素……"然而,正如 DeAngelo、DeAngelo 和 Skinner(1992)指出,Lintner 的样本主要由大型的、健全的公司组成,这些公司增加股利的意愿更强。因此,DeAngelo、DeAngelo 和 Skinner(1992)调查了净收益底线是否也驱使着股利的降低。

在第六章中,我们报告了对 Lintner 模型的面板数据分析,非常吻合于德国的数据,现在我们来进行若干实验,以检验德国公司的股利行为是否存在不对称的情形。例如,传闻性证据(anecdotal evidence)表明,德国的公司在面临暂时性亏损的情况下降低股利的余地,比英美公司要大(例如,参见 Goergen 和 Renneboog 2003)。第二,关于公司何时会不发放股利——而不是仅仅将其削减至一个严格为正的水平——是股利政策中的一个核心问题。例如,人们会主张管理人员并不愿不发放股利(参见,例如 DeAngelo 和 DeAngelo 1990:1424),相反可能偏好于股利削减,因为后者会降低在未来期间不发放股利的机会。然而,不发放股利是一个敏感的决定,因为"……虽然人们可能对正股利的水平何为适当有不同观点,但要认定零支付代表着对股东的充分'回报'",却更为困难(第1425页)。因而,我们调查了德国公司的股利设定的自由度,以及盈利能力的当前变更而非利润的永久转变的重要性。

本章的结构安排如下。在第二节中,我们简要地描述了估计技术和模型。第三节运用了排序概率法(ordered probit approach),根据 221 家德国工商业公司在 1984—1993 年间的面板数据,对其降低、增加或者维持股利的可能性建立了模型。我们还对子样本进行了稳定性检验,以更好地分析盈利能力的暂时变更对股利政策转变可能性的影响。第四节分析了德国公司何时不发放而非仅仅降低股利的问题。我们审查了那些多年呈现良好经营业绩之后产生亏损的公司,其每股股利发生了什么变化。第五节考察了在股利削减和不发放股利之后增加股利的决定。我们对将股利支付恢复到不发放或者削减股利之前的水平所需要的时间进行了计量。第六节归纳了这些证据,并且得出了本章的结论。

第二节 基本估计模型

增加、维持或者降低股利的决定,可以被认为是一个位序固定的内生(inherently ordered)变量。因此,简单的多项 logit 模型(multinomial logit model)或者概率模型(probit model)将无法解释变量的序数性质。类似的,普通回归模型也不充分,因为它将增加和维持股利之间的差异与维持和降低股利之间的差异,一体看待。然而,这些变量应当属于不同序列。因而,我们运用了一个排序概率(ordered probit)(McElvey 和 Zaviona 1975)。与二项概率模型类似,排序概率构建于一个潜在的回归之上。[1] 其基本模型如下:

$$y^* = \beta'X + \varepsilon \qquad (7.1)$$

其中,y^* 是一项未观测到的变量,X 是一套解释性变量,ε 是残差。假定降低股利的决定的值为 0,维持股利的决定的值为 1,增加股利决定的值为 2。则虽然 y^* 未观测到,但 y 仍可通过观测而获得:

$y = 0$ 如果 $y^* \leq 0$

$y = 1$ 如果 $0 < y^* \leq \mu$

$y = 1$ 如果 $\mu \leq y^*$

其中 μ 是一项有待于用 β 进行估计的未知的参数。ε 被假定为在不同的观测值(正如在二项概率模型)中常态分布,其平均值为 0,

---

[1] 参见 Maddala(1983:46—49)关于这一技术的详细描述。

变异数值为 1。[2] 这使我们获得了以下可能性：

$$P(y = 0) = \Phi(-\beta'X)$$
$$P(y = 1) = \Phi(\mu - \beta'X) - \Phi(-\beta'X)$$
$$P(y = 2) = 1 - \Phi(\mu - \beta'X)$$

其中 Φ 是累计标准正态（cumulative standard normal）。系数是以最大似然函数进行估计。

第三节 变更股利的决定:一般模型

在本节中,我们审查了以下传统的场景:管理人员对于以往和当前的现金流,有着完备的知识,但其对于未来的了解却并不完备。管理人员何时会以其掌握的信息为基础而决定增加股利？他们何时会决定降低股利？这些结果如何与 Lintner 的发现相比较？这是我们在本节中要讨论的一些问题。为完成这一工作,我们运用了与在第六章的描述中同样的数据和样本:221 家德国工商业上市公司,包含了 1984 年至 1993 年这一期间。时间序列每股股利按当前价格计算,并将所得税纳入其中。由于"特别派发股利"在绝大多数情况下代表着德国公司股利政策的转变（参见第六章）,我们将这些股利纳入序列中。模型（7.1）的因变量采取了三种估值:如果从期间 $t-1$ 至 t 中,每股股利降低了,则其等于 0;如果从期间 $t-1$ 至 t 中,每股股利保持不变,则其等于 1;而如果每股股利增长了,则其等于 2。我们估计了大量基于模型（6.1）的定式,并且引入了以下解释性变量:滞后因变量（dD_{t-1}）,表明了在 $t-2$ 至 $t-1$ 期间是否存在股利的增加、减少或者未予变更的情形;当前的净收益（NI_t）水平或者现金流（CF_t）,以往的净收益（NI_{t-1}）或者现金流（CF_t）水平,以及在 $t-1$ 至 t 期间的净收益的变化（ΔNI_t）或者现金

---

[2] 正如 Greene（2003:737）解释道,这一模型也可以用逻辑分布干扰项（logistically distributed disturbance）进行估计。但实际上,这种重新的匡算并不存在差别。

流的变化(ΔCF$_t$)。这些变量都被以往期间的权益的账面价值所标准化。最后,我们检验了估值为 1 的虚拟变量,一旦在 t 期间产生亏损(净收益亏损或者现金流亏损)时的意义。[3] 我们估计了净收益(或者已公布利润,或者净收入)基本模型,这一模型区别于现金流(被定义为包含折旧和准备金变动额的零分配利润)的模型。我们还估计了包含两种利润计量方法的定式。不同的定式以这些变量的进一步滞后值来计算,但无论从个别层面还是联合层面,这些定式都不具有统计上的显著性。[4]

一、净收益模型

表 7.1 报告了以净收益(NI)作为利润的替代变量而完成的估计结果。毫不奇怪的是,在(a)—(f)的所有模型定式中,过去的股利决定对于当前股利变更的可能性,有着正的、统计上显著的影响。如果在前面的期间里股利增加(减少),在当前期间增加股利的可能性就高(低)。这确认了第六章得出的发现是稳定的,在第六章中我们发现面板数据模型中存在一个高度的正自回归参数估值。定式(a)表明,当前净收益对于股利增加的可能性,有着正的、统计上显著的影响($t=12.3$)。对表 7.1 中定式(a)—(c)的比较,使我们得以研究是否当前而不是过去的收益水平影响着股利政策决定。我们可以得出结论,当前而不是过去的收益水平{统计上不显著[参见定式(b)],或者符号错误[定式(f)]},影响着每股股利的变更。另外,将过去的收益水平一并纳入产生了更弱的拟合度(poorer fit)。定式(f)表明,股利变更的重要决定因素,不但包括收

---

[3] 在整个样本期间,有 208 个观察值由年度净收益亏损组成,80 个观察值由年度现金流亏损组成。

[4] 我们运用拉氏乘子(Lagrange multiplier)测试(参见 Davidson 和 MacKinnon 1984),对关于同方差(homoskedasticity)的零假设进行了检验。我们反驳了零假设。因而,这些模型的估计运用了均方差(multiplicative 异方差)(也就是,$\text{var}[\varepsilon_i] = [\exp(y'y_i^*)]^2$),即增加了另外的参数矢量(参见 Greene 2003:232—235),意在为程序提供一个解释。

表 7.1 降低、维持或者增加股利的决定的排序概率分析:一个净收益(NI)的模型

	(a)	(b)	(c)	(d)	(e)	(f)
固定样本 I :系数(标准误差)						
常量	0.915***	0.863***	0.942***	1.167***	1.209***	0.938***
	(0.068)	(0.070)	(0.074)	(0.079)	(0.082)	(0.075)
dD_{t-1}	0.087*	0.232***	0.128***	0.093*	0.096*	0.137***
	(0.049)	(0.048)	(0.048)	(0.049)	(0.048)	(0.049)
NI_t	0.723***	—	0.968***	0.402***	—	0.360***
	(0.059)		(0.064)	(0.074)		(0.080)
NI_{t-1}	—	−0.013	−0.554***	—	—	—
		(0.082)	(0.083)			
ΔNI_t	—	—	—	—	0.659***	0.628***
					(0.073)	(0.094)
NI 损失$_t$	—	—	—	−0.844***	−0.891***	—
				(0.142)	(0.134)	
固定样本 II :拟合优度						
Log-likel.	−1618.7	−1681.6	−1597.5	−1577.1	−1572.8	−1594.8
Pseudo R^2	4.7%	1.0%	6.0%	7.2%	7.4%	6.1%
R_p^2	50.6%	48.1%	50.4%	51%	51.9%	50.6%

注:如果股利降低,因变量等于0;如果股利维持,因变量等于1;如果股利增加,因变量等于2。样本包括221家工商业上市公司以及1984年至1993年间的会计数据。样本容量为在所有回归中的1655个观察值。净收益和净收益的变更已以以往年份中的权益账面价值所标准化。所有的定式都采用了均方差(multiplicative 异方差)。所有的模型定式都有统计意义,其P-value值<0.001。Pseudo R^2 紧随 McFadden(1974)。R_p^2 代表预计正确的百分比。

* 代表在10%水平上统计显著。
** 代表在5%水平上统计显著。
*** 代表在1%水平上统计显著。

益水平,而且还包括收益的变化。因而,与 Lintner(1956)以及 Fama 和 Babiak(1968)的原创性论文相一致的是,收益的当前水平及其变更,是作出转变股利政策决定的关键的决定性因素。

定式(d)和(e)揭示了一项重要的结果:纳入收益亏损虚拟变量,会改善模型的拟合优度(Goodness-of-Fit)。两个定式都表明,收益亏损变量的系数为负,而且其统计上的显著性低于 0.1%。此外,pseudo R^2 和 R_p^2(也就是预计正确的百分比)大于其他定式。因而,收益水平或者收益的变更并不是影响股利变更决定的唯一关键因素。负收益,无论其亏损面有多大,是变更股利决定的一个重

要因素。换言之,公告了一项年度亏损的公司,其削减股利的可能性要大得多。这一发现与 DeAngelo、DeAngelo 和 Skinner(1992:1845)相一致。在第四节中,我们致力于那些已确立正的收益记录轨迹却又遭致亏损的公司,重新研究这一发现。

二、现金流模型

表 7.2 报告了运用现金流而不是净收益对前面部分的同样的定式所进行的估计的结果。表格确认了以往股利的强大影响,并且表明,当前现金流以及现金流的变更,是做出转换股利政策的决定的关键决定性因素。以往的现金流显示出了与以往的收益同样的范式,也就是说,它们对今天的股利政策的预测力孱弱。然而,这里面存在两个主要的差别。虽然在离散选择模型中拟合优度的比较存在若干限制[5],但以下情形是正确的:净收益模型的 Pseudo R^2 和预计正确的百分比(R_p^2),在几乎所有的定式中,严格地支配着现金流模型的那些数值。第二个差别是现金流亏损虚拟变量的解释力。定式(d)表明,如果现金流亏损虚拟变量与当前现金流水平合并考虑,则前者在统计上就显著。然而,如果引入的是现金流的变更而不是现金流水平(定式(e)),则亏损虚拟变量不再具有统计上的显著性。我们得出结论,零现金流在盈利能力之间的关系方面,是一个更不具有指示性的"断点"(相较于第七章第三节第一部分)。[6]

---

[5] 参见 Aldrich 和 Nelson(1984)以及 Maddala(1983)。
[6] 虽然未报告于表格中,我们还是在一个有着滞后因变量的定式中,将当前净收益与当前现金流相合并。与前面章节的发现相类似的是,现金流变量的系数不再具有经济意义和统计意义。例如,当前现金流(虽然没有统计意义)对降低股利的可能性的影响,传递了错误的信号——现金流越多,股利降低的可能性越大,这显然与表 6.2 中的定式(b)相矛盾,尽管这可以用两个序列(关联系数为 0.48)的关联性来解释。净收益变量的系数与表 6.1 中定式(a)中系数相类似:它们有着相同的符号和相似的统计显著性。

表 7.2 降低、维持或者增加股利的决定的排序概率分析：一个现金流(CF)模型

	(a)	(b)	(c)	(d)	(e)	(f)
固定样本 I：系数(标准误差)						
常量	0.729***	0.889***	0.871***	0.853***	0.927***	0.891***
	(0.071)	(0.079)	(0.078)	(0.078)	(0.073)	(0.080)
dD_{t-1}	0.194***	0.234***	0.183***	0.173***	0.178***	0.188***
	(0.047)	(0.048)	(0.046)	(0.048)	(0.047)	(0.048)
CF_t	0.157***	—	0.551***	0.113***	—	0.011
	(0.034)		(0.047)	(0.037)		(0.039)
CF_{t-1}	—	-0.029	-0.499***	—	—	—
		(0.037)	(0.051)			
ΔCF_t	—	—	—	—	0.580***	0.613***
					(0.052)	(0.062)
CF 损失$_t$	—	—	—	-0.645***	-0.270	—
				(0.215)	(0.199)	
固定样本 II：拟合优度						
Log-likel.	-1667.6	-1681.2	-1632.1	-1660.3	-1623.7	-1625.0
Pseudo R^2	1.9%	1.1%	3.9%	2.3%	4.4%	4.4%
R_p^2	49.2%	48.1%	49.6%	48.5%	50.2%	49.9%

注：如果股利降低,因变量等于0;如果股利维持,因变量等于1;如果股利增加,因变量等于2。样本包括221家工商业上市公司以及1984年至1993年间的会计数据。样本容量为在所有回归中的1655个观察值。现金流(包含折旧的零分布收益和准备金的变化)和现金流的变更已为以往年份中的股权账面价值所标准化。所有的定式都采用了均方差(multiplicative 异方差)。所有的模型定式都有统计意义,其 P-value 值 < 0.001。Pseudo R^2 紧随 McFadden(1974)。R_p^2 代表预计正确的百分比。

* 代表在10%水平上统计显著。
** 代表在5%水平上统计显著。
*** 代表在1%水平上统计显著。

本部分的研究已经就利润如何影响着变更支付政策的决定,提供了初步的证据。虽然它已经确认了 Lintner(1956)的以下发现:当前收益是股利决定的关键决定因素,但它同时也指出,这一研究结果与 Lintner 的结果之间存在一个重大的分野:在预测力方面,收益亏损的出现,要大大高于当前收益和当前收益的变更。可能有人会主张,以上分析存在方法论问题。正如 Miller 和 Modigliani(1961:430)指出,那些采取了稳定的股利政策并且已建立长期股利记录的公司股利记录的公司,其股利政策的变更可能被解读为,管理人员对公司现金流未来前景的预测发生了变化。换言之,可以认为,关于何时作出转换股利政策的决定的分析,在那些已确立了以往股利和经营业绩记录的公司中,更具有相关性。如果管理人员已经推行了一项稳定的股利政策,然后决定加以改变,这一改变可能比那些业绩记录不稳定的公司所作的改变,包含更多的有价值信息。在第四节,我们把这一观点的实际含义导入离散选择模型框架中。

第四节 德国公司何时不发放或者削减股利?

DeAngelo、DeAngelo 和 Skinner(1992)集中关注在纽约股票交易所上市的、已确立了收益和股利支付记录的公司,并且研究了年度收益亏损对那些公司的股利政策的影响。他们选择年度收益亏损,是因为"……对于这类公司[有着成型的业绩]而言,亏损毋庸置疑地代表着实现的收益低。"(第 1840 页)另外,"……将这类公司的股利变更视为刻意的政策调整,更为可靠……"(第 1840 页)。在本部分,我们采取了类似的方法。

一、不发放股利,削减股利和收益亏损

我们首先将样本期间分为两个五年期:1984 年至 1988 年,以及 1989 年至 1993 年。在我们前面描述的由 221 家德国公司组成的样本中,189 家公司在 1984 年至 1988 年有着严格为正的收益和股利的业绩记录。1984 年至 1993 年这一期间特别适合做此类分析,因为它先是一段经济繁荣期,然后是一段经济萧条期。德国的数据确认,在 1984 年至 1988 年,德国公司产生亏损的例子,比随后的五年要少得多。特别是大量的公司在 1991 年和 1992 年遭受了损失。我们将 189 家样本公司分为两组。第一个样本 N_1,由在 1989 年至 1993 年间至少存在一个年度净收益亏损的公司组成:71 家公司被纳入这一类型。第二个样本 N_2,由在同样期间内有着严格为正的收益和股利的 118 家公司组成。

表 7.3 报告了两个样本 N_1 和 N_2 中,股利削减、不发放股利、股

利增加和股利维持的频次。在亏损样本(N_1)中,我们考察了在 1989 年至 1993 年间的首个亏损年份里,每股股利发生了什么变化,因此有 71 个观察值。在盈利样本(N_2)中,表格报告了在 1989 年至 1993 年间的每一年份里,这些公司每股股利的情况(有 568 个观察值)。

表 7.3 股利变更:(1) 在 1989—1993 年间至少存在一个年度亏损的 71 家公司(N_1),以及(2) 1989—1993 年间有着严格正收益的 118 家公司(N_2)

	观察值的数量	股利变动的情形(%)			
		削减	不发放	增加	维持不变
亏损公司	71	8(11.3)	57(80.3)	1(1.4)	5(7)
盈利公司	568	77(13.6)	4(0.7)	244(43)	243(42.8)

注:N_1 和 N_2 在 1984 年至 1988 年间都有着严格正收益和股利。股利削减是指股利的部分削减,而不发放股利则代表着 100% 的股利削减。对于 N_1,我们显示了在首个收益亏损年份里的股利削减、不发放股利和股利维持不变的数量。因而,我们得到了 71 个观察值。对于 N_2,我们给出了股利削减、不发放股利、增加股利和股利维持不变的占 1989 年至 1993 年间观察值总量的频次。

表格揭示了令人吃惊的事实:N_1 样本中有 57 家公司(80.3%)在其首个收益亏损年度里不发放股利。只有 8 家公司部分削减股利,5 家维持股利不变。这可以与盈利公司的样本形成对比,其中我们发现只有 4 家公司(N_2 的 0.7%)不发放股利,77 家公司(13.6%)削减股利。因而,发生年度亏损,无论其大小,都对做出不发放股利的决定有着相当大的解释力。我们观察到,在公司经历了至少五年稳定经营和严格为正的股利期间后首次发生亏损的年份里,其管理人员会毫不迟疑地拒不发放股利。

我们的结果与对美国数据的两份研究结果,形成了鲜明的对比。DeAngelo、DeAngelo 和 Skinner(1992) 发现,对由在纽约证券交易所上市的 167 家亏损公司和 440 家盈利公司组成的样本的研究,其结果迥然相异。在亏损公司样本中,他们报告称 51% 的公司(也就是 85 家公司)降低了股利,相反只有 15% 的公司(25 家公司)不发放股利。DeAngelo 和 DeAngelo(1990) 研究了以下 80 家在纽约证券交易所上市的公司的股利政策调整:在 1980 年至 1985 年间至少三年亏损,但在其首次亏损之前的年份里经营业绩为正

(positive performance)。对相对于不发放股利的股利削减决定所进行的 logit 分析表明,"……股利历史悠久的公司的管理人员,尤其不愿意不发放股利"(第 1428 页)。因而,德国公司亏损之后将股利政策向下调低的灵活性,看起来比美国公司大得多。

二、不发放股利的决定的概率分析

现在,我们来正式检验在以下场景中做出的不发放股利的决定:公司拥有成型的正收益和股利的历史业绩,并且遭受了负面打击从而使净收益严重恶化。在这种情况下,管理人员会变更股利政策吗?股利政策的多大变更,可以被解释为收益的变化?以及多大程度上的变化?我们运用排序概率分析法来研究这些问题。

表 7.4 报告了对以下决定的排序概率分析结果:不发放股利的决定($dD = 0$),削减股利的决定($dD = 1$),以及增加/维持股利的决定($dD = 2$)。表格进一步使我们从第七章第四节第一部分获得的发现的有效性呈现出来。遵循 DeAngelo、DeAngelo 和 Skinner(1992)的研究,我们集中关注以下样本:(1) 71 家公司,其事件年与其在 1989—1993 年间亏损的首个年度相符;以及(2) 107 家公司,其中事件年是首个收益下降的年份,而此后接踵而至的是 1989—1993 年期间的严格正收益。因而,我们拥有 178 个观察值。因变量是在 t 期间的净收益,从 $t-1$ 至 t 期间的净收益的变化,以及一个亏损虚拟变量,如果在 t 期间发生净收益亏损,则该变量等于 1。前面两个变量都被以往期间里的权益账面价值所标准化。

表 7.4 中的定式(a)—(c)报告了单变量回归结果。如果将它们分别考虑,则这所有的三个变量都对于相对于不发放股利的削减股利以及维持/增加股利的可能性,在统计上显著。然而,对这些量度方法的拟合优度的比较表明,有着收益亏损虚拟变量的定式(c),拥有在根本上主导着定式(a)和定式(b)的拟合度。另外,拥有净收益和亏损虚拟变量(未予报告)的定式,相较于定式(c)而言,并没有使得回归结果得到明显的改善。在未予报告的定式中,净收益变量的系数拥有数值仅仅为 1.77 的 t 比率(t-ratio),

表 7.4 1989—1993 年间亏损和非亏损公司不发放、削减或者维持/增加股利的决定的排序概率分析:一个净收益模型

	(a)	(b)	(c)	(d)
固定样本 I :系数(标准误差)				
常量	0.692***	1.175***	1.692***	1.686***
	(0.159)	(0.153)	(0.225)	(0.255)
NI_t	0.390**	—	—	0.277
	(0.185)			(0.250)
DNI_t	—	1.570***	—	0.619***
		(0.210)		(0.244)
NI 损失$_t$	—	—	−2.355***	−1.890***
			(0.251)	(0.337)
固定样本 II :拟合优度				
Log-likel.	−163.7	−150.7	−116.3	−109.1
Pseudo R^2	10.3%	17.5%	36.3%	40.2%
R_p^2	55.6%	62.4%	76.4%	76.4%

注:如果不发放股利,因变量 dD 等于 0;如果股利削减至一个严格正水平,则因变量 dD 等于 1;如果股利增加或者维持不变,因变量 dD 等于 2。样本包括(1) 71 家公司,其事件年与其在 1989—1993 年间亏损的首个年度相符;以及(2) 107 家公司,其中事件年是首个收益下降的年份,但这些公司在 1989—1993 年间有着严格正收益。因而就有 178 个观察值。收益及收益的变更已被此前一年的权益账面价值所标准化。所有的定式都采用了均方差(multiplicative 异方差)。所有的模型定式都有统计意义,其 P-value 值 < 0.001。Pseudo R^2 紧随 McFadden(1974)。R_p^2 代表预计正确的百分比。

* 代表在 10% 水平上统计显著。
** 代表在 5% 水平上统计显著。
*** 代表在 1% 水平上统计显著。

这与亏损虚拟变量的系数形成对比,后者在统计上高度显著($t = -5.9$)。当加入净收益的变化而不是净收益时(未予报告),我们得到了一个类似的范式。我们对拟合优度的测量表明,这一定式几乎没有(即使是有一些)改善与定式(c)有关的回归结果。[7] 相较于定式(c)的 Pseudo R^2 的略微增长,反映了以下事实: Pseudo R^2 并未因为增加了外生变量的数量而遭到惩罚(penalty)

---

[7] 参见 Goergen 和 Renneboog(2003)关于其他定式的详细分析。

(即 R^2 降低)。[8] 最后,定式(d)引入了所有的三个变量。亏损虚拟变量仍然在统计上显著,而净收益则在统计上不显著。然而,净收益的变更仍然高度显著。虽然未报告于表7.4中,我们对一个仅仅具有净收益和净收益变更的模型进行了估计。我们再次发现,净收益变更变量的参数在统计上显著,而净收益变量的参数则在统计上不显著。

作为对这些结果的稳定性的检验,我们以同样的因变量但在略微不同的样本之上,再次检验了排序概率回归。现在这一样本包含(1) 71 家公司,其事件年与其在1989年—1993年间亏损的首个年度相符;以及(2) 118家公司,其事件年是首个净收益或现金流下降的年份,但公司在1989年—1993年间有严格正收益和现金流。[9] 对不同定式的样本(包括一个包含着现金流和净收益的定式所组成的样本)的估计,呈现于表7.5中。

在所有三个定式中,无论我们引入现金流、净收益还是两者兼而有之,收益亏损虚拟变量的解释力依然未予触及(remains intact)。亏损虚拟变量系数的最低 t 比率(t-ratio)是 $t=-2.13$(定式(a))。当我们在有着亏损虚拟变量的定式(定式(c))中引入现金流和净收益时,亏损虚拟变量的系数高度显著,其 t 比率为 -6.5。定式(a)和定式(c)表明,对于相对于不发放股利的股利削减决定,净收益的大小在统计上不显著。这与我们从第七章第三节第二部分中获得的结果形成反差,从中我们报告了由净收益得出的结果比现金流更为有力。对此,一种似是而非的解释是,在这一场景下引入亏损虚拟变量,掏空了净收益水平的大多数解释力。

总而言之,压倒性的证据表明,年度收益亏损对于德国公司的股利政策具有解释力。年度亏损对于不发放股利的决定的影响越来越大,已经超过了收益下降和现金流减少。本部分完成的实验

---

[8] 参见 Aldrich 和 Nelson(1984:57)。
[9] 由于一些公司的净收益下降的年份与现金流下降的年份并不吻合,所以这些公司有两个事件年,也因此而存在221个观察值。

已经确证了第七章第三节得出的结果,并且表明,年度亏损导致了不发放股利而不仅仅是股利的削减。

表 7.5 1989—1993 年间亏损和非亏损公司不发放、削减或者维持/增加股利的决定的排序概率分析:一个现金流和净收益模型

	(a)	(b)	(c)
固定样本 I:系数(标准误差)			
常量	0.928***	1.416***	1.394***
	(0.195)	(0.211)	(0.217)
NI_t	0.216	—	0.197
	(0.179)		(0.271)
CF_t	—	0.291***	0.247***
		(0.082)	(0.091)
NI 损失$_t$	-0.601**	-2.140***	-2.010***
	(0.282)	(0.232)	(0.310)
固定样本 II:拟合优度			
Log-likel.	-179.1	-139.5	-139.3
Pseudo R^2	18%	36.1%	36.2%
R_p^2	63.8%	76.9%	76.9%

注:如果不发放股利,因变量 dD 等于 0;如果股利削减至一个严格正水平,则因变量 dD 等于 1;如果股利增加或者维持不变,因变量 dD 等于 2。样本包括(1) 71 家公司,其事件年与其在 1989—1993 年间亏损的首个年度相符;以及(2) 118 家公司,其事件年是首个净收益或现金流下降的年份,但公司在 1989—1993 年间有严格正收益/现金流。有 221 个观察值。收益和现金流(包含折旧和准备金的零分配利润)已为以往年份中的权益账面价值所标准化。所有的定式都采用了均方差(multiplicative 异方差)。所有的模型定式均显著,其 P-value 值 < 0.001。Pseudo R^2 紧随 McFadden(1974)。R_p^2 代表预计正确的百分比。

* 代表在 10% 水平上统计显著。
** 代表在 5% 水平上统计显著。
*** 代表在 1% 水平上统计显著。

三、首个亏损年份及做出不发放股利决定的前后的收益表现

Healy 和 Palepu(1988:161)报告,不发放股利的公司在不发放股利及此前的年份里,其收益下降在统计上显著。另外,他们报告

称,在不发放股利之后的三年中,收益得到了改善。作者(第163页)认为,"考虑到市场对不发放股利公告的强大的负面反应,这一发现令人疑惑不解。"类似的,DeAngelo、DeAngelo 和 Skinner(1992,表Ⅳ)发现,降低股利的亏损公司在亏损当年及此前的年份里,比没有降低股利的亏损公司,其亏损额要低得多。他们还发现,降低股利的亏损公司,亏损后一年的收益改善在统计上显著。由此,DeAngelo、DeAngelo 和 Skinner(1992)对 Healy 和 Palepu(1988)关于不发放股利之后的收益改善的疑虑,得出了一个似是而非的解释:"……股利削减决定反映了当前及将来预期收益的低水平,而不是简单的收益逐年变化(第1849页)。我们的数据中不发放股利的频繁出现也能够反映以下事实:德国公司的管理人员正在对收益问题的预期韧性做出反应。这一假说也与 Modigliani 和 Miller(1958:288)相一致,后者主张,"……股利的作用,在于它是预测长期收益的一项替代计量"。

在以上论争之后,我们对不发放股利与既往、当前和未来持续性的不良表现有关的假说,进行了检验。为此,我们对71家公司组成的样本(N_1)进行了二项概率分析,这些公司的事件年是五年或者更长时间的严格正收益和股利支付之后的1989年至1993年间首个亏损年份。由于15家公司在1993年发生了年度亏损,我们还收集了关于未来收益和股利(也就是1994年)的会计信息。三家公司在发生首个年度亏损之后的两年内走向破产。

表7.6报告了概率的估计结果,如果不发放股利的话,这些概率的因变量等于1,否则因变量则等于零。解释性变量是在 $t-2$、$t-1$、t 和 $t+1$ 期间的净收益水平,其中 t 代表首次亏损的年份(分别被称为 NI_{t-2}、NI_{t-1}、NI_t 和 NI_{t+1})。遵循 DeAngelo、DeAngelo 和 Skinner(1992),NI_{t+1} 被用作测度管理人员在做出股利决定那一年对未来收益的预期的替代变量。然而,应当注意的是,引入这一变量可能会面临严重的内在性问题。在第二节(第六章)中,我们认为,Lintner(1956)方程式(6.5)也可以通过运用"适应预期模型"来获得。支撑着这一模型的核心假说是,当前股利是长远预期收益

的一项函数。如果这一见解是正确的,则将 NI_{t+1} 加诸于我们的概率模型并不会增加任何额外的信息,因为当前股利已经表明了管理人员对未来收益的预期。并不存在简单易行的方法可以回避这一内生性问题,除非我们能够加入一些信息,例如,加入分析师关于公司未来收益的预期以及样本期间无法获得的信息。尽管如此,我们仍然加入了这一变量,以实现将 DeAngelo、DeAngelo 和 Skinner(1992)对美国的分析进行复制这一目标。

表7.6 中的所有系数均显示负的符号,这意味着净收益更高

表7.6 关于不发放股利和亏损年份前后净收益困难的持久性和深度之间关系的二项概率分析

	(a)	(b)	(c)	(d)	(e)
固定样本Ⅰ:系数(标准误差)					
常量	1.369***	1.326***	0.811**	1.158***	0.705
	(0.448)	(0.404)	(0.415)	(0.302)	(0.495)
NI_{t-2}	−0.145	—	—	—	—
	(0.953)				
NI_{t-1}	—	−0.377	—	—	−0.185
		(1.194)			(1.181)
NI_t	—	—	−1.303*	—	−1.073
			(0.791)		(0.729)
NI_{t+1}	—	—	—	−0.526	−0.663
				(0.357)	(0.457)
固定样本Ⅱ:拟合优度					
Log-likel.	−36.6	−36.6	−34.5	−35.2	−33.7
Pseudo R^2	0.01%	0.01%	5.8%	3.9%	7.9%
R_p^2	78.9%	78.9%	78.9%	77.5%	78.9%
意义的层次(%)	0.880	0.915	0.074	0.096	0.124

注:如果不发放股利,因变量等于1;否则因变量等于0。样本包括71家公司,这些公司的事件年与五年或者更长时间的严格正收益和股利支付之后的1989年—1993年间首个亏损年份相符。因而有71个观察值。在 $t-2$、$t-1$、t 和 $t+1$ 期间的净收益(其中 t 是发生年度亏损的年份)已被过去一年的权益账面价值所标准化。标准误差强于 White(1980)之后的方差(异方差)。Pseudo R^2 紧随 McFadden(1974)。R_p^2 代表预计正确的百分比。

* 代表在10%水平上统计显著。
** 代表在5%水平上统计显著。
*** 代表在1%水平上统计显著。

的水平,降低了不发放股利的可能性。然而,所有的定式普遍拥有一个非常低的 Pseudo R^2,这反映了参数估计值的在统计上相对不显著。在 $t-2$ 至 $t-1$ 年间的净收益并不高,这一点在第七章第三节中有所报告。当前净收益只有到 10% 的水平,才会在统计上显著,而产生年度亏损一年后的净收益,与不发放股利并不在统计上显著相关。与 DeAngelo、DeAngelo 和 Skinner(1992)相反的是,我们拒绝了以下无效假说:不发放股利的公司存在持续性的净收益困难。

我们估计了相同现金流而不是净收益定式,发现一个略微不同的范式:两年前以及亏损年份前一年的更高的现金流,与不发放股利的更低的可能性显著相关。在亏损年份的一年之后的现金流中,发现了类似的范式。然而,当以往、当前和未来的现金流被联合进行估计时,其影响便不再显著,这再次表明,在不发放股利和公司深入而持久的糟糕业绩之间,存在孱弱的相关性。

四、这些结果如何与 *Lintner-Miller-Modigliani*(*L-M-M*)相比较?

我们已经发现了与一项重大事实相一致的证据:那些在历史业绩优良之后遭受年度净收益亏损的公司,不发放股利的情形占到压倒性的多数。不发放股利并没有与更高程度且更为持久的收益问题以及未来恶化的业绩相关。我们的结果与 Fischer、Jansen 和 Meyer(1975)关于德国公司股利做法的调查相一致,后者表明股利并未从公司的储备金中支付。

我们的结果与基于 L-M-M 的预测形成鲜明对比,这一预测是,如果收益的下降并不持久,股利会缺乏弹性地下跌(downwards inflexible)。另外,德国的公司在遭受当期亏损时偏好于不发放当期股利表明,相较于美国而言,股利作为信号机制的作用更为孱弱。如果正如 Modigliani 和 Miller(1958,1959)所言,股利会传递关于公司前景的信息,则不发放股利的情形,只有在管理人员对公司未来的价值感到悲观的情况下才会发生。在那一框架之下,Healy 和

Palepu(1988)提供了经验证据以表明,股价对宣布不发放股利的异常反应,与股利宣布当年及其后的公司收益的变更是相关的。我们的结果表明,德国的公司在业绩暂时恶化时,会毫不迟疑地降低股利。因而,确定德国公司的股利支付在多大程度上恢复到不发放股利和削减股利之前的水平,是很有趣的。

第五节 不发放和削减股利之后的股利反弹

在本节中,我们对不发放或者削减股利之后的增加股利的决定进行分析。当收益暂时下降时股利向下变动的灵活性,可能与收益恢复时类似的股利向上变动的灵活性相媲美。如果不存在类似的向上变动灵活性,人们可能料想德国公司长期的支付率会持续下降。我们集中关注股利削减和不发放股利的后果,并且讨论以下两个问题:(1)公司在削减或不发放股利之后,分别需要几年来增加或者开始股利的发放?以及(2)在它们增加或重新发放股利时,相对于削减或者不发放股利之前的支付率,增加或者重新发放股利的平均支付率是多少?

我们以考察与不发放股利相关的股利行为为起点。为此,我们构建了一个由1985—1991年间不发放股利的所有公司组成的样本,这样我们就能研究五年期限,始于不发放股利前一年,终止于不发放股利后三年。在221家公司中,我们发现满足这一标准的61家公司产生了63个观察值,因为两家公司在这一期间两次不发放股利。事件年t是不发放股利的年份。根据定义,在$t-1$年份里,这一样本中的公司支付了严格正股利。

表7.7报告了许多重大事实。第一,固定样本 I 表明,几乎56%的公司在不发放股利之后的两年内采取了严格正支付政策,28.6%的公司仅仅在一年之内即采取了这一政策。只有35%的公司用了超过三年的时间来重新开始股利支付。第二,在t之后的第一个两年,绝大多数的公司恢复到了不发放股利之前的股利水平。的确,我们可以从固定样本 II 中看到,在$t+1$和$t+2$期间当公

表 7.7 不发放股利之后的股利反弹

t 之后一年	t 之后二年	t 之后三年	t 之后超过三年
固定样本 I：启动股利发放的公司的数量（比重）			
18(28.6%)	17(27%)	6(9.5%)	22(34.9%)

	t 之后一年	t 之后二年	t 之后三年
固定样本 II：在公司启动股利发放前后的平均（中等）税前股利（德国马克）			
$t-1$	10.5(8.2)	9.4(9.4)	13.6(11.7)
t	0(0)	0(0)	0(0)
$t+1$	8.8(8.6)	0(0)	0(0)
$t+2$	—	10.2(6.3)	0(0)
$t+3$	—	—	16.05(14.85)

注：样本包括 61 家公司。事件年是 1985—1991 年间公司首次不发放每股股利的年份。由于在这一分析期间有两家公司两次不发放股利，所有就有 63 个观察值。t 代表在至少一年的严格正支付之后首个不发放股利的年份。

司重新启动股利的发放时，其支付的税前平均每股股利，类似于在 $t-1$ 年间所支付的。第三，这些结果并非由以下事实所引起：在 $t-1$ 期间税前每股股利相对较低，它们也类似于 221 家公司在 1984 年至 1993 年间支付的每股税前平均股利，后者为 12.3 德国马克（表 6.2，第六章）。

接下来，我们集中关注股利被削减为仍然为正的水平。我们创建了一个由在 1985 年至 1991 年间削减股利的所有公司所组成的样本，这样我们就能够研究 t 这一削减股利的年份前后五年的时间窗口。在 221 家公司中，我们发现有 62 家公司满足这些标准。[10]

表 7.8 显示了一种与从不发放股利之后股利反弹的观察中获得的相类似的模式，即股利削减之后恢复迅速。固定样本 I 显示，78% 的公司在 t 年削减股利之后的两年内，增加了股利。整个样本中只有 24% 的公司用了超过两年的时间来增加每股股利。固定样

---

[10] 如果我们将八个削减股利的公司纳入，样本公司将达到 70 家。在 $t-1$ 年份里，这八家公司支付了"特别派发的股利"，但在其后的年份中这一股利却未能得到维持。

本Ⅱ比较了股利削减之前和之后的平均税前股利。在股利削减之后的年份里增加股利的公司,几乎都恢复到了 $t-1$ 年份里的股利支付水平。新的股利支付水平与原股利支付水平之间的比率,高达90%。

表7.8 削减股利之后的股利反弹

t 之后一年	t 之后二年	t 之后三年或更长时间
固定样本Ⅰ:启动股利发放的公司的数量(比重)		
31(50%)	16(25.8%)	15(24.2%)
	t 之后一年	t 之后二年
固定样本Ⅱ:在公司增加股利前后的平均(中等)税前股利(德国马克)		
$t-1$	17.6(15.6)	18.0(16.1)
t	11.1(9.4)	11.9(10.2)
$t+1$	15.9(12.1)	11.5(9.4)
$t+2$	—	14.0(12.1)

注:样本包括62家公司和62个观察值。事件年是1985年—1991年期间公司首次将股利降低至仍然为正的水平的年份。t 代表在至少一年的严格正支付之后首个削减股利的年份。

总而言之,我们观察到了大多数德国的公司,其不发放股利和部分削减股利的行为,与这些公司的股利支付政策迅速回归于其不发放股利或者削减股利之前的水平相关。假定在一年的糟糕业绩导致了股利削减或者不发放股利之后的 $t+1$ 年份里,公司业绩显著改善,则股利增加或者重新发放股利就可以期待。这表明,在德国的公司中,股利政策的变更非常迅速,并且密切遵循着收益模式。我们的证据与Lintner(1956:103)关于如果收益暂时下降则公司不愿降低当前股利的预测背道而驰。它还与Modigliani和Miller(1958:288)关于股利是收益预测的良好替代变量的假设相悖。

第六节 总结

在本章中,我们运用了离散选择方法,来为德国公司的股利决定建立模型。我们集中关注的是过去、当前和未来的利润是如何影响股利变更的时机,而不是股利变更的数量。为此,我们运用了离散选择模型,这一模型测度了公司向上或者向下调整股利政策的可能性。这一模型策略的基本原理是双重的:(1)我们将时间序列每股股利的大范围的离散性考虑在内,这表明或许 Lintner 类型的动态面板数据估计模型,可能并不是研究德国公司股利行为的妥当的模型;以及(2)检验用于德国公司的股利信号理论。

我们开始先表明,收益底线是德国公司何时变更股利的关键决定因素,这一发现与 Lintner(1956)相一致。现金流被用于矫正计算收益数额方面的会计保守主义,并且用于检验股利变更的现金流解释。我们发现,现金流也是变更股利决定的重要决定因素。

本章还突出强调了德国股利政策的两个特点,这两个特点并未在 Lintner(1956)以及 Miller 和 Modigliani(1961)框架之内得到阐述。首先,我们观察到净收益水平并不是股利削减或不发放股利的主要决定因素。事实上,年度亏损的出现比亏损多少本身具有更高的解释力。我们发现,有着至少五年正收益和股利的公司中,80% 的公司在亏损年份不发放股利,而无论收益的亏损多少,以及历史和未来的收益如何。其次,德国的公司迅速地将股利水平恢复至不发放股利或者削减股利之前的水平。我们发现,不发放股利的德国公司中,仅仅在两年之内,半数以上的公司就重新恢复到了不发放股利之前的股利支付水平。类似的范式适用于股利的削减。这些发现与 Lintner(1956)以及 Miller 和 Modigliani(1961)的以下预测形成了对照:只有在管理人员相信这些股利在短期内无须转回的情况下,股利才会发生变更。

虽然我们没有在第六章中找到足够的证据来反驳 Lintner(1956)的公司股利模型,本章所采用的离散选择方法已经表明,Lintner 模型无法完全令人满意。特别是,这一模型没有包含盈利能力暂时恶化的德国公司的股利行为。Lintner 模型描述的是组织健全、业绩良好的(德国)公司的股利政策,而不是那些盈利能力面临突然性暂时下降的公司的股利政策。我们的发现与 DeAngelo、DeAngelo 和 Skinner(1992)不一致,后者报告称,美国的公司在当前亏损更高以及预期未来的收益问题将持续存在的情况下,更可能降低股利(这些发现与 Miller 和 Modigliani 1961 的预测相一致)。

这些结果可以根据股利政策的信号理论来进行解读。德国公司经常不发放和削减股利,以及迅速恢复到不发放或者削减股利之前的水平的事实表明,股利并没有传递(许多)关于公司价值的信息。例如,这就与 Kalay(1980)的见解形成了对比,后者主张管理层不愿削减股利是股利政策富有信息含量的必要条件。

第八章　股利政策、公司控制权与税负顾客效应

第一节　引言

在本章中,我们对控制权的水平及控制权的变更对德国股利政策的影响展开研究。关于股利政策和所有权的关系的经验证据颇为罕见,并且主要集中于所有权和控制权分散的国家,例如美国和英国。至于持股集中的公众公司的股利政策,则鲜为人知。因此,由于以下两个原因,对德国公司的研究就显得趣味盎然。第一,在公司的股利支付政策方面,德国迥异于英国或美国。例如,第六章表明,德国的公司将更小部分的现金流作为股利来支付。另外,第七章表明,在公司业绩暂时恶化的情形下,德国的公司更不愿削减和不发放股利。第二,公司的所有权和控制权通常集中于一个大股东手中。这就提出了一个有趣的问题:股利模式反映了控制权结构吗?本章提出的(以及第四章中总结的)假设集中于以下主题:股利和所有权或控制权的集中发挥着替代性的监督和信号作用。因而,不同形态的控制权可能会产生不同的股利支付和股利政策方面的制度设计。

我们运用了前面数章中描述的两个计量经济学工具:控制着公司间未观察的非齐性、年特殊效应和利润的股利模型,以及关于股利变更决定的定性模型。以下是本章的结构安排。第二节描述了数据和方法。我们对由221家 TABLE 德国工商业上市公司组成的样本,进行了概括统计。由于"金字塔式"(也就是公司通过若干层次的中介投资公司来控制表决权股份这一事实)是德国体制的

一大特色,我们对第一层次以及最终的控制权,提供了一套描述性的统计分析。随后,我们展示了不同的控制权范式的股利支付率。第三节总结了股利、收益和公司控制权之间关系的回归结果。我们运用了与第六章相类似的动态面板数据模型,但引入了解释控制权的变量。在第四节中,我们研究了最终的控制权形态各不相同的德国公司何时变更它们的股利政策。我们主要关注公司不发放股利的决定,因为我们对此的研究结果与对美国的研究结果截然相反。在第五节中,我们研究了银行通过代理投票而发挥的影响是否为股利的一个重要决定因素这一问题。在第六节中,我们调查了控制权结构的复杂性是否影响了股利政策。我们还检验了投资者在税收方面的考虑是否构成了股利模式的富于影响力的因素。第七节对本章的发现予以总结。

图 8.1 "金字塔"结构示例

注:A 公司是我们样本中的一家公司。在金字塔的第一层级,它由 B 公司所控制(B 公司持有其 51% 的表决权股份),后者可以是上市或非上市公司。在下一层级,我们发现 B 公司由 C 公司所控制(C 公司持有其 51% 的表决权股份),后者又可以再是上市或非上市公司,但在这一情形下,它是分散持股的。最终,C 公司控制了 A 公司。

第二节 数据和方法

一、数据和所有权模式

我们运用了与第六章所用的相同的样本,该样本由 221 家德国工商业上市公司组成。我们收集了 1984 年至 1993 年间 *Hoppenstedt—Sailing Aktienführer* 披露的有关表决权股份的持股信息。控制着 25% 以上表决权的大股东被划分为以下八类:家族或者个人、德国的银行、德国的工业或商业公司、德国的保险公司、德国(地方或联邦)国家机构、外国机构和公司、德国产业或金融控股公司以及基金(*Stiftungen*)。德国公司所有权结构的一个重要特色是,经常出现复杂的控制权结构(例如,参见 Adams 1994;Franks 和 Mayer 1995,2001;Becht 和 Boehmer 2002)。[1] 上市公司可以被其他公司所控制,而后者则又可以被家族或者个人、银行、国家机构等控制,或者可以是持股分散的公司。在图 8.1 中,最终的控股股东是 C 公司,它是一个持股分散的公司。

我们收集了第一层级以及最终的控制权方面的数据。作为对来自于 *Hoppenstedt-Sailing Aktienführer* 的有关股东数据的补充,我们还运用了 *Commerzbank-Wergehört zu Wem*,后者是每隔三年出版的一部手册,包含对市值总额至少为 € 0.51m(DM1m.)的、大约 11000 家更大型的德国公司之间交叉持有的股份的调查。在居于中间层级的公司由于为私人所有而未能被 *Hoppenstedt—Sailing Aktienführer* 所引用的情况下,这一手册特别有用。但它的缺点是没有涵盖公告期之间的公司所有权和控制权变更的时点。因而,为了使这一问题变得最小,我们在我们的回归中运用了控制权的

---

[1] Franks 和 Mayer(1995)、Renneboog(2000)以及 Nicodano(1998)分别记载了法国、比利时和意大利的复杂的控制权结构。这表明,复杂而集中的持股结构是欧洲大陆资本市场的一个共同特色(参见 Barca 和 Becht 2001);反之,简单、分散的所有权结构则普遍存在于英国(Goergen 和 Renneboog 2001)和美国(La Porta 等人,2000)。

第八章 股利政策、公司控制权与税负顾客效应

滞后测算值(参见第八章第三节第一部分)。

如果在我们的样本中,(1) 没有股东持有 A 公司至少 25% 的表决权股份;或者(2) 第一层级的股东是一家银行或保险公司、德国政府、一家外资公司或机构,或者是一个家族,则 A 上市公司的最终控股股东据称将位于第一层级。在其他情况下,最终的股东居于更高的层级,而当我们到达了可以满足以上两个条件之一的层级,或者我们发现这家公司持股分散时,也就抵达了这一层级。如果我们在特定的层级上抵达这一持股分散的公司时,我们就称最终的控制权存在于这一公司(而且在这一层级)。图 8.1 即用以说明这一观点:我们将 C 公司看作是 A 公司的最终股东。我们可以声称,母公司 C 通过金字塔的不同层级控制着其子公司 A。

在表 8.1 中,我们分别分析了我们样本中 1984 年、1989 年和

表 8.1　德国 221 家工商业上市公司在 1984 年、1989 年和
1993 年的第一层级和最终的控制权

	第一层级的控制权				最终层级的控制权			
	≥25%		≥50%		≥25%		≥50%	
	%	数量	%	数量	%	数量	%	数量
固定样本Ⅰ:1984								
A. 持股分散	15.4	28	45.6	83	15.9	29	46.2	84
B. 持股集中,最大的股东是:								
1. 家族	25.8	47	19.8	36	33.0	60	24.7	45
2. 工/商业公司	25.8	47	18.7	34	11.0	20	8.2	15
3. 政府	4.4	8	3.3	6	7.7	14	5.5	10
4. 银行	12.1	22	2.7	5	15.9	29	5.5	10
5. 保险公司	0.5	1	0	0	1.1	2	0	0
6. 外资公司/机构	6.0	11	4.9	9	8.2	15	7.1	13
7. 控股公司	9.3	17	4.4	8	0	0	0	0
8. 基金	0.5	1	0.5	1	1.6	3	1.1	2
9. 不详	0	0	0	0	5.5	10	1.6	3
总计	100	182	100	182	100	182	100	182
固定样本Ⅱ:1989								
A. 持股分散	15.8	35	41.2	91	16.3	36	41.6	92
B. 持股集中,最大的股东是:								
1. 家族	26.7	59	22.6	50	36.2	80	29.4	65
2. 工/商业公司	27.6	61	19.5	43	10.0	22	7.2	16
3. 政府	3.6	8	3.2	7	6.3	14	5.0	11

（续表）

	第一层级的控制权				最终层级的控制权			
	≥25%		≥50%		≥25%		≥50%	
	%	数量	%	数量	%	数量	%	数量
4. 银行	8.6	19	2.7	6	12.2	27	5.0	11
5. 保险公司	0.5	1	0	0	0.5	1	0	0
6. 外资公司/机构	6.3	14	4.1	9	9.5	21	7.2	16
7. 控股公司	9.5	21	5.4	12	0.9	2	0	0
8. 基金	1.4	3	1.4	3	2.7	6	1.8	4
9. 不详	0	0	0	0	5.4	12	2.7	6
总计	100	221	100	221	100	221	100	221
固定样本Ⅲ:1993								
A. 持股分散	14.9	31	39.4	82	15.9	33	39.9	83
B. 持股集中,最大的股东是:								
1. 家族	22.1	46	16.3	34	32.7	68	25.0	52
2. 工/商业公司	33.7	70	26.4	55	12.0	25	9.6	20
3. 政府	4.3	9	3.4	7	8.7	18	6.3	13
4. 银行	7.7	16	2.4	5	10.1	21	3.8	8
5. 保险公司	1.9	4	0	0	1.9	4	0	0
6. 外资公司/机构	5.3	11	5.3	11	10.6	22	10.6	22
7. 控股公司	9.1	19	5.8	12	0.5	1	0.5	1
8. 基金	1.0	2	1.0	2	1.9	4	1.4	3
9. 不详	0	0	0	0	5.8	12	2.9	6
总计	100	208	100	208	100	208	100	208

注:持股分散的公司,是指不存在控制着不低于25%（或者50%）的表决权股份的股东的公司。持股集中的公司系根据其控股股东的种类而做出的类分。在十年期间,样本的规模变动不居,因为我们样本中的一些公司在整个样本期间没有上市,而一些公司则被私有化或者破产（参见第六章更进一步的细致分析）。

1993年的公司控制权结构。根据其第一层级和最终层级的大股东的类型,221家公司被作了类分。另外,我们运用了两个表决权股份的门槛要求:25%和50%。例如,固定样本A描述了1984年的控制权的状况。它表明,在第一层级中可以发现,家族和公司都属于至少持有25%表决权股份的最大类型的股东,在我们样本中它们持股25.8%,各有47家公司。上面的表格确认了现在被认为是众所周知的、关于德国公司治理的类型化事实:绝大多数德国上市公司由一个单一的大股东所控制;而且在绝大多数情况下,这些大股东是其他公司或者家族（参见 Edwards 和 Fisher 1994；Franks 和 Mayer 1995, 2001；Gorton 和 Schmid 2000；以及 Köke 的类似结论）。

表 8.1 表明,无论是在最终层级还是在第一层级,家族作为最大股东的能量,在 1984 年至 1993 年的十年间几乎始终没有改变,虽然在每一种类中,大的股权份额可能会易手(Jenkinson 和 Ljunqvist 2000)。而银行拥有的控制权的重要性略有下降。例如,在 1984 年,银行是 12.1% 的公司的最大股东,而在 1993 年这一比例则为 7.7%。当我们审查最终的控制权时,看到的是类似的模式。公司作为第一层级的最大股东的重要性,从 1984 年的 25.8% 上升至 1993 年的 33.7%。另外,在我们样本期间的始期、中期和末期,持股分散的公司的比重几乎完全一致。

　　将过去十年期间的第一层级和最终层级的控制权进行比较,产生了可能是根据表 8.1 所能得出的最重要的见解。我们发现,当最终的控制权被加以考虑时,家族和银行的重要性便提升了。这表明,这些类型的股东经常运用投资中介公司来控制公司。因此,仅仅在第一层级测度控制权的研究,可能会产生重大偏差和得出错误的结论。例如在 1984 年,家族和银行是第一层级的最大股东的情形,分别占样本的 25.8% 和 12.1%。然而,在最终层级,数字增加至 33% 和 15.9%。在最终层级上,公司并不属于重要类型的控股股东,因为它们只在样本中出现约 10%—12% 处,而在第一层级,这一比例则为 26%—34%。

　　我们的观察结果会面临以下评论。首先,由于这份表格并没有将银行能够代表其客户(Depotstimmrecht)行使的代理投票权考虑在内,银行的控制权可能被低估。Gottschalk(1998)提供了 32 家德国大公司组成的样本,包括最大的三家银行在 1986 年股东大会上持有的代理投票权的数据。他表明,在几乎半数的样本公司中,这三家银行拥有大多数表决权,另外有 10 家公司,大银行控制着其 25% 至 50% 的可行使的表决权。Baums 和 Fraune(1995)提供了由 24 家公司组成的样本在 1992 年的代理投票权数据,并且发现在 4 家公司中,这三家大银行控制着大多数的可行使的表决权,另外有 10 家公司,其中大银行的控制权居于 25% 和 50% 之间。这两项研究还揭示了银行的若干特征:首先,代理投票主要发生于不存在一个(持有至少25%表决权股份的)股东的公司中;第二,20世纪70年代和80年代,最大的三家银行持有的代理投票权的集中度已经略有下降,Gorton 和 Schmid(2000:9)确认了这一点。Köke(2003)相信,德国银行持有的所有权及其表决权的差距可能并不大,因为银行表决权以代理权为基础的前提条件是所有权分散,而这在德国的公司中极为鲜见。

二、股利和控制权:一些单变量的统计

在本部分,我们展示了关于股利支付率的单变量统计,是如何因所有权和控制权范式的不同而有差异。表8.2报告了在1984年至1993年的10年间控股股东未发生变更的持股分散的公司、由家族控制的公司、由其他公司和银行控制的公司的平均股利支付率。在总计221家样本公司中,133家公司符合这一标准。在这四种类型的公司中,家族控制的公司拥有最高的股利支付率,而银行控制的公司的股利支付率则最低。持股分散的公司的股利支付率也高。当我们计算基于已公布收益(而不是以现金流为基础)的股利支付率时,该支付率变动不居,最低为77%,分布于持股分散的公司;最高则为81%,是为其他公司所控制的公司。

表8.2 1984—1993年间控制权未发生变更的公司的股利支付率

控制权的类型	平均每股现金流(德国马克)	平均每股税前股利(德国马克)	股利支付率(%)	公司的数量
持股分散的公司	71.99	13.70	19.03(20.80)	23
家族控制的公司	48.76	11.81	24.22(31.50)	69
公司控制的公司	61.77	11.41	18.50(24.95)	19
银行控制的公司	72.80	12.37	16.99(16.60)	22

注:现金流被定义为包含折旧和长期准备金变动额的零分配利润。股利是就已分配收益的含税股利。在221家德国工商业公司组成的最早的样本中,在1984年至1993年整个样本期间,133家公司由家族、银行、另外的产业公司最终控制,或者是持股分散的公司(不存在控制着超过25%的表决权的大股东)。子样本中的公司在样本期间的控制权没有变更。我们计算了两项股利支付率。第一项定义是1984年至1993年这一整个样本期间所有公司的平均税前股利与平均现金流的比率。第二项定义(在表格的圆括号内)是公司的平均股利支付率。

虽然表 8.2 呈现的是在 10 年间控制权没有发生变更的上市公司的股利支付率,我们在表 8.3 中集中关注一旦控制权发生变更,公司的股利政策将发生什么变化。例如,这些变更包括,公司的控制权境况从没有大股东(分散持股),转向银行控制或者家族控制,以及相反的情形。我们选择了一些公司组成子样本,这些公司的控制权发生了重大变更,而且可以获得其在事件年(控制权变更当年)前后的五个连续年度时间窗里的控制权和会计信息。表 8.3 显示,有 23 家公司原本没有控股股东,后来变成持股集中的公司。在这 23 家公司中,16 家公司成为了家族控制公司,而在 7 家公司中,银行成为了主导性的股东。另外,还有 23 家公司失去了其控股股东,最终走向股权分散。在这 23 家公司中,分别有 14 家公司和 9 家公司在控制权变更之前由家族控制和银行控制。

表 8.3 公司控制权变更前后的股利支付率

年份		控制权变更的性质					
		持股分散变为持股集中	持股集中变为持股分散	持股分散变为家族控制	家族控制变为持股分散	持股分散变为银行控制	银行控制变为持股分散
−2	股利	6.1	7.9	4.2	6.8	9.3	9.2
	现金流	33.0	54.2	40.4	34.6	28.8	78.6
	股利/现金流	18.5	14.6	10.3	19.6	32.3	11.7
−1	股利	7.9	8.3	6.9	5.9	9.6	11.3
	现金流	28.2	57.9	42.4	34.9	24.6	86.6
	股利/现金流	28.1	14.3	16.3	16.8	39.0	13.0
0	股利	9.3	9.8	9.2	8.5	9.4	11.5
	现金流	28.5	53.9	31.0	35.9	27.1	76.5
	股利/现金流	32.6	18.2	29.6	23.7	34.7	15.0
1	股利	7.5	11.2	7.6	9.3	7.2	13.1
	现金流	29.8	70.8	32.6	38.8	25.1	90.0
	股利/现金流	25.2	15.8	23.4	24.0	28.7	14.6
2	股利	9.9	9.7	10.3	6.5	9.2	13.0
	现金流	42.6	71	43.9	33.8	40.4	91.1
	股利/现金流	23.2	13.7	23.5	19.2	22.8	14.3
公司数量		23	23	16	14	7	9

注:持股分散的公司,是指不存在一个控制着至少 25% 的表决权股份的公司。控制权被界定为在最终层面的控制权。样本由在 1986 年至 1991 年间控制权发生变更的公司组成,选择这一期间是为了获取控制权变更前后五年的数据。现金流(CF)和股利(Div)采用了表 8.2 同样的定义,表述为每股多少德国马克。股利支付率(股利/现金流)表述为百分比。事件年,$t=0$,是控制权变更的年份。

表 8.3 报告了这些子样本的公司在控制权变更之前两年和变更之后两年的时间跨度里的平均股利支付率。公司变得持股分散或者持股集中这一事实,看起来并没有诱发股利政策的重大变化(比较第 1 列和第 2 列)。然而,如果我们考虑到大股东的性质,这一结论并不能得到支持。表格的最后两列报告,公司从分散持股转为银行控股与股利支付率的下降紧密相关;反之亦然,原先是银行控制的公司后来变成持股分散的公司,股利支付率上升。当我们考察由家族控制转向分散的控制权这一转型时,发现了在某种程度上混合的证据,反之亦然。后者与不断增大的支付率有所联系,而我们却无法为前者树立一个范式。

在本部分中,我们已经描述了股利支付率的横截面变异,其中银行控制的公司显示出,其股利支付率低于其他类型的持股集中的公司和持股分散的公司。在下一部分,我们估算了类似于第六章的面板数据模型,但引入了测度控制权的变量。我们研究了有着不同控制权结构的公司在已公布收益或者现金流下降的情况下,会在多大程度上倾向于不发放股利。我们报告了以现金流为基础的结果,因为以其为基础的股利水平有着更高程度的横截面变异。然而,我们还运用以已公布收益为基础的股利支付率来估算同样的定式,从而用以检验基于现金流的结果的稳定性。

第三节 股利、利润和所有权及控制权结构之间的关系

在本部分,我们运用水平的普通最小二乘法、一阶差分广义矩量法和系统内广义矩量法(参见第六章关于这些方法的讨论),对于与股利、利润(以现金流测度)和所有权及控制权模式有关的模型的不同定式,进行了探讨。为简化起见,我们仅仅报告了与水平的普通最小二乘法和系统内广义矩量法有关的结果。而当已公布收益模型和一阶差分广义矩量法的估计结果不同于那些报告的结果时,我们也会简要地提及。

在第八章第二节第一部分的 221 家公司组成的样本中,我们排除了以下公司:这些公司是外资公司的子公司,或者这些公司由政府机构或者基金所控制,或者我们无法确定这些公司的最终大股东的性质。我们得到的样本由 191 家公司组成,这些公司由家族、银行或其他公司所控制,或者分散持股。

我们估计了以下模型:

$$\frac{D_{it}}{\mathrm{MVE}_{i0}} = \alpha\left(\frac{D_{i,t-1}}{\mathrm{MVE}_{i0}}\right) + \beta\left(\frac{\Pi_{it}}{\mathrm{MVE}_{i0}}\right) + \chi\left(\frac{\Pi_{i,t-1}}{\mathrm{MVE}_{i0}}\right) + \rho C_{i,t-1} + \mathrm{YEAR}_t + \eta_i + V_{it} \quad (8.1)$$

其中 D_{it} 代表公司 i 在时间 t 中的总股利,Π 代表总现金流或已公布收益,C 是我们测度 $t-1$ 时期的控制权集中度的一项测量值,MVE_{i0} 是一项缩小标准值(公司 i 在初期的市值),年份代表着时间虚拟值,η_i 是公司特定的影响,V_{it} 是随机扰动项。

一、控制权的测度

我们运用不同的方法来测度具体公司的控制权集中度。首先,我们考察了最终层面的最大股东持有的表决权比例(L_1)。如果一名股东持有最高比例的表决权,或者如果其持有最少 25% 的表决权,则这名股东会被标注为大股东。这名股东可能会、也可能不会在其持股的公司的管理委员会(*Vorstand*)或者监事会(*Aufsichtsrat*)中持有席位。在绝大多数的德国上市公司中,大股东至少在其中一个委员会中持有席位。在法律上,50% 的监事会席位,包括监事会主席的席位,也留给了股东代表。例如,Goergen(1998:58-9)分析了 51 家公司的管理委员会和监事会的代表情况,这些公司在上市时其大股东是家族。作者发现,"家族成员平均持有监事会中 17% 的股东席位,而且平均持有管理委员会半数席位……在 27.5% 的公司中,家族成员既在董事会又在监事会担任职务……在 88% 的公司中,家族成员至少担任了这两个委员会中的一个主席。"这也为 Gerum、Steinmann 和 Fees

(1988)以及 Franks 和 Mayer(2001)所确认。

必须指出的是,因最终控股股东类型不同,代理成本也存在极大的差异。如果特定公司的最终股东是持股分散的公司,则该公司可能会缺乏股东监督,管理人员在制定公司政策方面也可能会拥有过多的自由裁量权。因而,这一控制权结构可能会产生比公司由家族或者个人控制的情况下更严重的代理成本问题。我们基于已披露的最终层面的表决权份额,构建了 Herfindahl 指数(H)。[2] 然而,在计算这一指数时,存在一个数据方面的根本问题。正如前述,直到 1995 年披露门槛降至 5% 后,股东才必须披露 25% 以下的持股份额。因而,Herfindahl 指数可能是一项关于控制权的含有噪音的计量。WH_1 和 WH_2 是虚拟变量,如果在最终层面不存在分别至少持有 25% 和 50% 的表决权股份的大股东时,这些虚拟变量等于 1。最后,对于每一类型的大股东,我们构建了一个变量来测度最大的股东所持有的表决权份额。我们将 $B_{i,t-1}$ 界定为一个对银行(当这家银行是公司 i 在时间 $t-1$ 里至少持有 25% 的表决权份额的最大股东时)所持表决权比例进行估值的变量,否则这项估值为零。$F_{i,t-1}$ 和 $IC_{i,t-1}$ 分别是测度家族和公司所持表决权的集中度的变量。[3]

控制权是否由外因决定这个问题,值得进行一些探讨。一些作者认为,股利、所有权或者控制权结构是同时被决定的(例如 Jensen、Solberg 和 Zorn 1992)。然而,正如在第八章第二节中所描述的,德国的控制权模式在 20 世纪 80 年代和 90 年代并没有发生多大的变化,而我们样本公司的股利政策却发生着大得多的实质变更。这表明,对于股利而言,所有权和控制权结构是外生因素。我们还将日期为 $t-1$ 的控制权变量引入定式中。然而,为了避免控制权可能的内生问题,我们运用了一项工具变量估计技术,并且

---

[2] 指数被界定为 $H_i = \sum_j S_{ij}^2$,其中 S_{ij} 为 j 股东在 i 公司中所持的表决权份额。

[3] 当我们将以下每一类型的股东所持表决权比例考虑在内时,结果并没有发生重大的变化:这些股东是最大的所有者,但控制着低于 25% 的表决权。

验证了我们的工具的有效性(参见下文)。我们还估算了所有定式中控制权和业绩的互动条件,但并没有在这里报告其结果,因为所有的这些互动条件,单独或者整体在统计上均不显著。对于所有的定式,我们还估算了按公司在时间 $t=0$ 时的市值计算的公司规模的影响。而当这一系数在统计上不显著,以及由于公司规模并没有随着时间推移而发生重大变更,从而使得这一变量的影响很大部分被特定影响模型(fixed-effects models)所消除时,我们将其排除在外。

正如在 Schooley 和 Barney(1994)以及 Hamid、Prakash 和 Smyser(1995)中,我们通过将其他的以下两项变量加入到我们的模型中,来检验股利和所有权或者控制权之间的抛物线关系:最终控制权的平方(L_1^2)和 Herfindahl 指数的平方(H^2)。在研究控制权和业绩之间的关系时,也引入了这一方法(参见第二章 Goergen(1998)对这一研究的概述)。

二、股利和控制权

表 8.4 报告了普通最小二乘法在水平方面(OLS in levels)的结果和系统内广义矩量法估计程序。在报告这些结果之前,讨论一番系统内广义矩量法程序所使用的一套工具是很有价值的。在第六章中,面板数据估计结果揭示,差分方程式中日期为 $t-2$(水平)以及水平方程式中日期为 $t-1$(变化)的基础变量(股利、现金流、已公布收益)工具,已被关于工具有效性的 Sargan 检验推翻。我们认为,这反映了对于股利和利润或现金流(不存在序列相关性)的测度误差。在本章中,我们运用公司控制权变量,扩充了基础模型。这些变量的引入,并没有改变我们关于基础变量估计有效性方面的早期结论。因而,运用于系统内广义矩量法的一组工具(工具变量程序)是:差分方程式中日期为 $t-3$ 至 $t-5$ 的股利和

表 8.4 股利、现金流和控制权不同测算方法之间关系的面板数据估计

	(a)		(b)		(c)		(d)		(e)	
	OLS (1)	GMM (2)	OLS (3)	GMM (4)	OLS (5)	GMM (6)	OLS (7)	GMM (8)	OLS (9)	GMM (10)
常量	0.006*** (0.001)	0.005* (0.003)	0.006*** (0.002)	0.014 (0.009)	0.006*** (0.001)	0.004 (0.006)	0.006*** (0.001)	0.004* (0.002)	0.006*** (0.001)	0.005*** (0.002)
$D_{1i,t-1}$	0.764*** (0.037)	0.741*** (0.067)	0.764*** (0.037)	0.738*** (0.070)	0.763*** (0.037)	0.725*** (0.066)	0.764*** (0.037)	0.723*** (0.069)	0.764*** (0.037)	0.757*** (0.076)
CF_{it}	0.047*** (0.006)	0.047*** (0.015)	0.047*** (0.006)	0.048*** (0.015)	0.047*** (0.006)	0.048*** (0.015)	0.047*** (0.006)	0.052*** (0.015)	0.047*** (0.006)	0.047*** (0.012)
$CF_{i,t-1}$	-0.024*** (0.007)	-0.012 (0.018)	-0.024*** (0.007)	-0.011 (0.018)	-0.024*** (0.007)	-0.011 (0.018)	-0.024*** (0.007)	-0.014 (0.021)	-0.024*** (0.007)	-0.021 (0.020)
$L_{1i,t-1}$	-0.001 (0.002)	-0.001 (0.002)	-0.001 (0.004)	-0.086* (0.051)	—	—	—	—	—	—
$L^2_{1i,t-1}$	—	—	-0.001 (0.004)	0.098* (0.054)	—	—	—	—	—	—
$H_{i,t-1}$	—	—	—	—	0.01 (0.004)	0.003 (0.037)	—	—	—	—
$H^2_{i,t-1}$	—	—	—	—	-0.002 (0.005)	-0.005 (0.044)	—	—	—	—
$WH_{1i,t-1}$	—	—	—	—	—	—	0.001 (0.001)	-0.001 (0.001)	—	—
$WH_{2i,t-1}$	—	—	—	—	—	—	—	—	-0.001 (0.001)	-0.001 (0.001)

第八章 股利政策、公司控制权与税负顾客效应

	(a)		(b)		(c)		(d)		(e)	
	OLS (1)	GMM (2)	OLS (3)	GMM (4)	OLS (5)	GMM (6)	OLS (7)	GMM (8)	OLS (9)	GMM (10)
m_1	0.410	−5.128	0.411	−5.137	0.398	−5.235	0.416	−5.108	0.415	−5.460
m_2	1.192	1.219	1.190	1.272	1.171	1.227	1.197	1.265	1.197	1.279
Sargan		85.54		81.02		84.61		95.50		89.96
(P-值)		(0.34)		(0.45)		(0.22)		(0.04)		(0.12)
观察值的数量	1612	1421	1612	1421	1612	1421	1612	1421	1612	1421

注:样本的规模为191家公司,是通过从221家公司中排除外资公司的子公司、基金或者身份不详的股东持有的公司而获得的。D_{it}是定义式中的因变量。它代表了按股份的初期市场价值测算算的总股利。CF是按类似方法测算的总现金流。H是所有已披露持股份额的Herfindahl指数。WH_1和WH_2是虚拟变量,如果最大的股东在持股最低分别为25%和50%的大股东时,它等于1。时间虚拟变量被引入所有定式之中。m_1和m_2是对偏差缺乏一阶和二阶序列相关性的检验,在无序列相关性时渐近分配为$N(0,1)$。Sargan统计分析是一项对工具有效性的检验,在有效工具变量为零的情况下渐近分布为χ^2。P值表明,在有效工具变量为零的情况下生成公告值的线性可能性定式(2)、(4)、(6)、(8)和(10)是以系统内广义矩量法的程序为基础的,它包括一阶差分和水平方程式的估计,差分方程式中日期为$t-3$至$t-5$的股利和现金流水平变量,以及所有定式里的水平方程式中日期为$t-2$的一阶差分。运用的这套工具,在差分方程式中日期为$t-2$至$t-5$控制权水平变量,以及水平方程式中日期为$t-1$的控制权水平变量。另外,定式运用了差分方程式水平方程式水平方程式中日期中异方差的标准误差,报告于圆括号内。

* 代表在10%水平上统计显著。
* * 代表在5%水平上统计显著。
* * * 代表在1%水平上统计显著。

现金流水平,以及水平方程式中日期为 $t-2$ 的一阶差分。[4]

定式(a)、(d)和(e)揭示,股利支付和控制权之间不存在线性关系。无论采用什么估计方法和控制权的测度工具,这一结论都是正确的。虽然未报告于表中,一阶差分广义矩量法估计技术也产生了相同的结果。我们得出结论:不存在支持假设二的证据。将股利支付和集中所有者(L_1)所持表决权份额之间的关系考虑在内的定式(b),运用系统内广义矩量法,产生了在统计上显著的结果,在10%的水平上显著。其线性项为负值,边际有效(t 比率为 -1.68),二次项为正(t 比率为 1.82)。这表明,公司中最大的表决权份额与低层面的控制权的股利呈负相关,而当股权份额大时,关系为正。然而,值得注意的是,线性和二次项的联合显著性的 W 检验(Wald test)揭示了仅仅为 18% 的 p 值。为了确定最低值,我们就 L_1 区分了股利,而且我们将导数设定为 0:

$$\frac{d(DIV)}{d(L_1)} = -0.086 + 2(0.098)(L_1) = 0$$

从而获得

$$L_{1最低值} = 43.9\%$$

我们还运用一阶差分广义矩量法来对定式(b)进行估计。线性项的系数为负,其 p 值为 11%,二次项的系数为正,其 p 值为 9%。这意味着存在弱一些的抛物线效应,但却确认了系统内广义矩量法的结果。最后,运用已公布收益估计了同样的定式。其范式也一致:普通最小二乘法并没有产生具有统计意义的关系,但系统内广义矩量法和一阶差分广义矩量法,在股利和公司持有的最大比例的表决权股份之间,都产生了在统计上显著的非单调关系。

我们的结果与假说之三、Schooley 和 Barney(1994)以及

---

[4] 读者应当注意到,相对于在第六章所运用的工具,我们已经减少了运用于基础变量的工具的数量。其原因在于,通过增加控制权变量,额外的工具被加入到估计当中。其结果是,就样本的规模而言,工具显得过多,这导致估计程序表现不佳。这也时常被称为"小规模样本的偏差"。因而,我们已经减少了用于基础变量的工具的数量。

Hamid、Prakash 和 Smyser(1995)相一致。股利到达全球最低的点，可能是堑壕的临界点。在美国，Schooley 和 Barney(1994)报告，当 CEO 的持股份额增长至14.9%时，股利收益下降；此后股利收益会上升。这一比重比我们在德国公司中发现的相应的比重——43.9%要低得多。美国公司更低的比例反映了以下事实：美国的上市公司比德国的公司有着更为分散的所有权结构。控制权和股利之间关系的非线性表明，在一个特定的控制权集中度之上，股利和股东控制权可能是替代性的监督机制，而超过该控制权水平之后，强大的股东偏好高额的股利。[5][6]

在某种程度上，我们的结果与Rozeff(1982)以及Eckbo和Verma(1994)不同。Rozeff(1982)发现，由1000家美国公司组成的样本中，在股利支付率和内部人持股比重之间存在线性关系。[7] Eckbo和Verma(1994)研究了在多伦多股票交易所上市的308家公司中管理层持股、表决权和现金股利政策之间的关系。他们发现，当所有者—管理者持有的表决权增加时，现金股利下降，而当所有者—管理者对公司拥有绝对的控制权时，现金股利几乎为零。

---

[5] 在Schooley 和 Barney(1994)中，CEO 持股份额为从0%到30.55%不等。CEO 持股份额的平均值为2.5%，中值为0.42%。它显然低于表8.1所描述的德国公司的所有权和控制权的集中度。

[6] 作为对上述结果的稳健性的检测，我们估计了将股利和所有权之间的更高的位序功能考虑在内的定式。我们对表8.4中的回归(4)加入了一个立方项，我们发现线性控制权项、二次项和立方项的系数(t-统计)分别为－0.20(－1.88)、0.44(1.98)和－0.26(－1.87)。换句话说，还存在若干最低的数值。然而，在文献中并没有形成理论基础，以便在立方或者更高位序中将股利与所有权或控制权联系起来。报告了二次项的前述研究，并没有在股利和所有权/控制权，以及业绩和所有权/控制权之间关系的功能形态方面，提供进一步的位序。

[7] 值得注意的是，在Rozeff 的研究中，股利支付率与已公布收益的比率作为一项因变量的选择，经受了一些责难：当利润趋向为零时，这一比率的取值可以像天文数字般的大。

三、股利和控股股东的类型

虽然表 8.4 研究的股利支付和控制权之间的关系,未区分控股股东类型,但控制权的性质可能是重要的,因为它可能会产生不同类型的代理关系。在这一部分中,我们调查了不同类型的大股东所享有的股利、现金流和控制权之间的关系。样本包括 191 家公司,在每一年中,我们将公司分为以下四种类型:持股分散的公司、银行控制的公司、家族控制的公司以及其他公司控制的公司。如同以往,控制权通过最终控制权计量。我们估计了 $F_{i,t-1}$、$IC_{i,t-1}$ 以及 $B_{i,t-1}$ 的参数,同时从回归中排除了变量 $WH_{i,t-1}$,这样其他变量的参数估量,就按相对于持股分散的公司的基准来表述。表 8.5 报告了主要的结果:栏目(a)提供了根据股东类别而引入了控制权变量的一般模型的普通最小二乘法的估计结果。[8]

所有的定式都显示,银行控制权对于股利支付率(带有系统内广义矩量法的 t-值)的参数估计值有着强大的负面影响,该数值从定式(6)的 -2.0 到定式(2)的 -2.23 之间大小不等。[9] 由其他

---

[8] 系统内广义矩量法程序中所使用的一套工具是,差分方程式中日期为 $t-3$ 至 $t-5$ 的股利和现金流水平,以及水平方程式中日期为 $t-2$ 的一阶差分。运用于控制权变量的一套工具,因 Sargan 检验的重要性的不同而有差异。一些定式接受了后来的时间期间的有效性。因而,在差分方程式中运用的一套工具是,差分方程式中日期为 $t-2$ 至 $t-5$ 的所有权水平,以及水平方程式中日期为 $t-1$ 的水平或一阶差分。如果变量的水平与固定效果(η_i)无关,则它们可作为工具来使用。否则,我们将运用一阶差分。Sargan 检验揭示,F 和 IC 这两个变量的历史水平与固定效果无关,因而我们运用它们而不是一阶差分。然而,对于银行控制权而言,检验显示,将日期为 $t-1$ 的水平而不是一阶差分纳入,大大降低了检验的 P 值(下跌幅度为 15%—20%)。因而,我们在水平方程式中将一阶差分纳入为银行控制权的工具。

[9] 值得注意的是,由于法定的披露门槛要求,在控制权 25% 的层面上,存在着不连续的情形。从 0% 至 25%(不包括本数),公司被界定为持股分散,各类股东的变量均等于 0。从 25%(包括本数)到 100%,如果股东是最大的所有者,则变量采用每一此类股东所持有的表决权股的比例。这要求作出两项评论。首先,为解释此类情形,人们可以纳入一套三种的虚拟变量,如果某一特定类型的股东是最大的股东,这些变量取值为 1。然而,由于在这些虚拟变量

公司控制的公司,其股利支付率也低于持股分散的公司,但其系数不具有统计意义。家族控制的公司,支付率最高,这一点在所有回归中获得的正系数里体现出来,虽然这一系数不具有统计意义(这样就不存在对假设之五的统计支持)。

在定式(c)中,我们估算了银行控制权与股利之间的关系,这一关系考虑到了按最大股东(L_1)所持表决权份额测算的控制权与股利之间的非线性关系。在5%的水平上,银行控制权仍然统计上显著。然而,如果我们把从表8.4中的回归(4)所获得的结果,与从表8.5中的回归(6)所获得的结果进行比较,我们就会观察到,在引入银行控制权变量后,股利和控制权之间的非线性关系的统计显著性已经下降。表8.5也揭示了,当我们引入所有的控制权变量(定式(d))时,这些结果的统计显著性下降了。[10]当我们估计了股利和控制权之间更高次的函数形式时,我们仍然发现控制权范式持续存在。[11] Gugler(2002)调查了奥地利的公司的控制权和股利之间的关系,并得出了在某种程度上不同的结论:政府控制

中几乎不存在任何时间变量,这在本质上是一种特定于公司的影响,在进行一阶差分时,这一影响消逝了。第二,由于银行控制权与股利之间存在线性的负相关关系,我们必须检验在不连续界点(也就是25%),银行控制的公司的股利支付是否比持股分散的公司更低。为此,我们研究了两个不同的银行控制权区间——[25%,50%]和[50%,100%]——中任意给定的时间观测得到的股利支付率。在每一区间获得的支付率分别是16.8%和17.1%,这些支付率比我们在公众公司中发现的并且报告于表8.2的股利支付率更低,这支持着关于银行控制的公司的股利支付率最低的证据。

[10] 不幸的是,这一结论与前面的研究并不具有可比性,因为它们仅仅探究了股利和所有权或者控制权之间关系的功能形态的线性二次式(Schooley和Barney 1994;Hamid、Prakash和Smyser 1995),以及公司业绩和所有权或者控制权之间关系的功能形态的线性二次式(例如McConnell和Servaes 1990)。

[11] 如果向表8.5中的回归(8)中加入三次项(表中未列出),我们发现,一次项的系数(t-统计值)是 -0.20(-1.88),二次项的系数是 0.44(1.98),而三次项的系数是 -0.26(-1.87)。换句话说,有证据表明存在着几个最小值。

表 8.5 股利、现金流和银行、家族以及公司持有的控制权之间关系的面板数据估计

	(a)		(b)		(c)		(d)	
	OLS (1)	GMM (2)	OLS (3)	GMM (4)	OLS (5)	GMM (6)	OLS (7)	GMM (8)
常量	0.0065***	0.0091***	0.0066***	0.0072**	0.0065***	0.0128*	0.0069***	0.0099***
	(0.0014)	(0.0035)	(0.0012)	(0.0036)	(0.0016)	(0.0071)	(0.0015)	(0.0061)
$D_{i,t-1}$	0.7621***	0.7214***	0.7633***	0.7189***	0.7621***	0.7256***	0.7714***	0.7387***
	(0.0369)	(0.0664)	(0.0367)	(0.0670)	(0.0367)	(0.0637)	(0.0378)	(0.0568)
CF_{it}	0.0483***	0.0458***	0.0460***	0.0481***	0.0472***	0.0492***	0.0561***	0.0613***
	(0.0075)	(0.0137)	(0.0063)	(0.0149)	(0.0059)	(0.0141)	(0.0051)	(0.0135)
$CF_{i,t-1}$	−0.0241***	−0.0143	−0.0239***	−0.0202	−0.0243***	−0.0155	−0.0234***	−0.0266
	(0.0075)	(0.0171)	(0.0074)	(0.0202)	(0.0073)	(0.0171)	(0.0073)	(0.0175)
$B_{i,t-1}$	−0.0047*	−0.0230***	−0.0049*	−0.0193**	−0.0035*	−0.0164***	−0.0039	−0.0133
	(0.0028)	(0.0103)	(0.0025)	(0.0092)	(0.0020)	(0.0082)	(0.0025)	(0.0098)
$IC_{i,t-1}$	−0.0027	−0.0046	—	—	—	—	−0.0022	0.0046
	(0.0038)	(0.0035)					(0.0035)	(0.0065)
$F_{i,t-1}$	0.0013	0.0041	—	—	—	—	−0.0004	−0.0037
	(0.0019)	(0.0028)					(0.0031)	(0.0064)
$L_{i,t-1}$	—	—	—	—	0.0005	−0.0570	0.0018	−0.0241
					(0.0044)	(0.0388)	(0.0045)	(0.0328)
$L^2_{i,t-1}$	—	—	—	—	−0.0010	0.0601	−0.0014	0.0296
					(0.0046)	(0.0410)	(0.0050)	(0.0349)
m_1	0.379	−5.089	0.410	−5.088	0.433	−5.118	0.413	−5.044

第八章 股利政策、公司控制权与税负顾客效应　**181**

(续表)

	(a)		(b)		(c)		(d)	
	OLS (1)	GMM (2)	OLS (3)	GMM (4)	OLS (5)	GMM (6)	OLS (7)	GMM (8)
m_2	1.166	1.255	1.185	1.337	1.182	1.222	1.172	1.355
Sargan	—	132.16	—	87.72	—	109.35	—	145.3
(P-值)		(0.359)		(0.260)		(0.446)		(0.257)
观察值的数量	1612	1421	1612	1421	1612	1421	1612	1421

注：D_{it} 是所有定式中的因变量。$D_{i,t-1}$、$L_{i,t-1}$、$L^2_{i,t-1}$ 和 CF 采用了与表 8.4 同样的定义。当家族是公司在 $t-1$ 时间里的最终层面的最大股东时，$F_{i,t-1}$ 代表了家族持有的表决权股份的比重。否则，$F_{i,t-1}$ 等于 0。$IC_{i,t-1}$ 的定义类似，但分别指向最大的股东是银行或者其他公司的情形。时间虚拟变量被引入所有定式之中。m_1 和 m_2 是对残差缺乏一阶和二阶序列相关性的检验，在无序列相关性时渐近分配为 $N(0,1)$。Sargan 统计是一项对工具有效性的检验，在有效工具为零的情况下渐近分配为 χ^2。P 值表明了在有效工具变量之估计下生成公告水平统计的可能性。定式 (2)、(4)、(6)、(8) 和 (10) 是以系统内广义矩量法估计，它包括一阶分和水平方程式的线性系统。在定式中的这套工具，差分方程式中日期为 $t-3$ 至 $t-5$ 的股利和现金流量法中日期为 $t-2$ 的水平，以及水平方程式中日期为 $t-1$ 的一阶差分。针对银行控制权，运用的一套工具是差分方程式中日期为 $t-2$ 至 $t-5$ 的水平；针对公司拥有的控制权，运用的一套工具是差分方程式中日期为 $t-3$ 至 $t-5$ 的水平，以及水平方程式中日期为 $t-1$ 的一阶差分。在定式 (d) 中，我们通过去除日期为 $t-5$ 的工具，减少了工具的数量。渐近于异方差的标准误差，报告于圆括号内。

* 代表在 10% 水平上统计显著。
** 代表在 5% 水平上统计显著。
*** 代表在 1% 水平上统计显著。

的公司,股利支付率最高(如果公司的投资前景良好),并且实施了股利平滑的活动;而家族控制的公司,其股利支付率更低,而且不实施股利平滑活动;银行控制的公司和外资控制的公司居于两者之间。

为了验证这些结果的稳健性,我们运用已公布收益而不是现金流予以进一步估计,其结果与上述报告的结果并无重大差别。例如,在一个与表 8.5 中的定式(c)类似的定式中,银行控制权的系数,其 t-比率(t-ratio),运用普通最小二乘法测算为 -1.80,而运用系统内广义矩量法则测算为 -1.62。

总而言之,相较于分散的所有权或者家族控制权,银行控制权与较低的股利支付率显著相关。这些结果也与以下观点相一致:银行控制权充当着一项监督机制,并且是股利的一项替代机制(假设之六)。我们的结论与 Cable(1995)以及 Gorton 和 Schmid(2000)的发现相一致,它们报告了银行的控制权对公司盈利能力有着正面的影响。然而,我们的发现与 Edwards 和 Fischer(1994)相冲突,他们称,德国的银行几乎无法像人们根据其借贷和股份表决权而预期的那样,在公司治理中发挥积极的作用。类似的,Franks 和 Mayer(2000)认为,在有着一位非银行大股东的德国公司中,银行总体上并没有行使高度的控制权。

尽管如此,我们的发现与关于日本公司的投资决策的文献保持着一致,这意味着,当公司从属于也包含了一家银行的系列集团(keiretsu group)时,信息不对称带来的流动性约束就更不重要了(参见 Hoshi、Kashyap 和 Scharfstein 1991;Dewenter 和 Warther 1998;Gul 1999b)。银行控制权可以降低高额股利作为一项监督措施的必要性,因为这种类型的控制权可以降低大股东和管理层之间的信息不对称,因而会缓解由于潜在的流动性约束而带来的投资不足问题。类似的,在英国,Goergen 和 Renneboog(2001)报告了大额机构持股减少了次优的投资政策。

然而,应当注意的是,迄今为止我们对银行控制权的分析,是以银行直接和间接持有的表决权(通过最终控制权计量)为基础的,而没有考虑到代理投票权。我们将在第八第六节中来考虑这一问题。我们还发现,家族控制的公司有着最大的股利支付,而家族或者个人拥有的控制权却看似对股利政策没有影响。这表明,即便具体的股利支付政策可能发挥着监督和信号作用,家族控制权却并不是股利的替代监督机制。我们的发现与以下假设相一致:控股家族或者个人向自己支付更高的股利,其原因在于这些主体的投资组合没有很好地多样化。

第四节 年度收益亏损、不发放股利和控制权

在第七章中,我们运用定性回归方法,对德国公司的股利行为建立了模型。我们发现,有着良好历史业绩记录的公司(被界定为有着至少5年的严格正收益和股利支付的公司),其年度净收益的亏损在80%的情况下会导致在亏损当年不发放股利。我们还表明,虽然美国或者英国公司不发放股利与严重而持续的收益问题相关,但在德国,即便收益只是临时下降,也会不发放股利。而一旦收益开始增长,股利便迅速恢复至下降之前的水平。德国公司的股利行为的弹性,与美国公司的股利政策相反,后者看起来更加僵硬和具有"粘性"。其后果是,在德国,股利作为信号机制的作用更为孱弱。

本部分的目的,在于确定德国公司不同的控制权模式在多大程度上可以解释第七章所报告的结果。由于强大的控制权可以缓解代理问题,我们在德国观察到的高度集中的控制权(参见表8.1),可以为股利政策的灵活性提供解释。另外,控股股东选派代表出任董事会,也会拥有良好的渠道来获取公司信息,这也减少了信号传递的必要(假说之一)。控股股东的性质可能也是一个重要的因素。知情的股东,例如银行,可以降低利用昂贵的股利信号机制的必要性。因此,我们可以期待,银行控制的公司比其他公司更倾向于削减或者甚至不发放股利,即便公司业绩的恶化只是暂时的。如果我们相信,银行拥有的信息优势使其发挥着更为有效的监督作用,在削减或者不发放股利方面的更强的意愿,也与有关代

理成本的观点相符（假说之六）。

我们创建了一套虚拟变量。WH_{1i} 和 WH_{2i}，如果不存在分别至少持有公司 i 的 25% 和 50% 表决权股份的股东时，它们等于 1，否则它们等于 0。B_i、F_i 和 IC_i，如果银行、家族或者其他公司分别是公司 i 的至少持有 25% 表决权股份的控股股东时，它们等于 1，否则等于 0。我们还创建了一套交互项，如果发生收益亏损以及银行、家族或者其他公司分别行使控制权时，它们等于 1。正如同以往，所有的控制权变量都在最终层面和在 $t-1$ 时期里予以测算。

我们重新估计了与第七章中的表 7.1 和 7.2 同样的定式，但加入了一套前面描述过的控制权虚拟变量。我们报告了对我们的 191 家德国样本公司降低、维持或者增加股利的决定的排序概率单位分析结果。[12] 我们的结果表明，并不存在任何证据证明控制权虚拟变量改善了表 7.1 和 7.2 的定式的拟合度。控制权变量就其个体或整体而言，都不显著，因而并不能解释降低、维持或者增加股利支付率的决定。这一结论对于现金流和已公布收益同样有效。然而，对信号理论的更强有力的检验在于，估计业绩显著恶化——例如在一段时期严格正利润和股利的稳健表现之后发生了收益亏损——对股利的影响。

表 8.6 对不发放股利、收益亏损和控制权结构之间关系的排序概率单位分析

	(a)	(b)	(c)	(d)	(e)	(f)
固定样本 I：系数（标准误差）						
常量	1.844***	2.044***	2.005***	1.673***	1.737***	1.664***
	(0.490)	(0.349)	(0.339)	(0.229)	(0.240)	(0.239)
NI_{it}	0.213	0.209	0.220	0.198	0.167	0.189
	(0.196)	(0.190)	(0.185)	(0.166)	(0.247)	(0.180)
$NI 亏损_{it}$	-2.258***	-2.292***	-2.299***	-2.162***	-2.261***	-2.143***
	(0.399)	(0.394)	(0.382)	(0.343)	(0.328)	(0.314)
$B_{i,t-1}$	-0.794	-0.968***	-0.927***	—	—	—
	(0.501)	(0.384)	(0.368)			

---

[12] 我们排除 30 家公司，这些公司受控于外国公司或外国政府、基金，或者未披露其控制权结构。

(续表)

	(a)	(b)	(c)	(d)	(e)	(f)
固定样本 I：系数（标准误差）						
$F_{i,\,t-1}$	0.111	-0.076	—	0.190	—	—
	(0.443)	(0.272)		(0.259)		
$WH_{1\,i,\,t-1}$	0.304	—	—	—	-0.007	—
	(0.474)				(0.386)	
WH 亏损$_{1i,\,t-1}$	—	—	—	—	1.027	—
					(0.659)	
$WH_{2i,\,t-1}$	—	—	—	—	—	0.154
						(0.254)
固定样本 II：拟合优度						
Log-likel.	-86.125	-86.409	-86.453	-95.385	-90.723	-92.165
Pseudo R^2	35.74%	35.53%	35.50%	28.83%	32.30%	31.24%
R_p^2	73.6%	73.6%	73.6%	71.3%	71.5%	72.0%

注：如果不发放股利，因变量等于 0；如果股利削减至一个严格正水平，则因变量等于 1；如果股利增加或者维持不变，因变量等于 2。最初的样本包括：(1) 71 家公司，其事件年与其在 1989 年至 1993 年间亏损的首个年度相符；以及 (2) 107 家公司，其中事件年是首个收益下降的年份，但这些公司在 1989 年至 1993 年间有着严格正收益。因而就有 178 个观察值。在这些观察值中，我们排除了由外资、政府机构或者基金控制的公司。最终，由 129 个观察值组成的样本成为我们估计的基础。收益（NI_{it}）被以往年份中的权益账面价值所标准化。NI 亏损$_{it}$ 是一个虚拟变量，如果在年度 t 中产生了年度收益亏损，该变量等于 1。$B_{i,\,t-1}$ 和 $F_{i,\,t-1}$ 是虚拟变量，当银行或者家族分别是公司 i 在时间 $t-1$ 的控股股东时，这些变量等于 1。$WH_{1i,\,t-1}$ 和 $WH_{2i,\,t-1}$ 是虚拟变量，如果在时间 $t-1$ 中不存在分别至少控制着公司 i 的 25% 或 50% 股份的大股东时，它们等于 1，否则则等于 0。WH 亏损$_{1i,\,t-1}$ 是一项持股离散水平为 25% 以及发生年度收益亏损状态的交互项（interactive terms）。其他所有的控制权和业绩的交互项并未得到显示，因为它们并不重要。所有的定式都采用了均方差（multiplicative 异方差）。所有的模型定式都有统计意义，其 p-value 值 < 0.001。Pseudo R^2 紧随 McFadden(1974)。R_p^2 代表预计正确的百分比。

* 代表在 10% 水平上统计显著。
** 代表在 5% 水平上统计显著。
*** 代表在 1% 水平上统计显著。

表 8.6 总结了这一模型的结果：如果不发放股利，因变量等于 0；如果股利削减至一个严格正水平，因变量等于 1；如果股利增加或者维持不变，因变量等于 2。样本包含 178 家公司：71 家公司，其事件年与其在 1989 年至 1993 年间首个亏损的年度相符；以及 107 家公司，其中事件年是首个收益下降的年份，但这些公司在 1989

年至1993年间有着严格正收益。

净收益亏损对于变更股利政策的决定在统计上显著。[13] 定式(a)-(c)显示,银行控制权增加了不发放股利的可能性,这与以下观点并不矛盾:银行的存在降低了股利作为信号和监督机制的必要性(假说之六)。这一结论与关于日本公司的银行控制权的其他证据相一致。Dewenter 和 Warther(1998)表明,系列公司比其他的日本公司更频繁地削减和不发放股利。

任一其他控制权变量(由家族或其他公司掌握的控制权,以及持股分散的公司中控制权的缺失)或者控制权与收益的交互项在统计上都不显著。考虑到虚拟变量 $WH_{1i,t-1}$ 和 $WH_{2i,t-1}$ 的系数不显著,控制权可替代股利的信号和监督作用的观点并未得到支持。[14]

第五节 代理投票权和股利

前面的部分揭示出银行控制的公司:(1)显示出更低的股利支付率;以及(2)当其业绩差时比其他类型的公司(由不同类型的所有者控制)更频繁地不发放股利。尽管如此,我们前面的分析并没有考虑到以下事实:德国的银行可以代表那些将股份交存于银行的个体小股东,发挥受托投票人的作用。正如第八章第二节第一部分所描述的,持股分散的公司中代理投票权的比重非常高,但在持股集中和不是由银行控制的公司中,这一比重较低。在本部分,我们研究了银行持有的代理投票权对德国公司股利政策的影响。

我们通过拓展拥有以下两大变量的基础模型,来检验代理投

---

[13] 必须注意,如果我们引入现金流和净收益而不是收益水平的变化,结果并没有发生重大变化。

[14] 虽然未报告于表 8.6 中,我们重新估计了将公司掌握的控制权这一虚拟变量设定为 1 的同样的模型,还重新估计了交互项,如果存在收益亏损以及公司掌握着控制权,则该项等于 1。这些结论在统计上不显著。

票权对股利的影响:(1) BPROX,银行直接或者间接(通过中介层)控制的表决权(假设控制权份额至少达到表决权的25%),其中包括代理表决权;以及(2) PROXY,由三大主要银行(德意志银行、德累斯顿银行和商业银行)持有的代理投票权的大小。两个变量的构建,均运用了发表于 Gotschalk(1988)以及 Baums 和 Fraune(1995)的数据。根据 Goottschalk(1988),三大银行持有的公司代理投票权的平均比重为 49.9%,标准偏差为 20.2%。而在 Baums 和 Fraune(1995)中,三大银行持有的代理投票权的平均比重为 37.5%,标准偏差为 16%。合并两项研究后的公司中,代理投票权的比例保持着稳定(它们在 1986 年—1992 年间几乎完全一致)。这就产生了一个方法论问题:在固定影响的回归模型中,当方程式为一阶差分时,常量将会被消除。因而,我们运用水平的普通最小二乘法来估计模型。第二步,我们运用一阶差分广义矩量法来检验我们方程式中的动因,并且对普通最小二乘法估计是否给银行控制权变量带来偏差进行了验证。我们假定银行控制权与公司特定的影响无关,这样我们就能够将这些变量的水平作为工具,运用于方程式线性系统的水平方程式中。这一实验报告于表 8.7 的(e)列中。

表 8.7 的定式(a)和定式(b)显示,银行控制权(也就是银行所有的投票权加上其代理投票权)与股利支付呈负相关,但其系数在统计上并非显著异于 0。换句话说,当我们将代理投票权与银行直接持有的股份相加时,银行控制权对股利的负面影响就不再显著了。当我们运用系统内广义矩量法来估计定式(e)中的动态时,不显著的状况并没有改变。

定式(c)和定式(d)揭示了,为什么当我们引入银行持有的代理投票权的比重时,银行控制的表决权之间的负相关关系消失了:代理投票权的比重与股利呈正相关(其统计意义在定式(c)中为10%)。这一正相关可能肇始于以下事实:例如,代理投票权的比重可以成为公司控制权结构的替代变量。当银行被赋予许多代理投票权时,可能是因为有许多小的个体股东偏好于高额的股利。

表 8.7 关于股利、现金流和银行投票权之间关系的面板数据估计

	(a)	(b)	(c)	(d)	(e)
常量	0.0064***	0.0063***	0.0060***	0.0062***	0.0049*
	(0.0012)	(0.0011)	(0.0011)	(0.0011)	(0.0026)
$D_{i,t-1}$	0.7741***	0.7736***	0.7834***	0.7840***	0.7356***
	(0.0367)	(0.0368)	(0.0371)	(0.0370)	(0.0729)
CF_{it}	0.0465***	0.0474***	0.0476***	0.0470**	0.0435*
	(0.0064)	(0.0058)	(0.0060)	(0.0059)	(0.0232)
$CF_{i,t-1}$	−0.0241***	−0.0242***	−0.0244***	−0.0245***	−0.0128
	(0.0074)	(0.0074)	(0.0074)	(0.0074)	(0.0303)
$BPROX_{i,t-1}$	−0.0023	−0.0012	—	—	−0.0018
	(0.0022)	(0.0017)			(0.0025)
$PROXY_i$	—	—	0.0045*	0.0023	—
			(0.0027)	(0.0022)	
$IBPROX_{i,t-1}$	0.0061	—	—	—	—
	(0.0118)				
$IPROXY_{it}$	—	—	−0.0109	—	—
			(0.0101)		
m_1	0.417	0.425	0.412	0.414	−5.049
m_2	—	—	—	—	1.265
Sargan(p-值)	—	—	—	—	62.96(0.216)
观察值的数量	1612	1612	1612	1612	1421

注:样本容量为 191 家公司。D_{it} 是所有模型中的因变量,CF 是现金流,$BPROX_{i,t-1}$ 代表在时间 $t-1$ 中持有公司 i 的表决权加上代理表决权的比重,$PROXY_i$ 代表三大银行持有公司 i 的代理投票权的比重,在整个期间均保持不变,$BPROX_{i,t-1}$ 和 $IBPROX_{i,t-1}$ 分别是现金流和银行控制的表决权(所持有的表决权及代理投票权)与代理投票权数量的交互项。时间虚拟变量被引入所有定式之中。m_1 和 m_2 是对残差中一阶和二阶序列相关性的检验,在无序相关性时渐近分配为 $N(0,1)$。Sargan 是一项对工具有效性的检验,在有效工具为零的情况下渐近分配为 χ^2。P 值表明,在有效工具为零的情况下生成公告统计的可能性。定式(a)、(b)、(c)和(d)是普通最小二乘法估计。定式(e)运用了广义矩量法的工具变量估计技术(系统内广义矩量法)进行估计,它包括一阶差分和水平方程式的线性系统。运用的这套工具中包括:差分方程式中日期为 $t-3$ 至 $t-5$ 的股利和现金流水平,以及水平方程式中日期为 $t-2$ 的一阶差分。对于银行的控制权,运用的工具是水平方程式中日期为 $t-1$ 的控制权水平。渐近于异方差的标准误差,报告于圆括号内。

* 代表在 10% 水平上统计显著。
** 代表在 5% 水平上统计显著。
*** 代表在 1% 水平上统计显著。

我们将在第八章第六节中来考察税收是否引起了顾客对特定的股利支付政策的偏好。

接下来,我们对不发放股利决定的排序概率单位回归进行了估计,这一估计与表 8.6 中的估计相类似。我们没有选用倚重银行直接或者间接拥有的表决权比重的变量,而是对银行控制的所有投票权(包括银行可以代表其顾客行使的代理投票权)的影响,进行了估计。然而,系数 $B_{i,t-1}$(银行持有的代理投票权之外的表决权)显示,银行控制权和股利之间存在很强的显著的负相关关系(t 统计为 -2.52,与表 8.6 中的定式(c)相似),当我们以银行控制的表决权加上代理投票权($BPROX_{i,t-1}$)取代 $B_{i,t-1}$ 时,这一关系消失了(t 比率现在仅仅有 -0.98)。

作为一项稳健性(robustness)检验,我们将持股分散的公司划分为以下两类:银行并不为其客户行使大量的代理投票权的公司,以及银行确实控制着许多代理投票权以至于可能事实上为银行所控制的公司。我们估计,相对于银行控制的公司,不存在代理投票权的股权分散公司是否更不愿意不发放股利,但是,并没有出现统计上显著的结果。因而,这一证据报告与本部分的发现相一致,但与假说之七相矛盾。总而言之,并不存在证据表明,银行持有的代理投票权强化了银行控制权(源于其自身所有的投票权)和股利之间的关系。

第六节 第一层级控制权、税收和股利

在前面的部分,我们已经研究了最终的控制权及其对股利的影响。现在,我们集中关注位于金字塔第一层级的控股股东的出身。这一方法论出于两个目的。第一,这一分析回答了以下问题:在对股利的影响方面,第一层级的控制权是否类似于最终的控制权。在根本上,我们放松了前面部分所运用的假设,即控制权位于最终的层面。例如,可能有人会认为,当目标上市公司和最终的股东之间加入一个额外的层级时,控制权就会被稀释。因而,设定股利政策的有可能是第一层级的大股东,而不是最终的控股股东。

在一项关于业绩和控制权对公司管理层和监事会被撤换的影响的研究中,Franks和Mayer(2001)表明,金字塔式结构降低了委员会被撤换的情形。唯一的例外是那些由家族控制的公司,因为看起来家族能够通过不同的层级来行使更多的控制权。

第二,第一层级的股东的税收状况可能影响着公司的股利政策。我们研究了公司是否会采纳有利于控股股东税收状况的股利政策。Bond,Chennells和Windmeijer(1996b),Eckbo和Verma(1994)以及Lasfer(1996)对不同股东的税收状况与其公司的股利政策之间的关系,展开了研究。Bond,Chennells和Windmeijer(1996b)运用了类似于我们的计量经济学的方法,来估算机构投资者(养老基金、保险公司等)的所有权和控制权对英国公司股利政策的影响。在英国直至1997年[15],相对于资本利得而言,这些投资者在股利方面更具有税收优惠,因而作者预测,在其样本期间,机构持股和股利支付之间存在正相关关系。结果也支持了他们的假设。Lasfer(1996)建构了一个税收差别变量,后者被界定为英国不同的股东所得的股利相对于资本利得的税收优惠程度。作者对一个类似于Lintner(1956)的模型进行了估计,但在其中加入了一个税收差别变量。他报告称,平均边际收益所得税率降低1%的,使股利增加了0.015%,并带来了股利长期最优水平0.09%的增长。Eckbo和Verma(1994)就1977年—1988年间的加拿大公司,检验了这一关系。相对于资本利得而言,加拿大公民在现金股利方面经受着更不利的税收处境,而公司/机构股东的情形恰恰相反,它们的股利收益完全免税。Eckbos和Verma(1994)的发现确证了他们的假设,即税收是公司股利政策的重要决定因素。

本部分的结构如下:我们首先描述了德国股利的税收待遇。接下来,我们报告了主要的第一层级的控制权变量的概要统计,并且解释了税收差别变量是如何构建的。在第八章第六节第三部分中,我们报告了对第一层级控制权和股利之间关系的研究结果,并

---

[15] 参见Bell和Jenkinson(2002)关于1997年英国税制改革的详细描述。

第八章 股利政策、公司控制权与税负顾客效应

且将它们与基于最终控制权的结果进行了比较。最后,在第 8 章第 6 节第 4 部分中,我们检验了以下命题:德国不同种类的股东的税收状况,显著地影响着公司的股利政策。

一、股利在德国的税收待遇

本部分描述了 1977 年至 1993 年的德国税收制度。德国税收法规后续的变更也在下文作了归纳。在我们的样本期间(直至 2000 年),德国实施了税率分割(split-rate)的公司税收制度,其中公司的留存利润比已分配利润被课以更重的税收(参见表 8.8)。此外,对于已分配利润(也就是股利)还加征额外的税收:25% 的代扣所得税(withholding tax),即在支付给股东的股利的源头中予以扣缴。然而,就已分配股利而征收的公司所得税以及代扣所得税,可以在股东就其收入所得的税收义务中予以课税扣除(tax credit)。因而,德国实行的是税收全面抵免制。

表 8.8　德国公司留存利润和股利的应税税率

	留存[a,b](%)	分配(%)
1977—1989	56	36
1990—1993	50	36

注:a 由于免税和减税,在 1990 年至 1993 年间,税收占利润的比例从 0% 至 50% 不等。

b 因而,根据留存利润和储备金的应税税率而对其做出区分,是很必要的,因为当它们被分配时,它们必须一体承担 36% 的税率。当公司分配已被征税 56%(1990 年之前)或者 50%(1990 年和 1993 年之间)的利润时,它可以要求在其当前税单上予以扣减,或者甚至要求返还税款。例如,直至 1993 年 12 月,通过分配在 1990 年之前留存的利润,公司可以获得 6% 的税款返还。其结果是,一些在 1990 年之前通过累积而达到充裕水平准备金的公司,在此期间都发放了额外的股利。

正式而言,以下 DM 1 的股利支付对于股东而言,是值得的:

$$\frac{(1-t_s)}{(1-t_d)(1-t_h)} \qquad (8.2)$$

其中,t_s 代表股东的个人所得税率,t_d 代表就公司已分配收益征收的公司所得税,t_h 代表公司在源头扣缴并缴纳给财政部门的代扣所得

税,股东可以在个人所得税的源头中将其扣除。在下述情况下,相对于资本利得而言,股东偏好股利:

$$\frac{(1-t_s)}{(1-t_d)(1-t_h)} > (1-t_g) \quad (8.3)$$

其中 t_g 代表资本利得税税率。

股利相对于资本利得的税收优惠,取决于每一个体股东的税收状况。因而,审视一番德国以下三种类型的大股东的税收状况是值得的:(1) 德国公民;(2) 德国的公司(也就是工商业公司、银行和保险公司);以及 (3) 外国个人和公司。

(1) 德国公民。在我们的样本期间,就已分配收益征收的公司税率 t_d 为 36%,代扣所得税率为 25%。德国的个人所得税(也就是 t_s)变化幅度为 [0%, 53%]。如果股份被持有的时间更长(例如,至少 6 个月),则不存在个人资本利得税(也就是 $t_g=0$)。超过 1000 德国马克的短期资本利得被加入到个人应税收益中。因而,股利相对于资本利得的税收优惠,取决于股东的边际所得税区间(marginal income tax bracket)。我们应当考虑以下三种国内个人投资者:

(a) 投资者位于 [0%, 52%] 的边际所得税区间(marginal income tax bracket)。当股东所得税 t_s 为 37% 时,无论股东是在短期(低于 6 个月)还是在长期实现了资本利得,不等式(8.3)中的严格不等总是成立,这样,此类投资者偏好的是股利而不是资本利得。

(b) 投资者被课以 52% 的税率。在这种情况下,对于投资者而言,股利和长期资本利得无关紧要,但股利拥有相对于短期资本利得的税收优惠。

(c) 当投资者边际所得税率为 53% 时,在长期资本利得方面,他拥有税收优惠。

(2) 德国公司和机构。如果股东是一家公司或者金融机构,其所得税 t_s 等于 t_d 或者 t_c 者,这取决于目标公司的收益是用于分配还是用于留存。在第一种情况下(当 t_s 等于 t_d 时),不等式(8.3)总是得以满足,即便资本利得税等于 0。在第二种情况下(当 t_s 等于

t_c时),不等式(8.3)也总是成立,因而国内公司和金融机构总是偏好股利而不是资本利得。

(3) 外国个人和公司。德国财政部门未赋予此类投资者课税扣除权利[16],因而他们已经面临双重征税处境:德国公司的收益被课征公司收入所得率,股利被课征代扣所得税,外国投资者所在的母国还要征收所得率。不等式(8.3)因而被降为

$$(1 - t_s) > (1 - t_g) \quad (8.4)$$

由于t_s通常大于t_g,对股利收益的双重征税在绝大多数情况下背离了不等式(8.4)。这意味着外国投资者偏好资本利得而不是股利。尽管如此,这一偏好可能还取决于外国投资者的母国和德国之间的双重征税协定。

总而言之,以上分析表明,德国个人和公司(除非德国公民被课以最高的边际所得税率)在总体上具有税收优势。外国投资者压倒性地偏好资本利得,而不是股利收益。Amihud 和 Murgia(1997:4)称,"有关德国的股利的困惑,恰恰与有关美国的股利的困惑相反:为什么德国的公司不设定更高的股利支付,然后在资本市场上筹集他们的投资所需要的资金?"正如从上文中可以推导的,我们应当比作者表明得更为细致地来解读这一陈述。虽然毫无疑问,相对于美国的制度而言,德国的税收制度针对股利的差别待遇要小得多[17],但这一陈述忽略了德国公司控制权制度中一个非常重要的特点:家族经常是德国上市公司的控股股东。的确,正如第五章所报告的,37.6%的德国工商业上市公司都属于这种情形。当应税收益超过 120042 德国马克(在我们样本期间最后的限定有效值)时,这些家族可能位于边际所得税区间中最高的53%,在这种情形下他们不再拥有股利的税收优惠。应当注意的是,在我们的样本期间,德国股票交易所的发达程度比不上它们的英美

---

[16] 根据德国与其他国家的双重征税协定,25%的代扣所得税可以扣除。
[17] 2003 年,美国股利的最高税率降至15%,这低于资本利得最高为20%的税率。

同行,普通的德国民众并不直接(或者通过投资基金而间接)地投资于股票之中。根据 Börse Online 这家长于股票交易分析的杂志的调查,1994 年在德国股票市场有 17 万私人投资者。[18] 如果我们假定,绝大多数的情形是,投资于股市的是更富有的个人,则预见以下场景也是可信的:除了控股股东之外,一大部分的自由层(free float)由个体股东组成,他们可能偏好于资本利得而不是股利。另外,正如上文所指出的,作为一种重要的股东类别的外国投资者,可能也偏好于资本利得。因而,Amihud 和 Murgia(1997)关于德国股利的困惑,只有在绝大多数股份由国内公司持有时,才毫无疑问是正确的。

1994 年以来德国税收体制的演变

1994 年,关于留存利润的公司税率降至 45%,而对于已分配利润的税率则降至 30%(还可参见表 8.8)。从 1995 年以来,对于已分配利润的公司税率增加了 7.5%,这一"团结附加税"(solidarity surcharge)导致公司税率变为 48.375%。1998 年,这一附加税被降至 5.5%。McDonald(2001)表明,在为德国的股东而不是外国股东带来了课税抵免的德国抵免制之下,股利对于应税的德国股东(在 1994—1998 年间)而言,要比免税的股东或者外国股东值钱 42.86%。对德国本土居民的课税抵免可能会诱发税收套利(tax arbitrage)机会,而德国股份的国外持有者借以将德国的股份出借给德国的居民以度过除息日(ex-dividend date)。除息日当天的股价下跌幅度超过了净股利,即这一跌幅比股利税还要多出一半以上的课税抵免数额。由于股份每支付股利 1 德国马克,其股价即下跌 1.26 德国马克,因而,股利税课税抵免的市场价值超过了半数以上的抵免额。这意味着,国外投资者因持有股份度过除息日而带来的成本,达到了股利价值的 26%。文章还显示,外国投资者持有衍生品(期权、期货、掉期)而不是直接投资于德国的股份,在

---

[18] Börse Online,1994 年第 29 卷。

税收上更富于效率。这些经验发现与德国投资者成本高昂的税收套利活动相一致。

在税收全面抵免制之下,股利代扣所得税可以在所得税中作为课税抵免而要求全部返还,这一制度在 2000 年 10 月的税制改革中被废除。2001 年以后的利润分配,适用新的所谓"半收入方法"(*Halbeinkunftsverfahren*)。被降至 25%(2001 年以后)的公司所得税在公司层面征收,而且获得股利的股东也不再可能从公司已经缴付的所得税中获得税款抵免或者返还。2001 年,德国公民的代扣所得税从 25% 降至 20%。如果德国与外国投资者的母国之间有双重征税协定,则居住于外国的股东的代扣所得税降为 15%。在德国股东不受公司所得税辖制的情况下,只有 50% 的股利被纳入收益估算的基础。

在 1999 年之前,股权投资持股超过 6 个月的,其资本利得税为零。1999 年以后,这一税率仅仅适用于持股至少为 12 个月的投资。而在旧的税制(2001 年以前)之下,短期资本利得被课以所得率的税率,而在当前税制下,现在只有 50% 的资本利得被纳入应税收益基础之中。

二、第一层级的所有权和控制权以及税收变量

我们来考察金字塔中第一层级的所有权和控制权结构,并且来构建一套新的变量。我们将 191 家样本公司划分为四种类型:(1) 由一家国内工商业公司作为最大股东的公司,该股东直接控制着至少 25% 的表决权股份(变量 $ICNP_{i,t-1}$ 捕捉到了这一类型的表决权百分比);(2) 国内银行控制的公司($BNP_{i,t-1}$ 包含了银行持有的表决权百分比);(3) 家族控制的公司($FNP_{i,t-1}$ 是家族持有的表决权的百分比);以及(4) 持股分散的公司,也就是被界定为不存在一位至少持有 25% 的表决权份额的股东的公司。所有这些变量都被界定在金字塔的第一层级所有权中。

为了探讨有关税收的论争,我们计算了以下税收差分变量:

$$\text{TAX} = \frac{(1-t_s)}{(1-t_d)(1-t_h)(1-t_g)} \quad (8.5)$$

其中

- t_s 是所得税率(国内个人和国内公司);
- t_d 是已分配股利的公司所得税率,在我们样本期间的年份中恒定为 36%;
- t_h 是从支付给股东的股利中源头扣缴的代扣所得税率,在我们的时间窗中恒定为 25%;
- t_g 是资本利得税率。

如果 TAX>1,则相对于资本利得而言,股东在股利方面拥有税收优惠。如果 TAX<1,则股东偏好资本利得。为了确定股东相对于资本利得的股利方面的税收优惠,我们必须做出一些关于 t_s 和 t_g 的假设。根据其税收状况,控股股东被分为三种类型:(1) 德国公民(在前面部分中被称为家族或者个人);(2) 国内公司(金融和非金融公司);以及 (3) 外国个人或公司。另一种我们需要计算税收差分变量的股东类型为持股分散的公司(也就是不存在至少持有 25% 表决权股份的股东)。

(1) 德国公民假定被课以最高的所得税率。直到 1989 年底,德国最高的所得税率为 56%(OECD 1989)。1990 年,最高的所得税率降至 53%,这一税率直至 1993 年仍然适用。另外,我们假定个人长期(至少为 6 个月)持有大量股权份额,这样资本利得税 t_g 为零。将这些数值输入方程式(8.5),我们得出:直到 1989 年(包括该年),这种类型的投资者的税收差分变量为 0.917,在 1990 年至 1993 年间,这一数值等于 0.979。因而,国内个人偏好长期资本利得。

(2) 国内公司按公司所得税率来课税。如果作为样本的德国上市公司的所有利润都作为股利来分配,则适用 36%(在样本期间)这一已分配收益的课税税率。如果利润留存,则采用对留存收益的公司所得税率 t_c。正如表 8.8 所显示的,直到 1989 年(包括该年)关于留存收益的公司所得税率为 56%,而在 1990 年与 1993 年间则降至 50%。我们假定,一般的公司的股利支付率为 80%,大体上等于德国公司作为税前股利而支付的占已公布收益的比例(参见第五章)。因而,一般的公司的有效公司所得税率,在直到 1989 年前的期间里为 40%[36%(80%)+56%(20%)],并且在 1990 年至 1993 年间降为 38.8%[36%(80%)+50%(20%)]。公司的资本利得税率与有效公司所得税率相同。将这些数值输入方程式(8.5),我们得出,在 1984 年至 1993 年间,国内公司和机构的税收差分变量为 2.08。因而,国内公司和机构在股利方面的税收优惠很大。

(3)对于外国投资者而言,税收差分变量取决于以下因素:在母国的收益或者公司所得税相对于母国的资本利得税的大小,以及代扣所得税是否可从母国课征的税款中扣除。正如前面所阐明的,外国投资者的税收差分变量 TAX 很可能低于 1,这说明其在资本利得方面有着税收优惠。然而,由于存在双重征税协定,这一结果可能不适用于所有的国外投资者,因而我们将税收变量设定为 1。

(4)对于持股分散的公司而言,我们必须作出进一步的假设。除非这些公司拥有至少持有 25% 表决权股份的股东,我们并不拥有关于这些公司的所有权结构的信息,因而我们运用了每一类型的股东的合计加权平均税率。为了计算这一合并的权重,我们运用了德国 1990 年的一项关于股份所有权(*Deutsche Bundesbank* 1991)的调查数据,并且假定这些合计权重在 1984 年至 1993 年间保持不变。根据这些资料,1990 年在德国股票交易所上市交易的股票中,17% 掌握在德国公民的手中,42% 掌握在国内企业手中,5% 由公共机构持有,14% 由非本土居民持有,10% 由银行持有,12% 由保险公司持有。[19] 如果正如前述,国内个人直到 1989 年的

---

[19] 德意志联邦银行(1995:67)提供的 1994 年的股份所有权情况略有不同:20.8% 的股份由家庭持有,34.3% 由非金融公司持有,4.3% 由公共部门持有,18.9% 由机构投资者持有,21.7% 被外国投资者所有。据 Edwards 和 Fischer(1994)估计,20% 的德国股份被外国投资者持有。

税收差分变量为 0.917，其后为 0.979，如果国外股东的税收变量被假定为 1，而且如果国内企业、公共机构、银行和保险公司在股利方面拥有同样的税收优惠，其税收差分变量在 1984 年至 1993 年间等于 2.08，则此种类型的公司的税收变量 TAX 直到 1989 年都等于 1.731（从 [(42% + 5% + 10% + 12%) * 2.08 + 17% * 0.917 + 14% * 1] 得出），其后则等于 1.741。

从以上分析和假设中，我们推断，个人在长期资本利得方面拥有税收优惠，而公司则在股利方面拥有相当多的税收优惠。另外，关于持股分散的公司的税收差分变量的测算，表明存在股利方面的税收优惠。在第八章第六节第三部分中，我们将检验以下假设（假设之八）：在运用有着工具变量的广义矩量法之下，股利的税收待遇影响着股利政策。

三、结论

表 8.9 总结了系统内广义矩量法的主要估计结果。定式（a）和定式（b）表明了银行、家族和国内公司在第一层级的控制权对股利的影响。以下两个估计结果揭示了一个与我们在前面部分的发现相类似的范式：银行控制权与显著低下的股利支付有关，而在其他类型的控股股东方面，则没有发现明显的范式。加入考虑到了控制权的二次关系（未显示）的变量，也没有产生重要的结论，这与第八章第四节所报告的结论存在差别。与假设之九相比，这些结论表明，并不存在有力的证据表明，控制权在金字塔的中间层级被稀释了。当我们运用第一层级的控制权来估算排序概率单位模型时，第八章第四节关于在最终控制权框架内不发放、削减或者保持/增加股利的决定的结论，得到了确认。我们发现：（a）银行控制的公司在经营业绩低下时，更倾向于不发放股利，虽然在控制权是以银行自身直接持有的股权份额而不是以代理投票权为基础时，银行的控制权只是影响着股利；（b）在持股分散和持股紧密（非银行控制）的公司的股利行为之间，并不存在显著的区别。

表8.9 第一层级的股利、现金流及税收差分和控制权结构关系的面板数据估计

	(a)	(b)	(c)	(d)
常量	0.0064*	0.0055	0.0224***	-0.0023
	(0.0033)	(0.0034)	(0.0093)	(0.0346)
$D_{i,t-1}$	0.7345***	0.7849***	0.7514***	0.7886***
	(0.0696)	(0.0691)	(0.0710)	(0.0691)
CF_{it}	0.0611***	0.0660***	0.0536***	0.0659***
	(0.0168)	(0.0203)	(0.0135)	(0.0151)
$CF_{i,t-1}$	-0.0333	-0.0436	-0.0169	-0.0414*
	(0.0264)	(0.0312)	(0.0225)	(0.0232)
$BNP_{i,t-1}$	-0.0050**	-0.0036*	—	-0.0116
	(0.0025)	(0.0021)		(0.0145)
$FNP_{i,t-1}$	0.0001	—	—	0.0058
	(0.0020)			(0.0226)
$ICNP_{i,t-1}$	-0.0018	—	—	-0.0044
	(0.0019)			(0.0115)
$TAX_{i,t}$	—	—	-0.0111*	0.0048
			(0.0058)	(0.0197)
m_1	-4.806	-4.890	-4.989	-4.912
m_2	1.394	1.451	1.356	1.461
Sargan(p-值)	105.56(0.260)	65.24(0.212)	88.04(0.252)	129.04(0.249)
观察值的数量	1421	1421	1421	1421

注:样本的规模为191家公司。D_{it}是所有模型中的因变量,CF是现金流,两个都按等比例缩小了。$TAX_{i,t}$是税收差分变量(参见第八章第六节第二部分关于这一计算详细描述)。$FNP_{i,t-1}$、$BNP_{i,t-1}$ 和 $ICNP_{i,t-1}$分别代表国内家族、银行和商业公司所持有的第一层级控制权(按百分比)变量。定式(a)和定式(b)检验了第一层级的控制权对股利政策的影响。定式(c)估计了德国股东的税收状况对股利政策的影响。时间虚拟变量被引入所有定式之中。m_1 和 m_2是对残差缺乏一阶和二阶序列相关性的检验,在无序相关性时渐近分配为$N(0,1)$。Sargan统计是一项对工具有效性的检验,在有效工具为零的情况下渐近分配为χ^2。P值表明了在有效工具为零的情况下生成公告统计的可能性。所有的定式在估计时都运用了广义矩量法之工具变量技巧和系统内广义矩量法,后者包括一阶差分和水平方程式的线性系统。运用于模型(A)和模型(B)的一套工具是:日期为$t-3$至$t-4$的股利和现金流水平,以及日期为$t-2$的一阶差分。在控制权变量方面,这套工具是:日期为$t-3$至$t-4$的水平,和日期为$t-2$的水平。模型(c):日期为$t-3$至$t-5$的股利和现金流水平,以及日期为$t-2$的一阶差分。在税收变量方面,则是日期为$t-2$至$t-5$的水平,以及日期为$t-1$的一阶差分。渐近于异方差的标准误差,报告于圆括号内。

* 代表在10%水平上统计显著。
** 代表在5%水平上统计显著。
*** 代表在1%水平上统计显著。

定式(c)讨论的是假定控股股东的税收状况不同,它们是否会推行它们的现金股利偏好。为此,我们估算了税收差分变量($TAX_{i,t}$)对股利的影响。表格显示,接受股利的税收优势越大,公司的股利支付越低。那是因为公司(银行和其他公司)所持有的控制权和所有权与更低的股利息息相关,这一点正如我们前面所见。定式(c)假定,税收变量是股利的唯一决定因素。如果对一个将控制权和所有权范式考虑为股利的决定因素的模型进行估计,我们就会发现,税收变量现在为正,虽然它在统计上并不显著(定式(d))。换言之,并不存在支持以下观点的证据:有着不同税收状况的控股股东,将其偏好加于小股东。我们的证据与Lasfer(1996)以及Bond、Chennells和Windmeijer(1996b)在英国的发现,以及与Eckbo和Verma(1994)在加拿大的发现,都并不一致。

概括说来,这一分析提供的证据:(1)确认了第一层级的银行控制权与更低的股利支付率相关;以及(2)并没有支持以下观点:控股股东的税收状况是德国股利的富于影响力的决定因素。德国的公司开设子公司,看起来并不是为了赚取更高的股利,因为它们能够获取100%免税的现金股利。另外,由个人控制的公司并没有显示出较低的股利支付率,因为这对于它们的主要投资者而言,可能在税收方面是没有效率的。

第七节 结论

在本章中,我们分析了德国公司的控制权的横截面变量以及内部暂时性变量对其股利支付的影响。我们利用了一个面板数据估计技术,即系统内广义矩量法,它解释着控制权的潜在内生性问题。我们还研究不同种类的控制权结构对于德国公司在收益明显恶化之后不发放股利的意愿的影响。

我们的报告称,在最大的股东所持表决权份额和股利支付之间存在U型的关系。我们认为,这一结果也与有关股利政策的代理成本观点相一致。在内部人控制水平较低的层面上,股利和最大股东所持股权份额之间观测到的负相关关系,与 Rozeff(1982)的见解,以及与在这一层面的控制权中增加控制权会降低代理成本的观点,是相一致的。然而,在控制权集中度比较高的层面上,随着最大的股东的持股份额加大,股利水平亦随之增加,这意味着存在一个临界点,越过此临界点之后,控制权不再发挥着股利的替代作用。这一结论还有其他的蕴意。例如 Shleifer 和 Vishny(1997)就认为,所有权和控制权高度集中的治理结构,例如德国的市场,或许可以解决监督管理者的问题,但它可能是以牺牲小投资者利益为代价的,因为在这种环境下,保护这些投资者免受侵害的措施更为匮乏。我们的结论表明,如果在德国存在控股股东侵占小投资者利益的情形,这也不是由于控股股东的表决权增加而小股东的表决权降低,从而控股股东通过支付更低的股利(以及由控股股东自主决定留存资金以备用)来完成的。这一结论在一定程度上与 La Porte 等人(2000)的观点相冲突。然而,当我们考虑到控制权的更高次函数形式,从而这些估计指向若干局部最小值时,我们也在一定程度上关注了自身结论的稳健性。

应当注意的是,最大的股东所持有的表决权股份比例,或者所有的大股东(持有至少不低于25%的表决权股份)持有的表决权比重,并没有准确地捕捉到控制权对股利政策的影响。实际上,在讨论中将不同种类的股东均考虑在内,这是重要的,因为每一种类的股东都会产生不同的代理关系和代理成本问题。我们分析得出的一个重要结论是,银行拥有的表决权股份,与更低的股利支付和不发放股利的更强烈的意愿息息相关。无论我们是集中关注第一层级的控制权,还是最终层级的控制权,这一结论在不同的定式中均同样正确。它意味着控制权并没有通过金字塔而被逐渐稀释。我们的结论与以下观点相一致:银行的直接控制权减轻了信息不对称,降低了代理成本。然而,我们的证据表明,代理投票和银行的控制权并不是替代性的监督机制。

关于银行控制权的重要性的结论,也确证了关于公司投资决策的理论。当一家公司面临流动性约束,但同时拥有一个正净现值(positive NPV)项目时,它可能必须求诸资本市场,以吸引资金为其投资项目融资。公司管理层可能确信这是个优质项目,因而资金成本应当恰如其分地(低)。然而,处于信息劣势的市场,可能只是按质量一般的项目来评估此一项目,因而可能只愿按平均的资本成本来为其融资。于是,如果这一正净现值项目无法实施,其结果就可能是投资不足。而如果这家公司拥有家庭银行(house bank),投资不足的境况就可能得到缓解,因为基于对公司历史信誉的了解以及银行在公司中的控制权份额和可能拥有的董事会席位,相对于市场而言,银行就可能不会处于信息劣势地位。因而,银行的控制权可能会使资金成本更低,也可能会降低通过股利政策来向市场昭示公司优良质地(成本高昂)的需要。Elston(1993)在德国公司中发现了与这一论点相一致的证据。

最后,我们估计了德国公司中股东的税收状况对股利政策的影响。我们的证据并没有支持以下假定:在股利和长期资本利得方面税收优惠各有不同的控股股东,会将它们的偏好加诸其他股东。在那个方面,我们发现了与Eckbo和Verma(1994)相冲突的证据。当我们将银行控制权和捕捉到了对股利(相对于资本利得)的相对偏好的一个税收变量,加入到一个股利回归时,银行控制权与股利之间的负相关关系就消失了。这表明,银行控制的公司中更低的股利支付率偏好,被基于纳税立场的更高的股利偏好所抵消了。

第九章 结论

由于对英美公司治理体制之外的公司股利政策的研究寥寥无几,本书试图缩小这一差距。在本书的第一部分,我们向读者描述了多种可能形成股利政策的公司治理体制。然后对股利政策的研究文献——绝大多数是英美文献——进行了梳理。在本书的第二部分,也就是实证研究部分,我们提出了以下问题:以大股东为基础的公司治理体制,其作用是否区别于以市场为基础的体制。特别是我们需要确定,股利水平和公司控制权集中度之间是否存在负相关关系。如果情形的确如此,则股利和控制权可以成为替代性的监督机制。另一个有趣的问题是,大股东是否能够施加一项最适于其税收状况的股利政策。特别是对于被贴上了"以银行为基础的经济"标签的德国而言,研究银行控制权——基于股份所有权和代理投票权——是否与更低的股利和更不情愿削减及不发放股利息息相关,确有价值。

第一节 公司治理机制和股利政策文献

我们将公司治理制度宽泛地界定为各种机制的混合物,它确保了代理人(公司的管理层)为一个或多个委托人(股东、债权人、供应商、顾客、雇员及公司与其打交道的其他主体)的利益而运营公司。大致说来,存在着两种一般的公司治理制度:以市场为基础的制度和以大股东为基础的制度。前者的特征是,大量的公司在股票交易所上市交易,所有权分散,遵循一股一票规则,公司控制权市场活跃,股东居于强势地位,债权人权利稳固。英国和美国即是这一体制的原型。大股东体制可以被描述为,上市公司数量少,有着大股东,所有权结构复杂(股东金字塔式结果和交叉所有权),

经常背离一股一票规则,股东保护孱弱。欧洲大陆国家即是此体制的一部分。我们关于公司治理体制的描述也表明,不但公司控制权的集中度因体制而异,而且公司控制权的性质亦因体制不同而存在差异。在英国和美国,金融机构持有绝大多数股份,但其持股比重适中。这些国家中第二个重要类型的股东是董事。他们持有大量股份已经被证明在公司经营业绩低下的情况下会带来潜在的损害,因为它可能会导致管理层堑壕效应。在欧洲大陆,主要的股东类型是家族或者个人以及公司。另外,在德国,银行是重要的资金来源。首先,它们作为公司债务资本(debt capital)的主要供给者,频繁地扮演着家庭银行的作用。其次,他们经常持有大量的表决权份额,而且他们的控制权也会被代理投票权所增强。

如果一股一票原则适用的话,拥有对公司的控制权就要求有着大量的投资。然而,在绝大多数欧洲国家,存在着偏离一股一票原则的机制。其结果是,将高度的控制权与有限比例的现金流权利相结合是可能的。这些机制是所有权金字塔或者层叠结构、双重投票权、无投票权股份和代理投票。强大的所有权与有限投资的结合,可能会产生大股东剥削小股东的情况。相反,在英美法律制度下,一股一票原则通常得到遵循,所有权趋于分散,主要的代理问题存在于管理者与股东之间。

我们集中关注那些可能对股利政策产生直接或者间接影响的机制,并对其内部和外部治理机制作出区分。内部治理机制包括董事会和大股东,而主要的外部治理机制则包含公司控制权市场、大宗交易市场和债权人监督。我们还表明了监管框架(立法、自律和股票交易规则)的重要意义,例如投资者和债权人保护,强制性的要约收购规则和法律的渊源。

股利在公司控制权方面的作用是双重的。第一,股利支付可以成为一项约束机制,使得管理层能够追求价值的最大化。高额的股利支付确保经理人员集中产出足够高水平的现金流,并且确保不把这些现金流投入于收益低于资金成本的项目。同样的,股利政策因而就可以成为替代若干内部监督机制的若干公司治理机制,例如,这些内部监督机制包括董事会或者大股东。第二,股利政策还可以构成一项重要的信号机制,因为股利削减被市场解读为关于公司当前境况及其前景的坏消息的强有力的信号。其结果是,未能实现预期股利水平或者未能如预期般支付股利,可能会激活一些替代性的公司治理机制,这些机制更适于解决公司经营业绩低下或者陷入财务困境的问题。考虑到(产业调整)后的经营业绩低下可能不仅是管理原因,还可能是由于内部监督者(如董事会或大股东)乏力,这样,外部的公司治理机制(例如公司控制权市场)可能就会被激活以启动公司董事会和/或资产的重组。

重要的是,股利作为公司业绩和公司控制权失败的信号,其前提条件是股利具有"粘性"(stickness)。在英美公司中,有充足的证据表明经理人员不愿削减股利,但令人心存疑虑的是,欧洲大陆的公司是否同样不愿支付股利,这些公司通常由一个单一的占支配地位的投资者集团所控制。例如,由于德国公司的股利更不稳定,它们可能更符合当前收益的需要,而不是根据公司的长远前景来设定。股利就不再是公司管理和治理绩效低下的强有力的信号。

第二节 德国和英国的股利支付率

本书对某一公司治理体制——德国的体制——下的公司股利政策,提供了重要而全新的见解,这一体制并不具有 Berle-Means(1932)所称的所有权和控制权相分离的特征。我们表明,德国公司比英国或美国的公司在现金流中支出更低的比例。然而,以已公布收益为基础的传统观点认为,德国公司的股利支付率比英国或美国的公司低得多,但这一见解已经不再正确,因为我们发现情形恰恰相反。关于利润报告及公司与其母公司之间利润转移的公司法规则和会计规则,在很大程度上解释了这两种互相冲突的范式。影响着股利支付率的最重要的法律规则是如下方面:第一,一些公司与其母公司之间存在控制权协定,据此它们将利润和/或亏损移转给母公司。这种移转在本质上并非股利本身,而可能是母公司获得了通过其子公司层面的所得税亏损而受益的机会。我们在分析中,将有着控制权协定的情形从数据库中排除,以避免股利的双重计算问题。第二,德国的公司通常被要求至少将其已公布利润的50%作为股利来支付,虽然公司章程中会有一些规定降低其影响力。第三,在我们的实证研究期间,德国的公司通常不被允许回购其自身股份,这样他们如果想向股东返还资金,就必须借助于提高股利支付率。这与美国的情形判然有别。在美国,股份被购回司空见惯。

德国的公司比它们的英美同行支付更高的股利(以利润为基础),另一个原因在于会计规则。相对于英美的公司财务报告,德国的会计规则经常被认为向投资者披露的信息不足。在德国的制度下,公司管理人员有着激励去报告较少的利润,特别是在至少要把50%的已公布利润作为股利来支付的要求之下。另外,养老金和其他准备金可能也解释着那种以为已公布利润数额日益式微的偏见。

我们还证明,不仅德国和英国或美国的公司在股利支付水平方面存在差异,而且它们的股利政策也各不相同。英国和美国公司的每股股利在相当长的时间里相对平滑,且以频繁的小幅调整为特征。相反,德国公司的每股股利更少调整,但呈现的是断裂式的突变。因而,看起来,相较于英国或美国而言,德国的股利政策更为灵活,因为德国股利的变更,更为紧密地跟随公司收益和现金流的变更。

我们还发现,股利支付与德国公司的控制权集中度是相关的。一般而言,股权分散的公司比股权集中的公司的股利支付率低。然而,在股权集中的公司内部,我们报告了控制权的性质(大股东的类型)对股利政策有着重要的影响。首先,由其他公司控制的公司有着最高的股利支付率。其次,银行控制的公司的股利支付率大大低于样本的平均水平。最后,外资、家族、政府和控股公司控制的公司,略微居于其中,所有公司事实上有着相同的支付率。

第三节 股利因应着收益变化的调整程序

Lintner(1956)以及 Fama 和 Babiak(1956)关于美国股利政策的开创性成果表明,管理层变更股利主要是为了应对公司收益的非预期且非暂时性的变化。另外,公司拥有界定清晰的股利政策。它们通常有着长远的目标支付率,并且设定了朝向这一目标的股利调整速度。我们运用 Lintner 的部分调整模型,来估计在英美公司中被证明了的股利和收益之间的经验关系是否适用于德国。本书的研究通常运用一个更为准确的估计方法(拥有以广义矩方法为基础的工具变量方法)、更大且更具有代表性的样本(我们的样本代表了在德国股票交易所上市的工商业公司约 80% 的市值)、更长的时间窗口(10 年)和两个不同的收益率测量方法(已公布收益相对于现金流)。我们选择了 1984 年至 1993 年这一时间段,以涵盖五年的经济繁荣期及其后的经济萧条期。我们发现,隐含的目标股利支付率为(已公布收益的)25%,大大低于观察到的 86% 的股利支付率。这意味着,德国公司并没有将其股利决定建立于以已公布收益来表述的长期目标支付率之上。考虑到德国公司倾向于保留相当部分的收益以建立法定准备金,以及已公布收益偏于保守,因而其可能并不能准确地反映公司的业绩,我们采取了一些稳健性测试,从现金流的角度来界定股利。我们的估计结果与观察到的股利政策更为接近。

第四节 德国的公司何时变更股利

考虑到德国公司的时间序列里的每股股利具有高度的离散性特征,也就是说,其股利频繁发生大的调整,我们选择了离散选择模型方法。我们分析了过去、现在和将来的利润是如何影响股利变更的时点,而不是股利变更的数量。我们发现,收益的底线是股利变更的决定因素,这一发现也与 Lintner(1956)相一致。我们还运用现金流来矫正收益数额方面的会计保守做法,从而发现现金流也是股利变更决策的重要因素。

我们重点分析了 Lintner 模型中未涉及的德国股利政策的两大特色。首先,我们观察到净收益水平并不是股利削减或者不发放股利的主要决定因素。事实上,年度亏损的发生,比亏损大小本身具有更大的解释力。我们发现,有着至少五年净收益和股利的公司,在亏损当年至少有80%的公司不发放股利,而无论历史上其收益有多大、将来的收益前景如何以及目前发生多大的收益亏损。其次,德国的公司迅速恢复至不发放股利或者削减股利之前的水平。我们发现,半数以上的不发放股利的德国公司,仅仅在两年之内就恢复到了不发放股利之前的水平。类似的模式适用于股利的削减。这些发现与 Lintner(1956)以及 Miller 和 Modigliani(1961)的以下预测相反:只有在管理层相信股利在短期之内无须逆转的情况下,才会发生股利的变更。因而,这些模型并没有捕捉到盈利能力出现暂时恶化的德国公司的股利行为。Lintner 模型描述的股利政策是有关经营业绩良好的公司,而不是那些在盈利能力方面面临突然且暂时下跌的公司。我们的发现也与 DeAngelo、DeAngelo 和 Skinner(1992)相左,后者报告称美国的公司在当期亏损较大且预期未来收益问题将持续存在时,更可能降低股利。

读者可以根据股利政策的信号理论来解读我们的发现。德国的公司经常不发放和削减股利并且迅速恢复至不发放和削减股利之前的水平,这一事实表明,股利并没有传递(许多)关于公司未来价值的信息。

第五节 控制权集中度和税负顾客效应

我们还分析了德国公司的控制权横截面变量以及内部暂时性变量对股利支付的影响。由于控制权通常集中于一个大股东手中,我们研究了股利范式是否反映了这一点。不同种类的控制权,可能的确会导致股利支付和股利政策方面不同的制度设计。我们还研究不同种类的控制权结构,对于德国公司在收益明显恶化之后不发放股利的意愿的影响。

我们的报告称,在最大的股东所持表决权份额和股利支付之间,存在 U 型的关系。这一结果似乎与有关股利政策的代理成本观点相一致。在公司控制权集中度较低时,最大的股东所持控制权份额的增加与股利支付率呈负相关。这与以下观点相一致:控制权的增加有助于降低管理者与股东之间的代理成本。而在公司控制权集中度较高时,股利支付率也相应增大。这意味着存在一个临界点,越过这一临界点,公司控制权就不再发挥着替代股利的作用。公司控制权的高度集中,可能能够解决监控管理者的代理问题,但它付出了牺牲小投资者的代价,后者在投资者权利孱弱的制度中面临着更高的被剥削的危险。我们的结果表明,如果存在控股股东剥削小股东的情形,这一问题无法通过更低的股利支付来解决。

不仅将控制权的集中度,而且将控股股东的类型也考虑在内,这是很重要的,因为不同类型的股东带来的是不同的代理关系和代理成本问题。我们的分析得出的一个关键结论是,银行所持的表决权股份,与更低的股利支付率及不发放股利的更强烈的倾向相关。我们的结论与以下观点相一致:银行直接拥有的控制权缓解了信息不对称和代理成本问题。然而,代理投票权的行使(有时还占有相当比例),并没有替代银行直接的控制权。

最后,我们估计了德国公司中股东的税收状况对股利政策的影响。我们研究了关于股利的课税(相对于资本利得的课税)是否产生税负顾客效应。我们的证据并没有支持以下命题:有着不同股利税收偏好的控股股东,将他们的偏好施加于小股东之上。我们还发现,银行控制的公司的低股利支付率偏好,在一定程度上被基于课税立场的高股利偏好所抵消。

本书揭示的类型化事实和其他的经验结论，有助于正在进行中的关于公司治理和最优公司治理机制的讨论。我们的结论表明，虽然英美制度在更强的投资者保护方面优势明显，德国或者欧洲大陆的制度也具有相当大的优势，因为后者在股利政策方面为公司提供了更大的自由度。

参考文献

Adams, M. (1994). 'Die Usurpation von Aktionärsbefugnissen mittels Ringverflechtung in der "Deutschland AG"'. *Die Aktienrechtsreform und Unternehmensverfassung* (April): 148–58.

Adaoglu, C. (2000). 'Instability in the dividend policy of the Istanbul Stock Exchange (ISE) corporations: Evidence from an emerging market'. *Emerging Markets Review* 1: 252–70.

Admati, R. A., Pfleiderer, P., and Zechner, J. (1994). 'Large shareholder activism, risk sharing, and financial markets equilibrium'. *Journal of Political Economy* 102: 1097–130.

Aghion, P. and Bolton, P. (1992). 'An incomplete contracts approach to financial contracting'. *Review of Economic Studies* 59: 473–94.

Agrawal, A. and Knoeber, C. (1996). 'Firm performance and mechanisms to control agency problems between managers and shareholders'. *Journal of Financial and Quantitative Analysis* 31: 377–97.

Aharony, J. and Swary, I. (1980). 'Quarterly dividend and earnings announcements and stockholders' returns: An empirical analysis'. *Journal of Finance* 35: 1–12.

Aldrich, J. and Nelson, F. (1984). *Linear Probability, Logit, and Probit Models*. New York: Sage Publications.

Allen, F. and Santomero, A. (2001). 'What do financial intermediaries do?' *Journal of Banking and Finance* 25: 271–94.

Ambarish, R., John, K., and Williams, J. (1987). 'Efficient signalling with dividends and investments'. *Journal of Finance* 42: 321–43.

Amemiya, T. (1973). 'Regression analysis when the dependent variable is truncated normal'. *Econometrica* 41: 997–1016.

Amihud, Y. and Murgia, M. (1997). 'Dividends, taxes and signaling: Evidence from Germany'. *Journal of Finance* 52: 397–408.

Anderson, T. and Hsiao, C. (1981). 'Estimation of dynamic models with error components'. *Journal of the American Statistical Association* 76: 598–606.

Arellano, M. and Bond, S. (1988). 'Dynamic panel data estimation using DPD—A guide for users'. Working paper, Institute of Fiscal Studies.

—— —— (1991). 'Some tests of specification for panel data: Monte Carlo evidence and an application to employment equations'. *Review of Economic Studies* 58: 277–97.

—— and Bover, O. (1995). 'Another look at the instrumental-variable estimation of error-component models'. *Journal of Econometrics* 68: 29–52.

Asquith, P. and Mullins, D. (1983). 'The impact of initiating dividend payments on shareholders wealth'. *Journal of Business* 56: 77–95.

—— —— (1986). 'Signaling with dividends, stock repurchases, and equity issues'. *Financial Management* 15: 27–44.

Bagwell, L. and Shoven, J. (1989). 'Cash distributions to shareholders'. *Journal of Economic Perspectives* 3: 129–40.

Baker, M. and Gompers, P. (2000). 'The determinants of board structure and function in entrepreneurial firms'. Working paper, Harvard Business School.

Banerjee, S., Leleux, B., and Vermaelen, T. (1997). 'Large shareholders and corporate control: An analysis of stake purchases by French holding companies'. *European Financial Management* 3: 23–43.

Bar-Yosef, S. and Huffman, L. (1986). 'The information content of dividends: A signalling approach'. *Journal of Financial and Quantitative Analysis* 21: 47–58.

Barca, F. and Becht, M. (2001). *The Control of Corporate Europe*. Oxford: Oxford University Press.

Barclay, M. J. and Holderness, C. G. (1989). 'Private benefits from control of public corporations'. *Journal of Financial Economics* 25: 371–95.

Barclay, M. J. and Holderness, C. G. (1991). 'Negotiated block trades and corporate control'. *Journal of Finance* 46: 861–78.

—— —— (1992). 'The law and large-block trades'. *Journal of Law and Economics* 35: 265–94.

Barro, J. and Barro, R. (1990). 'Pay, performance and turnover of bank CEOs'. *Journal of Labor Economics* 8: 448–81.

Baums, T. (2000). 'Corporate governance in Germany—System and current developments'. Working paper, University of Osnabrück.

—— and Fraune, M. (1995). 'Institutionelle Anleger and Publikumsgeselllschaft: Eine Empirische Untersuchung'. *Die Aktiengesellschaft* 40: 97–112.

Bebchuk, L. (1998). 'A theory of the choice between concentrated and dispersed ownership of corporate shares and votes'. Working paper, Harvard Law School.

—— and Roe, M. (2000). 'A theory of path dependence of corporate ownership and governance'. *Stanford Law Review* 52: 775–808.

—— Coates IV, J. C., and Subramanian, G. (2002). 'The powerful antitakeover force of staggered boards: Theory, evidence, and policy'. *Stanford Law Review* 54: 887–924.

Becht, M. and Boehmer, E. (2001). 'Ownership and voting power in Germany'. In F. Barca and M. Becht (eds.), *The Control of Corporate Europe*. Oxford: Oxford University Press, pp. 128–53.

——, Bolton, P., and Röell, A. (2002). 'Corporate governance and control'. Working paper, European Corporate Governance Institute.

——, Chapelle, A., and Renneboog, L. (2001). 'Shareholding cascades: Separation of ownership and control in Belgium'. In F. Barca and M. Becht (eds.), *The Control of Corporate Europe*. Oxford: Oxford University Press, pp. 71–105.

Beck, T., Demirgüç-Kunt, A., and Levine, R. (2002). 'Law and finance: Why does legal origin matter?' *Journal of Comparative Economics*, forthcoming.

——, Levine, R., and Loayza, N. (2000). 'Finance and the sources of growth'. *Journal of Financial Economics* 58: 261–300.

Behm, U. and Zimmermann, H. (1993). 'The empirical relationship between dividends and earnings in Germany'. *Zeitschrift für Wirtschafts- und Sozialwissenschaften* 113: 225–54.

Bell, L. and Jenkinson, T. (2002). 'New evidence of the impact of dividend taxation and on the identity of the marginal investor'. *Journal of Finance* 57: 1321–46.

Bennedsen, M. and Nielsen, K. (2002). 'The impact of break-through rule on European firms'. Working paper, Copenhagen School of Economics.

Berglöf, E. and Burkart, M. (2002). 'Break-through in European takeover regulation?' Working paper, Stockholm School of Economics.

—— and Perotti, E. (1994). 'The governance structure of the Japanese financial Keiretsu'. *Journal of Financial Economics* 36: 259–84.

—— and von Thadden, E.-L. (1999). 'The changing corporate governance paradigm'. SITE Working Paper No 99/03, Stockholm School of Economics.

Berkovitch, E., Ronen, I., and Zender, J. (1997). 'Optimal bankruptcy law and firm-specific investments'. *European Economic Review* 41: 487–97.

Berle, A. and Means G. (1932). *The Modern Corporation and Private Property*. New York: Macmillan.

Bertrand, M. and Mullainathan, S. (2003). 'Enjoying the quiet life? Managerial behavior following anti-takeover legislation'. *Journal of Political Economy*, forthcoming.

Bethel, J. E., Liebeskind, J. P., and Opler, T. (1998). 'Block share purchases and corporate performance'. *Journal of Finance* 53: 605–34.

Bhagat, S. and Black, B. (2000). 'Board independence and long-term firm performance'. Working paper, University of Colorado.

Bhattacharya, S. (1979). 'Imperfect information, dividend policy and the "bird in hand" fallacy'. *Bell Journal of Economics* 10: 259–70.

Bianchi, M., Bianco, M., and Enriques, L. (2001). 'Pyramidal groups and the separation between ownership and control in Italy'. In F. Barca and M. Becht (eds.), *The Control of Corporate Europe*. Oxford: Oxford University Press, pp. 154–87.

Black, F. and Scholes, M. (1974). 'The effects of dividend yield and dividend policy on common stock prices and returns'. *Journal of Financial Economics* 1: 1–22.

—— (1976). 'The dividend puzzle'. *Journal of Portfolio Management* 2: 5–8.

Blackwell, D., Brickley, J., and Weisbach, M. (1994). 'Accounting information and internal performance evaluation: Evidence from Texas banks'. *Journal of Accounting and Economics* 17: 331–58.

Bloch, L. and Kremp, E. (2001). 'Ownership and voting power in France'. In F. Barca and M. Becht (eds.), *The Control of Corporate Europe*. Oxford: Oxford University Press, pp. 106–27.

Blundell, R. and Bond, S. (1998). 'Initial conditions and moment restrictions in dynamic panel data models'. *Journal of Econometrics* 87: 115–43.

Boehmer, E. (2002). 'Who controls German corporations?' In J. McCahery, P. Moerland, T. Raaijmakers, and L. Renneboog (eds.), *Corporate Governance Regimes: Convergence and Diversity*. Oxford: Oxford University Press, pp. 268–86.

Bolton, P. and von Thadden, E.-L. (1998). 'Blocks, liquidity and corporate control'. *Journal of Finance* 53: 1–25.

Bond, S., Chennells, L., and Devereux, M. (1995). 'Company dividends and taxes in the UK'. *Fiscal Studies* 16: 1–18.

—— —— —— (1996a), 'Taxes and company dividends: A microeconometric investigation exploiting cross-section variation in taxes'. *Economic Journal* 106: 320–33.

—— ——, and Windmeijer, E. F. (1996b). 'Shareholder status and company dividend behaviour'. Mimeo, Institute of Fiscal Studies.

Born, J. and Rimbey, J. (1993). 'A test of the Easterbrook hypothesis regarding dividend payments and agency costs'. *Journal of Financial Research* 46: 251–60.

—— (1988). 'Insider ownership and signals: Evidence from dividend initiation announcements effects'. *Financial Management* 17: 38–45.

Borokhovich, K., Brunarski, K., and Parrino, R. (1997). 'CEO contracting and anti-takeover amendments'. *Journal of Finance* 52: 1495–517.

Börsch-Supan, A. and Köke, J. (2000). 'An applied econometricians' view of empirical corporate finance studies'. Working paper, Center for European Economic Research (ZEW), University of Mannheim.

Bratton, W. and McCahery, J. A. (1999). 'Comparative corporate governance and the theory of the firm: The case against global cross reference'. *Columbia Journal of Transnational Law* 38: 213–97.

Brealey, R. and Myers, S. (2003). *Principles of Corporate Finance*, 7th edn. London: McGraw-Hill.

Brennan, M. (1970). 'Taxes, market valuation and corporate financial policy'. *National Tax Journal* 23: 417–27.

Brickley, J. and Van Horn, R. L. (2000). 'Incentives in nonprofit organizations: Evidence from hospitals'. Working paper, University of Rochester.

—— (1983). 'Shareholder wealth, information signalling and the specially designated dividend: An empirical study'. *Journal of Financial Economics* 12: 187–209.

Brunello, G., Graziano, C., and Parigi, B. (2003). 'CEO turnover in insider-dominated boards: The Italian case'. *Journal of Banking and Finance* 27: 1027–51.

Burkart, M. (1999). 'The economics of takeover regulation'. SITE Working Paper 99/06, Stockholm School of Economics.
—— Gromb, D., and Panunzi, F. (1997). 'Large shareholders, monitoring, and the value of the firm'. *Quarterly Journal of Economics* 112: 693–728.
—— —— —— (2000). 'Agency conflicts in public and negotiated transfers of corporate control'. *Journal of Finance* 55: 647–77.
Cable, J. (1985). 'Capital market information and industrial performance: The role of West German banks'. *Economic Journal* 95: 118–32.
Carlin, W. and Mayer, C. (2002). 'Financial markets and corporate governance'. In J. McCahery, P. Moerland, T. Raaijmakers, and L. Renneboog (eds.), *Corporate Governance Regimes: Convergence and Diversity*. Oxford: Oxford University Press.
Chen, C. and Steiner, T. (1999). 'Managerial ownership and agency conflicts: A nonlinear simultaneous equation analysis of managerial ownership, risk taking, debt policy, and dividend policy'. *Financial Review* 34: 119–346.
Chirinko, R. and Elston, J. (1996). 'Banking relationships in Germany; what should regulators do?' In Federal Reserve Bank of Chicago (ed.), *Rethinking Bank Regulation: What Should Regulators Do?* Chicago: Federal Reserve Bank of Chicago, pp. 239–55.
—— (2000). 'Finance, control, and profitability: An evaluation of German bank influence'. Working paper, Emory University.
Christie, W. (1994). 'Are dividend omissions truly the cruellest cut of all?' *Journal of Financial and Quantitative Analysis* 29: 459–80.
Coffee, J. C. (1991). 'Liquidity versus control: The institutional investor as corporate monitor'. *Columbia Law Review* 91: 1277–368.
Coles, J., Lemmon, M., and Meschke, F. (2002). 'Endogeneity in corporate finance'. Working paper, Arizona State University.
Comment, R. and Schwert, G. W. (1995). 'Poison pill or placebo? Evidence on the deterrence and wealth effects of modern antitakeover measures'. *Journal of Financial Economics* 39: 3–43.
Copeland, T. E. and Weston, J. F. (1988). *Financial Theory and Corporate Policy*, 3rd edn. New York: Addison Wesley. 946p.
Corbett, J. and Jenkinson, T. (1996). 'The financing of industry, 1970–89: An international comparison'. *Journal of the Japanese and International Economies* 10: 71–96.
Core, J., Guay, W., and D. Larcker (2001). 'Executive equity compensation and incentives: A survey'. Working paper, Wharton School, University of Pennsylvania.
Coughlan, A. and Schmidt, R. (1985). 'Executive compensation, managerial turnover, and firm performance: An empirical investigation'. *Journal of Accounting and Economics* 7: 43–66.
Crespí-Cladera, R. and García-Cestona, M. (2001). 'Ownership and control of Spanish listed firms'. In F. Barca and M. Becht (eds.), *The Control of Corporate Europe*. Oxford: Oxford University Press, pp. 207–27.
—— and Renneboog, L. (2002). 'Coalition formation and shareholder monitoring in the UK'. Discussion paper CentER, Tilburg University.
——, Gispert, C., and Renneboog, L. (2002). 'Cash-based executive compensation in Spain and UK'. In J. McCahery, P. Moerland, T. Raaijmakers, and L. Renneboog (eds.), *Corporate Governance Regimes: Convergence and Diversity*. Oxford: Oxford University Press, pp. 647–67.
Crutchley, C. and Hansen, R. (1989). 'A test of the agency theory of managerial ownership, corporate leverage and corporate dividends'. *Financial Management* 18: 36–76.
——, Jensen, M., Jahera, J., and Raymond, J. (1999). 'Agency problems and the simultaneity of financial decision making—The role of institutional ownership'. *International Review of Financial Analysis* 8: 177–97.

Dann, L. (1981). 'Common stock repurchases: An analysis of the returns to bondholders and stockholders'. *Journal of Financial Economics* 9: 113–38.

Davidson, R. and MacKinnon, J. (1984). 'Convenient specification tests for logit and probit models'. *Journal of Econometrics* 25: 241–62.

De Jong, A., Kabir, R., Marra, T., and Roell, A. (2001). 'Ownership and control in the Netherlands'. In F. Barca and M. Becht (eds.), *The Control of Corporate Europe*. Oxford: Oxford University Press.

DeAngelo, H. and DeAngelo, L. (1985). 'Managerial ownership of voting rights: A study of public corporations with dual classes of common stock'. *Journal of Finance* 14: 33–69.

—— —— (1990). 'Dividend policy and financial distress: An empirical investigation of troubled NYSE firms'. *Journal of Finance* 45: 1415–31.

—— —— and Skinner, D. (1992). 'Dividends and losses'. *Journal of Finance* 47: 1837–63.

—— —— (1996). 'Reversal of fortune dividend signaling and the disappearance of sustained earnings growth'. *Journal of Financial Economics* 40: 341–71.

Dempsey, S. and Laber, G. (1992). 'Effects of agency and transactions costs on dividend payout ratios: Further evidence of the agency-transaction cost hypothesis'. *Journal of Financial Research* 15: 317–21.

Demsetz, H. (1983). 'The structure of ownership and the theory of the firm'. *Journal of Law and Economics* 26: 375–90.

—— and Lehn, K. (1985). 'The structure of corporate ownership: Causes and consequences'. *Journal of Political Economy* 93: 1155–77.

Denis, D. and Denis, D. (1995). 'Performance changes following top management dismissals'. *Journal of Finance* 50: 1029–55.

Deutsche Bundesbank (1995). 'Securities ownership in Germany since 1989'. *Monthly Report of the Deutsche Bundesbank* (1995/8): 55–68.

—— (1991). 'The significance of shares as financing instruments'. *Monthly Report of the Deutsche Bundesbank* (1991/10): 21–8.

Devereux, M. and Schiantarelli, F. (1990). 'Investment, financial factors, and cash flow: Evidence from UK panel data'. In R. Glenn Hubbard (ed.), *Asymmetric Information, Corporate Finance and Investment*. Chicago: University of Chicago Press, pp. 279–306.

Dewenter, K. and Warther, V. (1998). 'Dividends, asymmetric information, and agency conflicts: Evidence from a comparison of the dividend policies of Japanese and US firms'. *Journal of Finance* 53: 879–904.

Dherment, I. and Renneboog, L. (2002). 'Share price reactions to CEO resignations and large shareholder monitoring in listed French companies'. In J. McCahery, P. Moerland, T. Raaijmakers, and L. Renneboog (eds.), *Corporate Governance Regimes: Convergence and Diversity*. Oxford: Oxford University Press.

Diamond, D. W. (1984). 'Financial intermediation and delegated monitoring'. *Review of Economic Studies* 51: 393–414.

Dickerson, A., Gibson, H., and Tsakalotos, E. (1998). 'Takeover risk and dividend strategy: A study of UK firms'. *Journal of Industrial Economics* 46: 281–300.

Dong, M., Robinson, C., and Veld, C. (2002). 'Why individual investors want dividends'. Discussion paper CentER, Tilburg University.

Downes, D. and Heinkel, R. (1982). 'Signaling and the valuation of unseasoned new issues'. *Journal of Finance* 37: 1–10.

Drobetz, W., Schillhofer, A., and Zimmermann, H. (2003). 'Corporate governance and expected stock returns: Evidence from Germany'. Working paper, University of Basel.

Dyck, A. and Zingales, L. (2002). 'Private benefits of control: An international comparison'. *Journal of Finance*, forthcoming.

Easterbrook, F. (1984). 'Two agency-cost explanations of dividends'. *American Economic Review* 74: 650–9.
Eckbo, B. E. and Verma, S. (1994). 'Managerial share ownership, voting power, and cash dividend policy'. *Journal of Corporate Finance* 1: 33–62.
The Economist (1994). A survey of corporate governance, 29 Jan. 1994.
Edwards, J. and Fischer, K. (1994). *Banks, Finance and Investment in Germany.* London and Cambridge: CEPR and Cambridge University Press.
—— (1987). 'Recent developments in the theory of corporate finance'. *Oxford Review of Economic Policy* 3: 1–11.
—— and Mayer, C. (1986). 'An investigation into the dividend and the new equity issue practices of firms: Evidence from survey information'. Working paper No. 80, Institute of Fiscal Studies.
——, Mayer, C., Pashardes, B., and Poterba, J. (1986). 'The effects of taxation on corporate dividend policy in the UK'. Working Paper No. 96, Institute of Fiscal Studies.
Elston, J. (1993). 'Firm ownership structure and investment theory and evidence from German panel data'. Discussion Paper FS IV 93-28, Wissenschaftszentrum Berlin (WZB).
Elton, E. and Gruber, M. (1970). 'Marginal stockholder tax rates and clientele effect'. *Review of Economics and Statistics* 52: 68–74.
Espenlaub, S., Goergen, M., and Khurshed, A. (2001). 'IPO lock-in agreements in the UK'. *Journal of Business Finance and Accounting* 28: 1235–78.
Faccio, M. and Lang, L. (2002). 'The ultimative ownership of Western European companies'. *Journal of Financial Economics* 65: 365–95.
——, ——, and Young, L. (2001). 'Dividends and expropriation'. *American Economic Review* 91: 54–78.
Fama, E. and Jensen, M. (1983). 'Separation of ownership and control'. *Journal of Law and Economics* 26: 301–25.
—— (1980). 'Agency problems and the theory of the firm'. *Journal of Political Economy* 88: 288–307.
—— and Babiak, H. (1968). 'Dividend policy: An empirical analysis'. *American Statistical Association Journal* 63: 1132–61.
Filbeck, G. and Mullineaux, D. (1999). 'Agency costs and dividend payments—The case of bank holding companies'. *Quarterly Review of Economics and Finance* 39: 409–18.
Financial Times (1994). 'MPs urge flexibility in dividend payments', 29 April 1994: 9.
—— (1994). 'Daimler consider Anglo-US policy on dividends', 8 July 1994: 19.
—— (2002). 'M & G stresses need to maintain dividend', 8 October 2002: 1.
Fischer, O., Jansen, H., and Meyer, W. (1975). Langfristige Finanzplanung Deutscher Unternehmen, Hamburg.
Franks, J. and Mayer, C. (1996). 'Hostile takeovers and the correction of managerial failure'. *Journal of Financial Economics* 40: 163–81.
—— —— (1998). 'Bank Control, takeovers and corporate governance in Germany'. *Journal of Banking and Finance* 22: 1385–403.
—— —— (2001). 'Ownership and control in Germany'. *Review of Financial Studies* 14: 943–77.
—— —— (1995). 'Ownership and control'. In H. Sibert (ed.), *Trends in Business Organisation: Do Participation and Cooperation Increase Competitiveness?* Tübingen: Mohr, pp. 171–95.
—— ——, and Renneboog, L. (2001). 'Who disciplines management of poorly performing companies?' *Journal of Financial Intermediation* 10: 209–48.
Garvey, G. and Hanka, G. (1999). 'Capital structure and corporate control: The effect of anti-takeover statutes on firm leverage'. *Journal of Finance* 54: 519–46.
Gertner, R. and Kaplan, S. (1996). 'The value-maximizing board'. Working paper, University of Chicago.

Gerum, E., Steinmann, H., and Fees, W. (1988). Der Mitbestimmte Aufsichtsrat—eine Empirische Untersuchung, Stuttgart: Poeschel Verlag.

Glen, J., Karmokolias, Y., Miller, R., and Shah, S. (1995). 'Dividend policy and behavior in emerging markets: To pay or not to pay'. IFC Discussion paper 26.

Glen, J., Lee, K., and Singh, A. (2000). 'Competition, corporate governance and financing of corporate growth in emerging markets'. Discussion paper AF46, Department of Applied Economics, University of Cambridge.

Goergen, M. (1998). *Corporate governance and financial performance—A study of German and UK initial public offerings*. Cheltenham: Edward Elgar.

—— and Renneboog, L. (2000). 'The role of large shareholders in disciplining poor performance: Corporate governance in listed Belgian companies'. *Managerial Finance* 26: 22–41.

—— —— (2001). 'Strong managers and passive institutional investors in the UK'. In F. Barca and M. Becht (eds.), *The Control of Corporate Europe*. Oxford: Oxford University Press, pp. 258–84.

—— —— (2003a), 'Why are the levels of control (so) different in German and UK companies? Evidence from initial public offerings'. *Journal of Law, Economics and Organization* 19: 141–75.

—— —— (2003b), 'Shareholder wealth effects of European domestic and cross-border wealth effects'. *European Financial Management*, forthcoming.

—— —— and Correia da Silva, L. (2003). 'When do German firms change their dividends?' *Journal of Corporate Finance*, forthcoming.

Gompers, P., Ishii, J., and Metrick, A. (2003). 'Corporate governance and equity prices'. *Quarterly Journal of Economics* 118: 107–55.

Gonedes, N. (1978). 'Corporate signaling, external accounting, and capital market equilibrium: Evidence on dividends, income, and extraordinary items'. *Journal of Accounting Research* 16: 26–79.

Gorton, G. and Schmid, F. (2000). 'Universal banking and the performance of German firms'. *Journal of Financial Economics* 58: 29–80.

Gottschalk, A. (1988). 'Der Stimmrechtseinfluβ der banken in den Aktionärsvesammlungen der Groβunternehmen'. *WSI-Mitteilungen* 5: 294–8.

Greene, W. (2003). *Econometric Analysis*, 5th edn. New York: Prentice Hall.

—— —— (1980). 'Takeover bids, the free-rider problem, and the theory of the corporation'. *Bell Journal of Economics* 11: 42–64.

—— —— (1988). 'One share-one-vote and the market for corporate control'. *Journal of Financial Economics* 20: 175–202.

Gugler, K. (2003). 'Corporate governance, dividend payout policy, and the interrelation between dividends, and capital investment'. *Journal of Banking and Finance*, 27: 1297–321.

—— and Yurtoglu, B. (2003). 'Corporate governance and dividend pay-out policy in Germany'. *European Economic Review*, 47: 731–58.

—— Kalls, S., Stomper, A., and Zechner, J. (2001). 'The separation of ownership and control in Austria'. In F. Barca and M. Becht (eds.), *The Control of Corporate Europe*. Oxford: Oxford University Press.

Gul, F. (1999a), 'Government share ownership, investment opportunity set and corporate policy choices in China'. *Pacific-Basin Finance Journal* 7: 157–72.

—— (1999b), 'Growth opportunities, capital structure and dividend policies in Japan'. *Journal of Corporate Finance* 5: 141–68.

—— and Kealey, B. (1999). 'Chaebol, investment opportunity set and corporate debt and dividend policies of Korean companies'. *Review of Quantitative Finance and Accounting* 13: 401–16.

Hakansson, N. (1982). 'To pay or not to pay dividends'. *Journal of Finance* 37: 415–28.

Hallock, K. (1997). 'Reciprocally interlocking boards of directors and executive compensation'. *Journal of Financial and Quantitative Analysis* 32: 331–4.

—— (1999). 'Dual agency: Corporate boards with reciprocally interlocking relationships'. In J. Carpenter and D. Yermack (eds.), *Executive Compensation and Shareholder Value*. Amsterdam: Kluwer Academic Publishers, pp. 55–75.

Hamid, S., Prakash, A., and Smyser, M. (1995). 'The role of managerial demand and ownership in the determination of dividend and debt policies of mature corporations'. Unpublished paper, Florida International University.

Hansen, R., Kumar, R., and Shome, D. (1994). 'Dividend policy and corporate monitoring: Evidence from the regulation of the electric utility industry'. *Financial Management* 23: 16–22.

Harris, T. S., Lang, M., and Möller, H. P. (1994). 'The value relevance of German accounting measures: An empirical analysis'. *Journal of Accounting Research* 32: 187–209.

Hart, O. (1995). 'Corporate governance: Some theory and implications'. *Economic Journal* 105: 678–89.

Healy, P. and Palepu, K. (1988). 'Earnings information conveyed by dividend initiations and omissions'. *Journal of Financial Economics* 21: 149–75.

Heckman, J. (1979). 'Sample selection bias as a specification error'. *Econometrica* 47: 153–61.

Hellwig, M. (2000). 'Financial intermediation with risk aversion'. *Review of Economic Studies* 67: 719–42.

Hermalin, B. and Weisbach, M. (1991). 'The effects of board composition and direct incentives on firm performance'. *Financial Management* 20: 101–12.

—— —— (1998). 'Endogenously chosen boards of directors and their monitoring of the CEO'. *American Economic Review* 88: 96–118.

—— —— (2001). 'Boards of directors as an endogenously determined institution: A survey of the economic literature'. Working paper, University of Berkeley.

Himmelberg, C, Hubbard, R., and Palia, D. (1999). 'Understanding the determinants of managerial ownership and the link between ownership and performance'. *Journal of Financial Economics* 53: 353–84.

Holderness, C. G. and Sheehan, D. P. (1988). 'The role of majority shareholders in publicly held corporations: An explanatory analysis'. *Journal of Financial Economics* 20: 317–46.

Hort, H. (1984). 'Zur Dividendenpolitik der Aktiengesellschaften des Verarbeitenden Gewerbes der Bundesrepublik Deutschland—Ein Empirischer Beitrag'. Doctoral Dissertation, Saarbrücken, p. 260.

Hoshi, T., Kashyap, A., and Scharfstein, D. (1990). 'The role of banks in reducing the costs of financial distress in Japan'. *Journal of Financial Economics* 27: 67–88.

—— —— —— (1991). 'Corporate structure, liquidity, and investment: Evidence from Japanese industrial groups'. *Quarterly Journal of Economics* 106: 33–60.

Hsiao, C. (1986). *Analysis of Panel Data*. Cambridge: Cambridge University Press.

Hubbard, J. and Michaely, R. (1997). 'Do investors ignore dividend taxation? A reexamination of the citizens utilities case'. *Journal of Financial and Quantitative Analysis* 32: 117–35.

Huson, M., Parrino, R., and Starks, L. (2000). 'Internal monitoring and CEO turnover: A long-term perspective'. Working paper, University of Texas.

Jarrell, G. and Poulsen, A. (1989). 'The returns to acquiring firms in tender offers: Evidence from three decades'. *Financial Management* 18: 12–19.

Jenkinson, T. and Ljungqvist, A. (2001*d*). 'The role of hostile stakes in German corporate governance.' *Journal of Corporate Finance* 7: 397–446.

—— and Mayer, C. (1994). *Hostile Takeovers: Defence, Attack and Corporate Governance*. London: McGraw-Hill.

Jensen, G., Solberg, D., and Zorn, T. (1992). 'Simultaneous determination of insider ownership, debt, and dividend policies'. *Journal of Financial and Quantitative Analysis* 27: 247–63.

Jensen, M. (1993). 'The modern industrial revolution, exit, and the failure of internal control systems'. *Journal of Finance* 48: 831–80.

—— and Murphy, K. (1990). 'Performance pay and top-management incentives'. *Journal of Political Economy* 98: 225–64.

Jensen, M. C. and Meckling, W. H. (1986). 'Agency costs of free cash flow, corporate finance and takeovers'. *American Economic Review* 76: 323–9.

—— —— (1976). 'Theory of the firm: Managerial behaviour, agency costs, and ownership structure'. *Journal of Financial Economics* 3: 305–60.

John, K. and Lang, L. (1991). 'Insider trading around dividend announcements: Theory and evidence'. *Journal of Finance* 46: 1361–89.

—— and Williams, J. (1985). 'Dividends, dilution, and taxes: A signalling equilibrium'. *Journal of Finance* 40: 1053–70.

Johnson S., La Porta, R., Lopez-de-Silanes, F., and Shleifer, A. (2000). 'Tunnelling'. *American Economic Review* 90: 22–7.

Kahn, C. and Winton, A. (1998). 'Ownership structure, speculation, and shareholder intervention'. *Journal of Finance* 53: 99–129.

Kalay, A. (1980). 'Signaling, information content, and the reluctance to cut dividends'. *Journal of Financial and Quantitative Analysis* 15: 855–67.

Kane, A., Lee, Y., and Marcus, A. (1984). 'Earnings and dividend announcements: Is there a corroboration effect?' *Journal of Finance* 39: 1091–9.

Kaplan, S. (1994a). 'Top executive rewards and firm performance: A comparison of Japan and the US'. *Journal of Political Economy* 102: 510–46.

—— (1994b). 'Top executives, turnover and firm performance in Germany'. *Journal of Law, Economics and Organization* 10: 142–159.

—— and Minton, B. (1994). 'Appointments of outsiders to Japanese boards: Determinants and implications for managers'. *Journal of Financial Economics* 36: 225–58.

Karpoff, J. and Malatesta, P. (1989). 'The wealth effect of second generation state takeover legislation'. *Journal of Financial Economics* 25: 291–322.

Keim, D. B. and Madhavan, A. (1996). 'Large block transactions: Analysis and measurement of price effects'. *Review of Financial Studies* 9: 1–36.

Kester, W. (1986). 'Capital and ownership structure: A comparison of United States and Japanese manufacturing corporations'. *Financial Management* 15: 5–16.

Klein, A. (1998). 'Firm performance and board committee structure'. *Journal of Law and Economics* 41: 275–99.

Köke, J. (2003). 'The market for corporate control in a bank-based economy: A governance device?' *Journal of Corporate Finance*, forthcoming.

Kole, S. (1996). 'Managerial ownership and firm performance: Incentives or rewards?' In *Advances in Financial Economics* 2. London: JAI Press, pp. 119–49.

König, V. (1991). 'Dividende und Jahresüberschuß'. *Zeitschrift für Betriebswirtschaft*, 1149–55.

Krasa, S. and Villamil, A. (1992). 'Monitoring the monitor: An incentive structure for a financial intermediary'. *Journal of Economic Theory* 57: 197–221.

Kumar, P. (1988). 'Shareholder-manager conflict and the information content of dividends'. *Review of Financial Studies* 1: 111–136.

La Porta, R., Lopez-de-Silanes, F., Shleifer, A., and Vishny, R. (1997). 'Legal determinants of external finance.' *Journal of Finance*, 52: 1131–50.

—— —— —— —— (1998). 'Law and finance'. *Journal of Political Economy* 106: 1113–55.

—— —— —— —— (1999). 'Corporate ownership around the world'. *Journal of Finance* 54: 471–517.

—— —— —— —— (2000). 'Investor protection and corporate governance'. *Journal of Financial Economics* 58: 3–27.

Lasfer, M. (1996). 'Taxes and dividends: The UK evidence'. *Journal of Banking and Finance* 20: 455–72.

Lease, R., John, K., Kalay, A., Loewenstein, U., and Sarig, O. (2000). *Dividend Policy. Its Impact on Firm Value*. Financial Management Association Survey and Synthesis Series, Boston: Harvard Business School Press.

Lehmann, E. (2003). 'Corporate governance in Germany: Problems and prospects', Working Paper, University of Konstanz.

Leithner, S. and Zimmermann, H. (1993). 'Market value and aggregate dividends: A reappraisal of recent tests, and evidence from European markets'. *Swiss Journal of Economics and Statistics* 192: 99–121.

Leland, H. and Pyle, D. (1977). 'Informational asymmetries, financial structure and financial intermedition'. *Journal of Finance* 32: 371–87.

Levine, R. (1999). 'Law, finance, and economic growth'. *Journal of Financial Intermediation* 8: 36–67.

Lewellen, W., Stanley, K., Lease, R., and Schlarbaum, G. (1978). 'Some direct evidence of the dividend clientele phenomenon'. *Journal of Finance* 33: 1385–99.

Lintner, J. (1956). 'Distribution of incomes of corporations among dividends, retained earnings and taxes'. *American Economic Review* 46: 97–113.

Lipton, M. and Lorsch, J. (1992). 'A modest proposal for improved corporate governance'. *Business Lawyer* 48: 59–77.

Litzenberger, R. and Ramaswamy, K. (1979). 'The effect of taxes and dividends on capital asset prices: Theory and empirical evidence'. *Journal of Financial Economics* 7: 163–95.

—— —— (1982). 'The effect of dividends on common stock prices: Tax effects or information effects'. *Journal of Finance* 37: 429–43.

Lombardo, D. and Pagano, M. (2002). 'Law and equity markets: A simple model'. In J. McCahery, P. Moerland, T. Raaijmakers, and L. Renneboog (eds.), *Corporate Governance Regimes: Convergence and Diversity*. Oxford: Oxford University Press.

London Stock Exchange (1994). *Stock Exchange Quarterly*, London: London Stock Exchange, Spring.

Low, S.-W., Glorfeld, L., Hearth, D., and Rimbey, J. (2001). 'The link between bank monitoring and corporate dividend policy: The case of dividend omissions'. *Journal of Banking and Finance* 25: 2069–87.

MacAvoy, P., Cantor, S., Dana, J., and Peck, S. (1983). 'ALI proposals for increased control of the corporation by the board of directors: An economic analysis'. In *Statement of the Business Roundtable on the American Law Institute's Proposed Principles of Corporate Governance and Structure: Restatement and Recommendation*. New York: Business Roundtable.

McCahery, J. and Renneboog, L. (2003). 'The economics of the proposed takeover directive'. Working paper, Centre for European Policy Studies.

—— Moerland, P., Raaijmakers, T., and Renneboog, L. (2002). *Corporate Governance Regimes: Convergence and Diversity*, Oxford: Oxford University Press.

McConaughy, D., Walker, M., Henderson, G., and Mishra, C. (1998). 'Founding family controlled firms: Efficiency and value'. *Review of Financial Economics* 7: 1–19.

McConnell, J. and Servaes, H. (1990). 'Additional evidence on equity ownership and corporate value'. *Journal of Financial Economics* 27: 595–612.

—— —— (1995). 'Equity ownership and the two faces of debt'. *Journal of Financial Economics* 39: 131–57.

McDonald, J., Jacquillat, B., and Nussenbaum, M. (1975). 'Dividend, investment and financing decisions: Empirical evidence on French firms'. *Journal of Financial and Quantitative Analysis* 10: 741–55.

McDonald, R. (2001). 'Cross-border investing with tax arbitrage: The case of German dividend tax credits'. *Review of Financial Studies* 14: 617–57.

McElvey, R. and Zaviona, W. (1975). 'A statistical model for the analysis of ordinary level dependent variables'. *Journal of Mathematical Sociology* 4: 103–20.

McFadden, D. (1974). 'The measurement of urban travel demand'. *Journal of Public Economics* 3: 303–28.

Maddala, G. (1983). 'Limited-dependent and qualitative variables in econometrics'. *Econometric Society Monographs.* Cambridge: Cambridge University Press.

Marsh, P. (1992). 'Dividend announcements and stock price performance'. Mimeo, London Business School.

Marsh, T. and Merton, R. (1987). 'Dividend behaviour for the aggregate stock market'. *Journal of Business* 60: 1–40.

Martin, K. and McConnell, J. (1991). 'Corporate performance, corporate takeovers and management turnover'. *Journal of Finance* 46: 671–87.

Maug, E. (1998). 'Large shareholders as monitors: Is there a trade-off between liquidity and control?' *Journal of Finance* 53: 65–98.

Mayer, C. (1990). 'Financial systems, corporate finance, and economic development'. In R. Glenn Hubbard (ed.), *Asymmetric Information, Corporate Finance and Investment.* Chicago: University of Chicago Press.

—— and Alexander, I. (1990). 'Banks and securities markets: Corporate finance in Germany and the United Kingdom'. *Journal of the Japanese and International Economies* 4: 450–75.

Mehran, H. (1995). 'Executive compensation structure, ownership, and firm performance'. *Journal of Financial Economics* 38: 163–84.

Michel, A (1979). 'Industry influence on dividend policy'. *Financial Management* 8: 22–6.

—— and Shaked, I. (1986). 'Country industry influence on dividend policy: Evidence from Japan and the USA'. *Journal of Business Finance and Accounting* 13: 365–81.

Miller, M. and Modigliani, F. (1961). 'Dividend policy, growth and the valuation of shares'. *Journal of Business* 34: 411–33.

—— and Rock, K. (1985). 'Dividend policy under asymmetric information'. *Journal of Finance* 10: 1031–51.

—— and Scholes, M. (1978): 'Dividends and taxes', *Journal of Economics,* 6: 333–64.

—— —— (1982): 'Dividends and taxes: Some empirical evidence'. *Journal of Political Economy* 90: 1118–41.

Modigliani, F. and Miller, M. (1958). 'The cost of capital, corporate finance, and the theory of investment'. *American Economic Review* 48: 261–97.

—— —— (1959). 'The cost of capital, corporate finance, and the theory of investment: Reply'. *American Economic Review* 49: 655–69.

Moh'd, M., Perry, L., and Rimbey, J. (1995). 'An investigation of the dynamic relationship between agency theory and dividend policy'. *Financial Review* 30: 367–85.

Morck, R. and Nakamura, M. (1999). 'Banks and corporate control in Japan'. *Journal of Finance* 54: 319–40.

—— Shleifer, A., and Vishny, R. (1988). 'Managerial ownership and market valuation: An empirical analysis'. *Journal of Financial Economics* 20: 293–315.

Murphy, K. (1999). 'Executive compensation'. In O. Ashenfelter and D. Card (eds.), *Handbook of Labor Economics.* Amsterdam: North Holland.

Myers, S. (1984). 'The capital structure puzzle'. *Journal of Finance* 39: 575–91.

—— and Majluf, N. (1984). 'Corporate financing and investments decisions when firms have information that investors do not have'. *Journal of Financial Economics* 13: 187–221.

Nenova, T. (2003). 'The value of corporate votes and control benefits: A cross-country analysis'. *Journal of Financial Economics* (forthcoming).

Nickell, S. (1981). 'Biases in dynamic models with fixed effects'. *Econometrica* 49: 1417–26.

—— (1995). *The Performance of Companies—The Relationship Between External Environment, Management Strategies and Corporate Performance.* Oxford: Blackwell.

Nicodano, G. (1998). 'Corporate groups, dual-class shares and the value of voting rights'. *Journal of Banking and Finance* 22: 1117–37.

—— and Sembenelli, A. (2000). 'Private benefits, block transaction premia and ownership structure'. Working paper, University of Torino.

Noe, T. and Rebello, M. (1996). 'Asymmetric information, managerial opportunism, financing, and payout policies'. *Journal of Finance* 51: 637–59.

Noronha, G., Shome, D., and Morgan, G. (1996). 'The monitoring rationale for dividends and the interaction of capital structure and dividend decisions'. *Journal of Banking and Finance* 20: 439–54.

OECD (1989). *Economic Surveys: Germany*. Paris: OECD, 85–9.

Ofer, A. and Siegel, D. (1987). 'Corporate financial policy, information, and market expectations: An empirical investigation of dividends'. *Journal of Finance* 42: 889–911.

Ofer, A. and Thakor, A. (1987). 'A theory of stock price responses to alternative corporate cash disbursement methods: Stock repurchases and dividends'. *Journal of Finance* 42: 365–94.

Pagano, M. and Röell, A. (1998). 'The choice of stock ownership structure: Agency costs, monitoring and the decision to go public'. *Quarterly Journal of Economics* 113: 187–225.

Pettit, R. (1972). 'Dividend announcements, security performance, and capital market efficiency'. *Journal of Finance* 27: 993–1007.

Porter, M. (1992). 'Capital disadvantage: America's failing capital investment system'. *Harvard Business Review* (Sept.–Oct.), 65–82.

Poterba, J. and Summers, L. (1984). 'New evidence that taxes affect the valuation of dividends'. *Journal of Finance* 39: 1397–415.

Prowse, S. (1990). 'Institutional investment patterns and corporate financial behaviour in the United States and Japan'. *Journal of Financial Economics* 27: 43–66.

—— (1992). 'The structure of corporate ownership in Japan'. *Journal of Finance* 47: 1121–40.

Rajan, R. and Diamond, D. (2000). 'Banks, short term debt and financial crises: Theory, policy implications and applications'. Discussion paper, University of Chicago.

—— and Zingales, L. (1995). 'What do we know about capital structure? Some evidence from international data'. *Journal of Finance* 50: 1421–60.

—— —— (2003). 'Banks and markets: The changing character of European finance'. Working paper, University of Chicago.

Renneboog, L. (1998). 'Corporate governance systems: The role of ownership, external finance and regulation (part I)'. *Corporate Governance International* 1: 37–48.

—— (2000). 'Ownership, managerial control and the governance of poorly performing companies listed on the Brussels stock exchange'. *Journal of Banking and Finance* 24: 1959–95.

—— and Trojanowski, G. (2003). 'The managerial labor market and the governance role of shareholder control structures in the UK'. Working paper, European Corporate Governance Institute.

Rose, C. (2002). 'Corporate financial performance and the use of takeover defences'. *European Journal of Law and Economics* 13: 91–112.

Rosenstein, S. and Wyatt, J. (1990). 'Outside directors, board independence, and shareholder wealth'. *Journal of Financial Economics* 26: 175–84.

Ross, S. (1977). 'The determination of financial structure: The incentive-signalling approach'. *Bell Journal of Economics* 8: 23–40.

Rozeff, M. S. (1982). 'Growth, beta and agency costs as determinants of dividend payout ratios'. *Journal of Financial Research* 3: 249–59.

Rydqvist, K. (1987). 'Empirical evidence of the voting premium'. Working Paper 35, Northwestern University.

Ryngaert, M. (1988). 'The effect of poison pill securities on shareholder wealth'. *Journal of Financial Economics* 20: 377–417.

Scharfstein, D. (1988). 'The disciplinary role of takeovers'. *Review of Economic Studies* 55: 185–99.
Schellenger, M. (1989). 'Board of director composition, shareholder wealth, and dividend policy' *Journal of Management* 3: 457–67.
Schooley, D. and Barney, L. (1994). 'Using dividend policy and managerial ownership to reduce agency costs'. *Journal of Financial Research* 17: 363–73.
Shivdasani, A. (1993). 'Board composition, ownership structure, and hostile takeovers'. *Journal of Accounting and Economics* 16: 167–98.
Shleifer, A. and Vishny, R. (1986). 'Large shareholders and corporate control'. *Journal of Political Economy* 94: 461–88.
—— —— (1997). 'A survey of corporate governance.' *Journal of Finance* 52, 737–84.
Short, H., Zhang, H., and Keasey, K. (2002). 'The link between dividend policy and institutional ownership'. *Journal of Corporate Finance* 8: 105–22.
Stapledon, G. (1996). *Institutional Shareholders and Corporate Governance*. Oxford: Clarendon Press.
—— and Bates, J. (2002). 'Unpacking the "interest-holders" in a share: Making voting easier for institutional shareholders'. In J. McCahery, P. Moerland, T. Raaijmakers and L. Renneboog (eds.), *Corporate Governance Regimes: Convergence and Diversity*. Oxford: Oxford University Press.
Stulz, R. (1988). 'Managerial control of voting rights: Financing policies and the market for corporate control'. *Journal of Financial Economics* 20: 25–54.
Sudarsanam, S. (1996). 'Large shareholders, takeovers and target valuation'. *Journal of Business Finance and Accounting* 23: 295–314.
Trojanowski, G. (2003). 'Equity block transfers in transition economies: Evidence from Poland'. Mimeo, Tilburg University.
Vermaelen, T. (1981). 'Common stock repurchases and market signalling: An empirical study'. *Journal of Financial Economics* 9: 139–83.
Warner, J., Watts, R., and Wruck, K. (1988). 'Stock prices and top-management changes'. *Journal of Financial Economics* 20: 461–92.
Watts, R. (1973). 'The information content of dividends'. *Journal of Finance* 46: 191–211.
Weisbach, M. (1988). 'Outside directors and CEO turnover'. *Journal of Financial Economics* 20: 431–60.
Wenger, E. and Kaserer, C. (1998). 'The German system of corporate governance—A model which should not be imitated'. In S. Black and M. Moersch (eds.), *Competition and Convergence in Financial Markets*. Amsterdam: Elsevier, pp. 41–78.
White, H. (1980). 'A heteroskedasticity-consistent covariance matrix estimator and a direct test for heteroskedasticity'. *Econometrica* 48: 817–38.
Yermack, D. (1996). 'Higher valuation of companies with a small board of directors'. *Journal of Financial Economics* 40: 185–212.
Yurtoglu, B. (2000). 'Ownership, control and performance of Turkish listed firms'. *Empirica* 27: 193–222.
Zeckhauser, R. J., and Pound, J. (1990). 'Are large shareholders effective monitors? An investigation of share ownership and corporate performance'. In R. Glenn Hubbard (ed.), *Asymmetric Information, Corporate Finance and Investment*. Chicago: University of Chicago Press.
Zingales, L. (1994). 'The value of the voting right: A study of the Milan Stock Exchange'. *Review of Financial Studies* 7: 125–48.
—— (1995). 'What determines the value of corporate votes?'. *Quarterly Journal of Economics* 110: 1047–73.
Zwiebel, J. (1995). 'Block investment and partial benefits of corporate control'. *Review of Economic Studies* 62: 161–85.

索 引

（本索引中页码为原书页码，即本书边码。）

Adaoglu, C. 99
Admati, R. A. 22—23
Advanced Corporation Tax （ACT） 预付公司所得税 73
agency cost 代理成本 18, 43, 45, 48, 63
    control devices 控制措施 44
    explanations of dividends and control 股利与控制权的解释 56
    of free cash flow 自由现金流 62
    theories 理论 36, 50
agency problem 代理问题 7, 15, 43
aggregate dividend payout ratio 合计股利支付率 76
aggregate weighted average tax rates 合计加权平均税率 151
Aghion, P. 31
Agrawal, A. 45, 47
Aharony, j. 42, 107
AktG *see* German Stock Corporation Act 参见《德国股份公司法》
Aldrich, J. 111, 116
Alexander, I. 51—52, 70

Allen, F. 51
Ambarish, R. 39
Amemiya, T. 95
Amex 美国证券交易所 49
Amihud, Y. 43, 148—149
Anderson, T. 94, 104
Anglo-American companies 英美公司 101
    bank control 银行控制权 13
    corporation 公司 36
    dispersed ownership and control 所有权与控制权分散 15
    dividend 股利
        and earnings, empirical relations between 和收益，与股利之间的实证关系 159
        policy of 政策 102
    financial reporting 财务报告 70, 158
Anglo-American market-based corporate governance system 英美以市场为基础的公司治理体制 4, 161

索引　　225

control premium　控制权溢价 22
one-share-one-vote principle　一股一票原则 157
Anglo-American stock exchanges　英美股票交易所 149
annual earnings losses and control　年度收益亏损和控制权
anti-takeover devices　反收购机制 29
Arellano, M. 86, 94—95, 94, 104—105
Asquith, P. 42, 107
asymmetries of information　信息不对称 61, 63, 140
atomistic shareholders　小股东 23
Audi AG　奥迪 68
Austria　奥地利 4, 19
 corporate governance structures　公司治理结构 4
 firms　公司 50
  control in　控制 12
  mean premium　溢价平均值 22

Babiak, H. 41, 74, 85, 88, 97—98, 110, 159
Baker, M. 27
Banerjee, S. 24, 30
bank　银行 13
 controlled firms　控制的公司 50, 83, 129
 holding companies　控股公司 48
 involvement of　参与
  and corporate profitability, relation　和公司盈利能力,关系 53
  effect on dividends　对股利的影响 53
  monitoring, role and incentives of　监督,作用与激励 31
  ownership, influence on board turnover　所有权,对董事会人选变更的影响 54
 shareholdings in Continental European companies　在欧洲大陆公司的持股 13
bank control　银行控制权 128, 140, 144
 importance of　重要性 155
 negative impact on dividends　对股利的负面影响 144
 payout ratio　支付率 137
bankruptcy　破产
 costs　成本 23
 law　法律 32
Barca, F. 8—9, 125
Barclay, M. J. 20, 22, 24, 29—30
Barney, L. 46, 49, 62, 132, 136—137
Barro, J. 26
Barro, R. 26
Bar-Yosef, S. 39
basic estimation model for dividends　股利的基本估计模式 108—109
Bates, J. 14
Baums, T. 32, 128, 143—144
bearer securities　不记名证券 51
Bebchuk, L. 11, 22, 35

Becht, M. 7—8,10,12,14,22,37, 51,125
Beck, T. 32
Behm, U. 43,76,85,90—91,97
Behm and Zimmermann study Behm 和 Zimmermann 的研究 141—143
Belgium 比利时 12—13,26,53
　firms 公司 27
　holding companies 控股公司 12, 30
　ownership and control concentration in 所有权和控制权集中 37
Bell, L. 55,73,146
Bennedsen, M. 19—20
Berglof, E. 22,32,37,52
Berkovitch, E. 31, 4
Bertrand, M. 29
Bethel, J. E. 30
Bhagat, S. 25
Bhattacharya, S. 39,107
Bianchi, M. 10,12,52
Bianco, M. 10.12.52
Black, F. 25,36,55
Blackwell, D. 26
Bloch, L. 10,12,37
block 大宗
　premium as percentage of firm equity 股份溢价占公司股本的比例 21
　trades market for partial control stakes 部分控制权份额交易市场 29—31

transactions in the USA 在美国的交易 31
blockholder-based governance system 以大股东为基础的治理体制 9
blockholders 大股东 18,22—24, 158
　activist, as "raiders" 积极者,被界定为"劫掠者" 30
　financial 金融的 30
　firm value 公司的价值 22
　institutional 机构的 13
　in poorly performing companies 在经营业绩低下的公司 24
　role of 作用 23
　strategic 战略性的 30
blockholder system 大股东体制 4, 156
blockholdings 大宗股份
　changes in 易主 7
　in Spanish firms 在西班牙公司 23
blocking minority 具有阻挡性的少数股份 9
Blundell, R. 86,94,105
board 董事会
　composition and corporate performance 组成和公司经营业绩 25
　of director 董事会 7,25
　and its corporate governance actions 公司治理行动 26—27
　management 管理层 131

索引   227

restructuring 重组 24
supervisory 监事会 131
Boehmer, E. 10,12,14,37,51,125
Bolton, P. 7,22—23,31,35
Bond, S. 55—56,75,77,86,94,101,104—105,146,154
Born, J. 40,42,48
Borokhovich, K. 29
Börsch-Supan, A. 25,45
Bover, O. 86,94,105
Bratton, W. 11,13
Brealey, R. 55,85
Brennan, M. 55
Brickley, J. 26,42
British firms see UK 英国公司,参见英国
Brunarski, K. 29
Brunello, G. 52
Burkart, M. 22—23,29—30
Bush administration, global tax reform proposed by 布什政府提议的全球税制改革 149

Cable, J. 53—54,63,140
Canada 加拿大 66,154
  firms 公司 56,146
Carlin, W. 51
cash flow 现金流 129
  model 模型 110—113
CEO 执行总裁
  bargaining power 谈判能力 27
  with different backgrounds 背景各异的 26

share ownership and dividend yield in the US 美国的持股份额与股利收益 136
cbaebol see Korean companies cbaebol 见 韩国公司
Chapelle, A. 10,12,37
Chen, C. 48
Channells, L. 55—56,75,90,101,146,154
Chinese firms, link between dividend paid and government ownership for 中国公司,已支付股利与政府所有权之间 50
Chirinko, R. 54
Christie, W. 42
civil law countries 大陆法系国家 66
"classical" tax system dividends "古典的"税收体制股利 54
Coates IV, J. C. 22
Coffee, J. C. 23
Coles, J. 45
Comment, R. 28
Commerzbank 51,143
  trade and industry classification (Wer gebort zu wem) 关于贸易和产业的划分标准 72,91
common law countries 普通法系国家 32,66
companies with dual class stocks 拥有双重类别股份的公司 21
concentration of ownership and control 所有权和控制权集中 15,57

and agency costs 和代理成本 44—45
Consumer Price Index 消费者物价指数 99
Continental Europe 欧洲大陆 5,9,11
 boards 董事会 14
 capital markets 资本市场 12
 companies 公司 28,157
  control of 控制 8,49
 firms (concentrated ownership and control) 公司（所有权和控制权集中的）15
 main shareholder categories 主要的股东类型 157
control 控制权
 agreements 协定 72
 of banks 银行 63
 effects of pyramiding 金字塔式控制权效应 61
 evolution 演变 11
 at first tier with ultimate control 拥有最终控制权的第一层级控制权 126
 free-rider problem 搭便车问题 44
 nature of 性质 11—15
 ownership 所有权 15—22
 structure of firms 公司的控制权结构 126
control concentration 控制权集中 44,160—161
 changes in 变革 11
 in Continental Europe 在欧洲大陆 8
 across countries, differences in 遍布各国，区别 8—11
controlling company 控股公司
 and subordinate stock corporation, control agreement between 和附属公司，控制权协定 68
 and subsidiaries, limitation on strategic freedom of 子公司，战略安排自由的限制 18
convergence-of-interests hypothesis 利益趋同假说 46
Copeland, T. E. 36, 54—55
Corbett, J. 51
Core, J. 22
corporate blockholders 公司大股东 23
corporate governance 公司治理
 actions by blockholders 大股东的行为 24
 definition of 定义 7
 devices, impact on dividend policy 机制，对股利政策的影响 35,157
 framework 框架 7
 in German bank-based economy 在德国以银行为基础的经济体 31
 good 良好的 26
 index for US firms 美国公司的索引 33
 mechanisms 机制 22—35
 and dividend policy literature

和股利政策文献 156
regulation 规则 11
regulatory framework 规章制度 32—35
role of banks 银行的作用 51—54
institutional setting and conventional wisdom about 制度背景和传统观点 51—53
corporate law regimes 公司法律制度 17
and stock exchanges, regulatory framework of the 股票交易，监管框架 7
corporate performance measured by accounting benchmarks and Tobin's Q 以会计基准和托宾Q值来测算的公司经营业绩 25
corporate tax system, split-rate 公司税收制度，分层级的 146
cost of incorrect signalling with dividends 不正确的股利信号的成本 39
cost-structure properties 成本结构的特性 39
Coughlan, A. 26
Creditor 债权人
intervention 干涉 31
monitoring 监督 7, 31—32
protection 保护 32
rights indices 权利指数 32
Crespí-Cladera 10, 12, 17, 23, 37
Crutchley, C. 48—49

Daimler-Benz AG 3
DaimlerChrysler 戴姆—克莱斯勒 3
Dann, L. 42
Datastream codes *Datastream* 码 73
Davidson, R. 110
DeAngelo, H. 37, 41, 107—108, 110, 113—115, 117—118, 123, 160
DeAngelo, L. 37, 41, 107—108, 110, 113—115, 117—118, 123, 160
De Jong, A. 10, 12
Demirgüç-Kunt, A. 32
Dempsey, S. 48
Demsetz, H. 15, 23—24, 37, 47—48
Denis, D. 27, 31
Denmark 丹麦 19
Deutsche Bank 德意志银行 51, 143
Deutsche Bundesbank 德意志联邦银行 151—152
Devereux, M. 55, 75, 78
Dewenter, K. 52, 66, 140, 143
Dherment, I. 26, 53
Diamond, D. 31
Dickerson, A. 52
dispersed ownership 分散的所有权 140
à la Berle-Means 37
dissipative costs 耗散成本 39
dividend/s 股利
adjustment process to earnings changes 因应着收益变化的调整

程序 159
and agency costs 和代理成本 45
behaviour of German firms 德国公司的行为 62, 74—75
cash flows 现金流
    and different measures of control panel data estimation of relation between 和控制权不同测算方法之间关系的面板数据估计 134—135
    tax discrimination, and control structures at first-tier level, panel data estimations of relation between 第一层级的股利及税收差分和控制权结构关系的面板数据估计 153
changes, timing decision of 变更,适时决策 107
clientele 顾客效应 55
    and concentrated voting power, relation between 和表决权集中之间关系的 47
decision 决策 38, 73
    general model of decision to change 变更决定的一般模型 109
designated cash 发放的现金 42
    and insider trading as alternative signals, model with 内部人交易视为替代性的信号,的模型 41
    and ownership and control and agency costs 所有权、控制权及代理成本 46—47
    structures 结构 132
    practice by industry impact of differences in 不同产业做法的差异 99
    of German firms 德国公司的 119
    profits, and ownership and control structures, relation between 利润和所有权及控制权结构之间的关系 131—140
rebounds after dividend omissions and reductions 不发放和削减股利之后的股利反弹 120—122
reductions 削减 113
regular cash 正常的现金 42
role in terms of corporate control 在公司控制权方面的作用 27, 157
signalling 信号 50, 56
smoothing 平滑 74, 87
specially designated dividends 特别派发股利 109
    and type of controlling shareholder 控股股东的类型 136—140
yield, definition of 收益,定义 5
dividend models 股利模型 86—88, 124
    with cash flows 拥有现金流 99
    full adjustment model 全面调整模型 49

modified earnings trend model 修正后的收益趋势模型 49

partial adjustment model 部分调整模型 49

with published earnings and cash flows simultaneously 同时有着已公布收益和现金流的股利模型 100

Wauld model Wauld 模型 49

dividend omissions 不发放股利 113, 119

and control 和控制权 143—143

earnings losses and control structures, ordered probit analysis of relation between 对收益亏损和控制权结构之间关系的排序概率单位分析 142

dividend payout policy 股利支付政策

with both agency conflicts and asymmetric information 代理冲突和信息不对称情形同时存在情况下的 47

control over 控制 18

dividend payout ratios 股利支付率

around the world 世界范围内的 67

around the year of control changes 公司控制权变更前后的 130

definitions of 的定义 72

empirical issues on 实证问题 65

of firms 公司的 42

with no change in control 控制权未发生变更 129

dividend payouts 股利支出 140

dividend policy 股利政策 7, 27, 65

across the world, stylized facts on 世界上的,类型化事实 66

and control concentration 以及控制权集中 62

cross-country study on 跨国研究 66

earnings, and cash flow dynamic panel data analysis 收益和现金流：一项动态面板数据的分析 85

of firms in the USA 美国公司 53

literature 研究文献 156

"dividend puzzle" "股利之迷" 36

dividends and control 股利和控制权 128—130, 133

as alternative monitoring devices empirical evidence 作为替代性监督机制的经验证据 47—50

evidence on the rest of the world 世界其他国家和地区的证据 49—50

theoretical framework 理论框架 43—50

US and UK evidence 美国和英国的实证 47—49

as alternative signalling devices empirical evidence 作为替代性信号机制的经验证据 41—43

evidence on the rest of the world 世界其他国家和地区的实

证 43
  theory 理论 38—43
  US and UK evidence 英美国家的证据 41
  and type of controlling shareholder 和控股股东的类型 136—140
dividends-per-share 每股股利
  of German firms 德国公司的 158
  of UK and US firms 英国和美国公司的 158
Dong, M. 36
Dorrell, Stephen 3
Downes, D. 42
Dresdner Bank 51, 143
Drobetz, W. 34
dual class shares 双重股份 37, 40, 72
  in Europe 在欧洲 19
  issuance of 发行 17
  see also multiple class shares 还可参见多重股份
Dyck, A. 21—22
Dynamic Panel Data (DPD) 动态面板数据(DPD)
  estimation techniques 估计技术 103—106
  models 模型 94
  programme 程序 95
earnings
  losses 收益损失 113
  performance around initial loss year and decision to omit dividend 首个亏损年份及做出不发放股利决定前后的业绩表现 117
East Asian companies, control of 东亚公司,控制 49
Easterbrook, E. 45—46, 62
  (1984) hypothesis 假说 48
Eckbo, B. E. 47—48, 52, 56, 136, 146, 154—155
economies of mergers and acquisitions 公司并购的经济学 29
Edwards, J. 36, 39, 41, 51, 54, 71, 73, 90, 140
efficiency criterion 效率标准 7
Elston, J. 54
Elton, E. 55
Enriques, L. 10, 12, 52
equity 股权
  finance by companies 公司的股权融资 32
  rates of return 股权回报率 32
equity-based compensation contracts 以权益为基础的报酬合约 23
Espenlaub, S. 40
estimation techniques 估计技术 94
  OLS in levels 普通最小二乘法的水平值 94—95
EU Large Holdings Directive (88/627/EEC) 欧盟大股东指令
Europe, current regulation in 欧洲,当前的法规 20
European Commission, proposed takeover legislation by the 欧洲委员会,提出的并购立法建议 29

索引　　233

European Corporate Governance 欧洲公司治理
Institute（ECGI） 欧洲公司治理研究所（ECGI）8
executive compensation contracts 经理人员的薪酬合约 7

Faccio, M. 16, 19—20, 49
Fama, E. 41, 43—44, 74, 85, 88, 97—98, 110, 159
families 家族
　　blockholders 大股东 14
　　control 控制权 140
　　　　in Austria and Italy 在奥地利和意大利 14
　　and individuals as shareholders 和个人作为股东 14
　　power as largest shareholders 作为最大股东的能力 126
family-controlled firms 家族控股公司 50, 129, 137, 140
Fees, W. 131
Feldmühle Nobel and Continental Feldmühle nobel 和 Continental 15
Filbeck, G. 48
financial and industrial holding companies 金融和产业控股公司 53
financial institutions 金融机构 4, 13
Finland 芬兰 19
firms 公司
　　change of dividend 股利变更 107

growth opportunities, ownership structure, and leverage, relation between 公司之间增长机会、所有权结构和杠杆的关系 23
investment policy 投资政策 36
owned by other corporations 归其他公司所有 129
profitability influence of bank control on 银行控制权对盈利能力的影响 140
"pyramid" structure of "金字塔"结构 125
size 规模 78—79
　　as determinant of control concentration 作为决定控制权集中度的因素 11
value and ownership link between 公司价值和所有权关系 37
first-tier 第一层级
　　control, taxes, and dividends 控制权、税收和股利 145-5
　　ownership and control and tax variables 所有权和控制权以及税收变量 150
Fischer, O. 51, 54, 71, 119, 140
foreign-controlled firms 外国控股公司 50
foreign investors 外国投资者 151
France 法国 4, 13, 19, 26, 51, 66, 71
　　Banks 银行 13
　　control 控制权 13
　　civil law countries 大陆法系国家

32

companies 公司 53

corporate governance structures 公司治理结构 4

firms, dividend policy of 公司,股利政策 43

holding companies 控股公司 12

holding group Suez 苏伊士控股公司(Suez) 18

ownership and control in 所有权和控制 37,53

Franks, J. 14, 24, 26—28, 30, 37, 44, 51—52, 54, 63, 80, 125, 131, 140, 146

Fraune, M. 128, 143—144

free-rider problem of control 监控的搭便车问题 44

full imputation system of taxation 税收全面抵免制 150

Garćia-Cestona, M. 10, 12, 37

Garvey, G. 29

Generalized Method of Moments 广义矩量法见 GMM

German corporations 德国公司 13, 69

 cross-sectional and inter-temporal variation in control on dividend paid by 控制权的横截面变量以及内部暂时性变异对其股利支付 154, 160—161

 specially designated dividends 特别指派股利 90

German dividend policy 德国股利政策 65, 93, 109, 116, 124, 158, 160

 institutional framework 制度框架 66—71

German Financial Analysts Association 德国金融分析师协会 90

German firms 德国公司 54, 101, 113

 average dividend payout ratios 平均股利支付率 83

 by category of largest shareholder 按最大股东的种类划分 82

 change in dividend 股利变更 159—160

 concentration of ownership in 所有权集中的 37

 data and ownership patterns 数据和所有权模式 125—128

 descriptive statistics on dividends 股利的描述性统计 92

dividend 股利

 behaviour of 行为 108, 122, 141

 and ownership 和所有权 80

 policy 政策 65, 93, 109, 116

first-tier and ultimate control 第一层级和最终的控制权 127

grandfather clause 祖父条款 16

long-term payout ratio of 长期的支付率 120

measures of control 控制权的测度 131—132

patterns of ownership of voting rights 表决权的分布范式 81

zero dividends 零股利 75

German Stock Corporation Act 《德国股份公司法》

　　AktG § 58 70

　　AktG § 150 69

German Stock Exchanges (GSE) 德国股票交易所(GSE) 71, 88—89, 149

Germany 德国 4, 9, 11, 13, 16, 26, 44—45, 51, 53, 56, 66

　　accounting rules 会计规则 70, 81

　　banks 银行 51, 125, 157

　　　　in industry, corporate governance role 在产业,公司治理方面的作用

　　　　　　played by 扮演 63

　　　　ownership rights 所有者权利 128

　　capital market 资本市场 63

　　citizens 公民 151

　　　　tax status of 税收地位 147

　　companies 公司 3

　　conservative reporting of accounting information 会计信息报告的稳健性 70

　　context, pyramids in the 背景下,金字塔式所有权结构 17

　　control patterns in 控制模式 132

　　corporate control in 公司控制 52

　　corporate governance 公司治理 4, 52

　　corporate shareholders 公司股东 55

　　corporate tax system 公司税收制度 68, 161

　　corporation tax rates on retentions and dividends in 公司留存利润和股利的应税税率 147

　　dividend model with published earnings 有着已公布收益的股利模型 97

　　dividend payout ratios 股利支付率 73—80

　　　　by size of firms 依据公司的规模 77, 79, 158—159

　　"dividend puzzle" "股利之谜" 149

　　dividends 股利 103

　　　　unchanged 未变更的 92

　　domestic corporations 国内公司 151

　　hostile takeover battles 敌意收购案件 15

　　imputation system 抵免制 149

　　industrial and commercial companies 产业和商业公司 12, 68, 80

　　investment finance system of 投融资体制 51

　　official market (Amtlicher Handel) 官方市场 71

　　pension provision system of 养老准备金体制 71

　　public corporations 公众公司 70

"pyramiding", system "金字塔",体制 124
shareholder rights 股东权利 10,150
share ownership, survey on 股份所有权,调查数据 151
shares 股份 51
stock exchanges 股票交易所 71
regulation 规则 10
structure of corporate ownership 公司所有权结构 125
tax 税收
  code 法规 146
  regime, evolution since 1994 体制,自1994年以来的演变 149
  system 制度 55, 70, 148
  treatment of dividends and capital gains 股利和资本利得的处理 65
timing of reduction of dividend 削减股利时间安排 113—120
unofficial regulated market (Geregelter Markt) 非官方的受规制市场 71
Gertner, R. 25
Gerum, E. 131
Gibson, H. 52
Gispert, C. 23
Glen, J. 32, 99
GMM 广义矩量法 85, 105, 159
  technique developed by Arellano and Bond 由Arellano和Bond发展的技术 86
GMM-in-first-differences (GMM(DIF)) 一阶差分广义矩量法 95—96
  estimator 估计 105
GMM-in-systems (GMM(SYS)) 系统内广义矩量法(GMM(SYS)) 95—96, 100, 144
  estimation technique 估计技术 98, 102, 133, 137
Goergen, M. 9—13, 16, 19, 22, 24, 37, 40, 108, 116, 131—132, 140
Gompers, P. 27, 33
Gonedes, N. 41
Gorton, G. 53—54, 128, 140
Gottschalk, A. 128, 143
governance 治理
  of corporation 公司 38
  index based on five categories of corporate governance rules 以五类公司治理规则为基础的指数 34
  mechanisms, external 机制,外部 27—32
  role of French holding companies 法国控股公司的作用 24
government-controlled firms 政府控制的公司 50
Graziano, C. 52
Greene, W. 109—110
Gromb, D. 23, 30
gross dividends 税前股利 89

Grossman, S. 15, 17, 29, 44
Gruber, M. 55
Guay, W. 22
Gugler, K. 12, 43
Gul, F. 50, 52, 140

Hakansson, N. 39
Hallock, K. 26
Hamid, S. 49, 132, 136—137
Hanka, G. 29
Hansen, R. 48
Harris, T. S. 69—70, 76, 78
Hart, O. 15, 17, 29, 44, 51
Healy, P. 42, 107, 117, 120
Heckman, J. 95
Heinkel, R. 42
Hellwig, M. 31
Herfindahl index as measure for control 关于控制权的偏差测量值 132
Hermalin, B. 25, 27
Himmelberg, C. 24, 45, 47
Holderness, C. G. 20, 22, 24, 29—30, 37
holding companies as major shareholders 作为大股东而存在的控股公司 24
Hort, H. 43
Hoshi, T. 140
hostile takeovers 敌意收购 52
  battles 竞争 15
  market 市场 7
  mechanism 机制 51
  role of 作用 28—29

house banks 家族银行 13, 32
Hsiao, C. 94, 104
Hubbard, J. 55
Hubbard, R. 24, 45, 47
Huffman, L. 39
Hundred Group 100 家集团 41
Huson, M. 26

imparity principle 减值原则 70
income rights of minority shareholders 小股东的收益权 33
incorrect signalling with dividends, cost of 不正确的股利信号的成本 39
industrial and holding companies 产业和控股公司 12
industry and firm dividend payout 产业和公司股利支付 79
inequality of voting power across shareholders 股东之间表决权的不均等状况 22
information content of dividends 股利的信息含量 107
  literature on 理论文献 41
informational asymmetries 信息不对称 61
informational transparency 信息透明度 10
informationally consistent signalling equilibrium 信息一致的信号均衡 40
initial public offering (IPO) 首次公开发行 10—11, 27, 32

inside ownership 内部人持股 49
  as signalling device role of 作为信号机制的 40
  restricted 受限的 42
insiders' shareholdings 内部人持股 46
institutional blockholders 机构股东 13
institutional investors in firms 公司的机构投资者 49
insurance companies 保险公司 13
interlocked directorships 连锁董事职位 25
internal governance mechanisms 内部治理机制 22—27
international segmentation of equity markets 权益市场国际分割 33
international utility markets 国际公用产品市场 18
investment trusts 投资基金 13
IPOs see initial public offering IPOs 见 首次公开发行
Ireland 爱尔兰 19
Ishii, J. 33
Istanbul Stock Exchange 伊斯坦布尔股票交易所 99
Italy 意大利 4,13,16,19,51,53,66
  corporate governance system 公司治理体制 4,52
  firms, control in 公司,控制 12
  mean premium 溢价平均值 22

system, monitoring role of banks 体制,银行的监督作用 52
Jacquillat, B. 43
Jansen, H. 119
Japan 日本 4,26,51,66,71
  corporate governance system 公司治理体制 4,52
  firms 公司 143
  concentrated ownership an control 所有权和控制权集中 15
  investment decision of 投资决策 140
  keiretsu 系列 52,140,143
  institutional setting in 制度设计 52
  large concentration of ownership of 所有权的高度集中 37
  management and investors ties, between 管理层和投资者之间的紧密关系 52
Jarrell, G. 29
Jenkinson, T. 51—52,55,73,146
Jensen, G. 46,48,132
Jensen, M. 26,43
Jensen, M. C. 7,23,28,43—46,51
John, K. 39,41—42,107
John and Lang model John 和 Lang 模型 41
John and Williams(1985) model John 和 Williams(1985)模型 43
Johnson, S. 18

Kahn, C. 22

Kalay, A. 39, 41, 123

Kane, A. 42

Kaplan, S. 25—27, 37

Karpoff, J. 29

Kaserer, C. 63

Kashyap, A. 52, 140

Kealey, B. 50

Keasey, K. 49, 98

Keim, D. B. 31

Keiretsu see Japan 系列, 参见 日本

Kester, W. 52

Khurshed, A. 40

Klein, A. 25

Knoeber, C. 45, 47

Köke, J. 24—26, 31, 45, 128

Kole, S. 24, 45, 47

König, V. 43

Korean companies 韩国公司 50

Krasa, S. 31

Kremp, E. 10, 12, 37

Kumar, P. 39

Kumar, R. 48

Laber, G. 48

Lagrange Multiplier test 拉氏乘子测试 110

Larcker, D. 22

Lang, L. 16, 19—20, 41—42, 49, 69—70, 76, 78

La Porta, R. 32—34, 37, 49, 66—67, 73, 81, 125, 154

Lasfer, M. 56, 146, 154

Lease, R. 36, 66, 73

Lee, K. 32, 42

legal corporate governance rules, development of 公司治理的法律规则, 发展 32

Legal disclosure threshold 法定的披露门槛要求 137

Legal restrictions on issuing dual-class shares 发行双重类别股份的法律限制 20

Lehn, K. 23—24, 37, 47—48

Leithner, S. 66

Leland, H. 39, 61

Leland and Pyle (1977) model Leland和Pyle(1977)模型 41

Leleux, B. 24, 30

Lemmon, M. 45

Levine, R. 32

Lewellen, W. 56

Liebeskind, J. P. 30

Lintner, J. 5, 41, 74, 85, 98, 110, 122, 159

(1956) equation 等式 118

(1956) partial adjustment model 部分调整模型 5, 43, 61—26, 85—86, 159—160

panel data analysis of the 面板数据分析 107

(1956) survey of management practices (1956)对管理层实务的调查 107

implicit target payout ratio 隐含

的目标支付率 97

Lintner-Miller-Modigliani（L-M-M）119

Lipton, M. 25

Literature on dividends and control, survey of 关于股利和控制权的文献,的梳理 36

Litzenberger, R. 54—55

Loayza, N. 32

lock-in (or lock up) agreements 锁定(或锁仓)协议 40

Lombardo, D. 32—33

Lorsch, J. 25

Low, S.-W. 53

Lyonnaise des Eaux 18

MacAvoy, P. 25

McCahery, J. 11, 13, 29

McConaughy, D. 37

McConnell, J. 23, 28, 45, 136—137

McDonald, J. 43, 55, 149

McElvey, R. 108

McFadden, D. 112, 115

MacKinnon, J. 110

McLintock, Michael 3

Maddala, G. 95, 108, 111

Madhavan, A. 31

Majluf, N. 39, 51

majority control, percentage of listed companies under 大股东控制,上市公司的百分比 9

Malatesta, P. 29

MAN AG 91

managerial compensation 管理层报酬

　contracts based on accounting performance 基于公司会计业绩的合约 23

　schemes 方案 23

managerial disciplining 管理人员的约束 26

managerial entrenchment hypothesis 管理层堑壕假说 46

managerial ownership 管理层所有权 48

manager-shareholder conflict 经理人员—股东之间的冲突 43

mandatory disclosure threshold 强制信息披露的门槛 11

Marcus, A. 42

market 市场

　for corporate control 公司控制的 7, 22, 28—29

　in Continental Europe, development of 在欧洲大陆,发展 29

　disciplining role of 约束作用 15

　reaction to dividend omissions 对股利停发的反应 53

　value of the firm 公司价值 36

market-based and blockholder-based regime 基于市场和大股东的制度 156

market-based corporate governance regime 基于市场的公司治理制度 4

Marsh and Merton(1986) macroeconometric model Marsh 和 Merton (1986)的微观计量经济模型 88

Martin,T. 28

Marsh,T. 28,41—42,85—86

Maug,E. 22

Mayer,C. 14—15,24,26—82,30,37, 41,44,51—52,54,63,70,80, 125,131,140,146

Meckling,W. H. 7,23—42,43—44, 51

Mehran,H. 23,25

Merton,R. 85—86

Meschke,F. 45

Metrick,A. 33

Meyer,W. 119

Michaely,R. 55

Michel,A. 78

Miller,M. 36,38—39,55,88,107, 113,123

Miller-Modigliani 122,160

 (1961) model on value of firm 公司价值模型 36

 (1961) theorem of dividend irrelevance (1961) 股利无关理论的基础 86

Miller and Rock(1985) model Miller 和 Rock(1985)模型 40—41

minority shareholder 小股东

 of controlled company 被控股公司 68

expropriation 侵占 18

protection 保护 10

Minton,B. 26—27

Modigliani,F. 36,38,55,88,107,113, 123

Modigliani-Miller 118

 (1958) hypothesis (1958) 假说 122

Moh'd,M. 48

Mllöer,H. P. 69,70,76,78

Monitoring 监督

 rationale for dividends 股利的原理 46

 role of German banks 德国银行的作用 54

Monte Carlo analysis 蒙特卡罗法分析 94

Morck,R. 22,24,27—28,37,44,46, 62

Morgan,G. 48

Mullainathan,S. 29

Mullineaux,D. 48

Mullins,D. 42,107

multiple class shares 多重股份 19

multiple tiers of ownership 多重的所有权 53

multiple voting rights 多重投票权 157

multiplicative heteroskedasticity 均方差 110

Murgia,M. 43,148—149

Murphy,K. 22,26

Myers, S. 39, 51, 55, 85

Nakamura, M. 27
Nationality of buyer 购买者的国籍 22
Nelson, F. 111, 116
Nenova, T. 22
net earnings model 净收益模型 110
Netherlands, the 荷兰 13
Net Operating Losses for corporation tax purposes 公司应税的经营净亏损 68
New York Stock Exchange (NYSE) 纽约证券交易所 48, 113—114
Nickell, S. 52, 94
Nicodano, G. 20, 22, 125
Nielsen, K. 19—20
Noe, T. 47
non-voting shares 无表决权股份 10, 157
Noronha, G. 48
Norway 挪威 19
NPV projects NPV 工程 28
Nussenbaum, M. 43

Ofer, A. 39, 42
one-share-one-vote principle 一股一票原则 5, 15, 156—157
Opler, T. 30
optimal asset transformation between borrowers and lenders 借贷双方最优资产转换 31
Ordinary Least Squares (OLS) and Within-Groups (WG) estimators 普通最小二乘法(OLS)和组内(WG)估计量 86
outside directors 外部董事 25
over-monitoring 过度监督 23
ownership 所有权
　concentration 集中 23
　entrenchment effect 堑壕效应 23
　pyramids or cascades 金字塔式或者层叠式 10, 15, 17, 157
　and voting power 和表决权 16
　of voting rights plus proxy votes 表决权加上代理投票权 144
ownership and control 所有权和控制权
　patterns of 模式 8—15
　separation of 分离 43

Pagano, M. 18, 23, 32—33
Palepu, K. 42, 107, 117, 120
Palia, D. 24, 45, 47
panel data estimations of relation between dividends, cash flows 股利与现金流之间关系的面板数据估计
　and bank voting control 和银行投票权 145
　and control by banks, families, and corporations 和银行、家族以及公司持有的控制权 138—139
Panunzi, F. 23, 30
Parigi, B. 26, 29, 52

partial adjustment model see Lintner 部分调整模型 见 Lintner
"pecking order" 优序
  of financing 融资 39
  á la Myers 1984 Myers 提出的 47
pension 养老金
  funds 基金 13
  provision 准备金 70
performance and control, impact on management and supervisory board turnover 业绩和控制权对公司管理层和监事会被撤换的影响 146
Perotti, E. 37, 52
Perry, L. 48
Pettit, R. 41, 88
Pfleiderer, J, 22—23
Portugal 葡萄牙 19
  mean premium 溢价平均值 22
Poterba, J. 55—56
Poulsen, A. 29
Pound, J. 42, 49
Prakash, A. 49, 132, 136—137
power indices, measure control using 权力指数,测量控制权 21
preference shares 优先股 69, 89
private benefits of control 控制权的私人收益 18
probit analysis of decision to omit dividend 不发放股利的决定的概率分析 114
Profit and Loss Agreement (PLA) 利润和亏损协定(PLA) 68

Prowse, S. 37, 52
proxy votes 代理选举 17, 128, 157
  and dividends 和股利 143—145
Prudential 保诚公司 3
Pyle, D. 39, 61

Quality of Markets Review 市场品质的审查 71

Rajan, R, 31, 51
Ramaswamy, K. 54—55
Rebello, M. 47
relationship-based financing 以关系为基础的融资 31
Renk AG 91
Renneboog, L. 9—14, 16—17, 19, 22—24, 26—30, 37, 44, 53, 80, 108, 116, 125, 140
Rimbey, J. 48
risk averse banks 风险厌恶的银行 31
Robinson. C. 36
Rock, K. 39, 107
Röell, A. 7, 18, 22—23
Roe, M. 11, 35
Ronen, I. 31
Rosenstein, S. 25
Ross, S. 39
  (1977) signalling model (1977)信号模型 39
Rozeff, M. S. 45, 47, 62, 136, 154
  (1982) model (1982)模型 46
  study 研究 136
Rydqvist, K. 21

Ryngaert, M. 29

Santomero, A. 51
Sargan test Sargan 检验 96
Scandinavia 19, 32
Scharfstein, D. 29, 52, 140
Schellenger, M. 44
Schiantarelli, F. 75, 78
Schillhofer, A. 34
Schmid, F. 53—54, 128, 140
Schmidt, R. 26
Scholes, M. 55
Schooley, D. 46, 49, 62, 132, 136—137
Schwert, G. W. 28
self-disciplining mechanism 自我约束机制 48
Sembenelli, A. 20, 22
Servaes, H. 23, 44, 136—137
Shaked, I. 78
Shapely values Shapley 值 17, 21
Shareholder-debtholder conflict "股东—债权人"冲突 44
shareholder-regulator conflict "股东—监管者"冲突 48
shareholders 股东
　　activism 行动主义 13
　　categories 类别
　　　　in Continental Europe 欧洲大陆 14
　　　　eight 八 125
　　　　main, across countries 主要的，因国别不同 12

controlling shareholders, tax status 控股股东，税收状况 151
　　and creditor protection 债权人保护 33
　　distribution of largest in Europe 欧洲的持股最多的分布 10, 12
　　and the USA 和美国 10
　　large, monitoring 大型，监督 7
　　protection 保护 32
　　and external finance and legal origin 外部融资和法律渊源 34
　　right 权利 10
　　tax position 税收地位 56
shares 股份
　　blocks, different types of acquirers of 大宗，购买方的不同类型 30
　　listed on German Stock Exchanges 德国股票交易所上市的 152
　　with multiple voting rights 拥有多重选举权 16
　　repurchases 回购 42
　　and dividends 和股利 39
　　valuation, model of 估值模型 55
Sheehan, D. P. 24, 29—30, 37
Shivdasani, A. 26
Shleifer, A. 7, 22, 28—29, 31, 37, 43—44, 46, 52, 62, 154
Shleifer and Vishny (1986) model of firm valuation Shleifer 和 Vishny(1986)的公司估值模型 47
Sholes, M. 55

Shome, D. 48
Short, H. 49, 98
Siegel, D. 42
signalling 信号
   and agency cost theories of dividend policy 股利政策的代理成本理论 36
   dividend policy, control concentration 股利政策,控制权的集中 61
   incorrect signalling with dividends, cost of 不正确的股利信号,的成本 39
   needs 需求 141
   role of dividends 股利的作用 36
theories of dividend policy 股利政策理论 160
simple autoregressive specification model 简单的自回归设定模型 94
simultaneity between capital structure and dividend decisions, hypothesis of 资本结构和股利决策的联立性,假说 48
Singh, A. 32
Skinner, D. 41, 107, 110, 113—115, 117—118, 123, 160
Smyser, M. 49, 132, 136—137
Solberg, D. 46, 48, 132
Spain 西班牙 13, 16, 19
   firms, control in 公司,控制 12
   ownership and control concentration in 所有权和控制权集中 37

sources of funds, hierarchy of 资金来源的层级 39
specially designated dividends 特别派发股利 109
Steiner, T. 48
Starks, L. 26
Stapledon, G. 14
Steinmann, H. 131
stock price performance 公司股价表现 26
structure-driven path dependence 结构驱动型的路径依赖 11
Stulz, R. 37, 44
Subordination of Management Agreement(SMA) 管理从属协定(SMA) 68
Subramanian, G. 22
subsidiaries, limitation on strategic freedom of 对子公司战略安排自由的限制 18
Sudarsanam, S. 29—30
Summers, L. 55—56
Swary, I. 42, 107
Sweden 瑞典 19
Switzerland 瑞士 19, 66

takeover codes 并购法典 10
   mechanism as disciplinary device for managers 作为经理人员约束机制的措施 44
target payout ratios, long-term 目标支出率,长期 102
tax 税收

clienteles 顾客效应 160—161
　　and dividends 和股利 145—154
　　impact on share price 对股价的影响 55
　　losses 损失 68
　　preference of different UK shareholders for dividends 英国不同的股东对股利的偏好 146
tax status 税收状况
　　foreign individuals and corporations 外国个人和公司 148
　　German corporations and institutions 德国公司和机构 148
　　of shareholders 股东
　　　controlling 控制的 151
　　　at first tier 第一层级 146
　　impact on dividend policy of German firms 对德国公司股利政策的影响 161
tax treatment of dividends and capital gains 股利和资本利得的待遇 36
　　in Germany 在德国 146—149
taxation 税收
　　argument of dividend policy 股利政策的争论 55
　　effect on dividends 对于股利的影响 54
　　full imputation system of 税收全面抵免制 150
　　influence on dividend policy 对于股利政策的影响 8
Thadden see von Thadden Thadden 见 von Thadden
Thakor, A. 39
Tobin's Q. 托宾 Q 值 22, 24, 34
　　managerial ownership 管理层所有权 36
Tobit models Tobit 模型 11, 95—96
　　or limited dependent variable model 或者有限因变量模型 95
　　and sample selection models 和样本选择模型 96
Toronto Stock Exchange 多伦多股票交易所 136
Tractebel 18
trade and industry classification of Commerzbank Commerzbank 关于贸易和产业的划分标准 72, 91
transaction costs 交易成本 48
Trojanowski, G. 20, 23
Tsakalotos, E. 52
Turkish firms 土耳其公司
　　dividend payout ratio of 股利支付率 50
　　unstable dividend policies 不稳定的股利政策 99

UK 英国 5, 16, 19, 28, 66, 71, 140, 154, 156
　　capital markets 资本市场 4
　　dividend 股利
　　　as defense mechanism against takeovers 针对并购的防范机制 52

income 收益 55

payout ratios by size of firms 依据公司规模的支付率 77, 79, 158—159

imputation system of taxation 所得税归集抵免法 73

industrial and commercial quoted companies 工商业上市公司 101

market-based financial systems 基于市场的金融制度 51

non-voting shares 无表决权股 20

simultaneous equation system on managerial compensation and turnover 管理层报酬和公司营业额的联立方程 23

stock exchange regulation 股票交易规则 10

tax reform of 1997 1997 年的税制改革 55

uncontested corporate control 不受挑战的公司控制权 11

universal banking system 全球银行系统 51

UK firms 英国公司 27, 54, 65

 directors of 的董事 14

 dividend payout ratios of 股利支出率 72

 institutional shareholders 机构股东 37

 from the Official List 官方目录上的 49

US (USA) 美国 5, 26—27, 71, 148, 156

block transactions in 大宗股份交易 31

capital markets 资本市场 4

CEO share ownership and dividend yield CEO 的持股份额和股利收益 136

corporations, founding family 公司, 创立家族 37

dividend policy 股利政策 159

market-based financial systems 基于市场的金融制度 51

tax 税收

 reform of 1986 on Citizen Utilities 1986 年关于民用公用行业的税制改革 55

 system 制度 55

US firms 美国公司 37, 65

 clientele effect in 顾客效应 56

 corporate governance index for 公司治理指数 33

 Torbin's Q and structure of equity ownership in, relation between 托宾 Q 值和股份所有权结构之间的关系 45

Van Horn, R. L. 26
Veld, C. 36
Vermaelen, T. 24, 30, 42
Verma, S. 47—48, 52, 56, 136, 146, 154—155
Villamil, A. 31
Vishiny, R. 7, 22, 28—29, 31, 37,

43—44, 46, 52, 62, 154
von Thadden, E. L. 23, 32, 35
voting 表决
  equity of largest shareholder and dividend payouts, U-shaped relation proportion 最大股东的权益份额和股利支付之间, 存在 U 型的关系 160
  power 权力
    concentrated 集中 37
    of each blockholder 每个大股东的 17
    forms 形式 37
    rights, restrictions 权利, 限制 15
VW AG 68

Waller, D. 70
Warner, J. 26
Warther, V. 52, 66, 140, 143
Watts, R. 26, 41, 88
Weisbach, M. 25—27
Wenger, E. 63
Weston, J. F. 36, 54—55

Williams, J. 39, 107
Windmeijer, E. F. 56, 75, 90, 101, 146, 154
Winton, A. 22
Within-Groups (WG) 组内 94
  estimator 估计 94, 104
Wruck, K. 26
Wyatt, J. 25

Yermack, D. 25
Young, L. 49
Yurtoglu, B. 43, 50

Zaviona, W. 108
Zechner, J. 22—23
Zeckhauser, R. J. 42, 49
Zender, J. 31
Zhang, H. 49, 98
Zimmermann, H. 34, 43, 66, 76, 85, 90—91, 97
Zingales, L. 21—22, 31—32, 51
Zorm, T. 46, 48, 132
Zwiebel, J. 18, 20, 22

翻译是一份心性

——译后记

这是一部好评如潮的作品。哈佛大学法学院、普林斯顿大学和经济政策研究中心、意大利 Naples Federico II 大学经济政策研究中心等诸多研究机构,对其都不吝"分析视角宽广独到"、"富于洞察力且引证丰富、令人叹为观止"、"首屈一指"、"重要、及时且富于贡献"等溢美之词。

良诗佳卷,君子好述。因而,接到北京大学出版社编辑的翻译邀约时,我一如既往地满口答应,并再次感谢她们对我的信任。不期想的是,与以前翻译的数本书不同,这份承诺带给我的是一段异常艰难的译事之旅。除了公司财务的诸多术语我不够熟稔之外,最大的困难是页复一页的数学函数、公式和定理,以及在几乎所有的法学教授看来都显得光怪陆离、甚至都难以在 WORD 文档中打印上去的各种数学公式,遑论理解与翻译了!开弓已无回头箭,借助着权威财务词典、数学词典甚至是网络资源,译事工作"艰难并顺利"地推进着!

2008 年 3 月 28 日,在译作封面已出清样之际,北大出版社两位编辑到访。她们称,出版社的同仁都很讶异于我的译事,特别是能够将如此多的古里古怪的数学公式自行打印上去,其他译者在碰到此类问题时,总是习惯性地将其交给排版公司处理。此外,由于在绝大多数高校中,翻译作品不能赖以评职称,科研考核时计分也很低,故年轻人热衷译事的并不多。

她们或许不知道,翻译的时候我也遇到许多困难。在完成初译和自行校译之后,由于对部分译文没有绝对把握而交稿期限已经届至,出于对专业知识边界的尊重,我难免有些心力交瘁!所幸的是,此时我得到了陈秧秧女士和祁汉逸先生的大力支持和帮助。陈秧秧女士的本科、硕士与博士均就读于厦门大学会计系,硕、博期间师从中国会计学界泰斗葛家澍教授,目前在我的指导下进行法学博士后研究工作。她曾参与会计学经典名著《公司会计准则导论》(An Introduction to Corporate Accounting Standards,美国会计学会发行)的翻译和财政部会计司《国际财务报告准则2004》的校译工作。我请她帮助完成了译稿的校对。扎实的专业背景和高效的工作作风,使得本书在财务和会计方面避免了诸多错误。祁汉逸先生是同济大学自动化专业的研究生,拥有全面的数理能力和严谨的工作作风,他的帮助使得本译著的图表制作、数学公式和定理的翻译,得到了可靠的保障。而责任编辑谢海燕女士一贯的耐心和细致,亦为本译作增色良多。

现在想来,如何没有她们的帮助,我承担这份译事,实在有些冒险。她们的热情和友善,我将永远感念在心。

四年来利用教学研究之余的闲暇,我陆续翻译了四本书,还承担了《英国公司法》(2008年)的校译和翻译组织工作,似乎可以谈一谈翻译及坐冷板凳的心理感受。这些年来,在课堂及课后,总有学生问及,"老师,我以后想到公司去做事,是不是学好公司法与证券法就够了?""老师,我以后不想也不可能做学问,还要学写文章吗?"甚至有一些年轻的博士也会问我,"师兄,现在做学问做哪一块比较有前途,能够更快地冒出来?"

遇到这种情形,我心里头总是隐隐有些不悦。法学是显学,热闹而喧嚣,在中国经济高歌猛进之年代,作为研习经世济用规则之学的法科学子,当然不应拒绝接受世俗之经验,在上海这个繁华乃至于浮华的灯影之都,法科学生乃至于一些法学教授的心态不够沉静,也就不难理解了。然而,无论如何,我们都不应忘记:人要坐得住冷板凳,正所谓"板凳坐得十年冷,文章不写半句空"。话语越朴素,道理往往越深刻。人生的成功,是一个渐进的量变过程。我们无法也不应当期待某个或者某些行为给自己带来暴发户式的成功。

或许是"城里与城外"之效应使然,我现在非常羡慕那些拥有大量整块的时间来阅读和写作的同学与朋友,这于我而言,已是"数宁静时光,俱往矣!"2004 年 6 月,我回到母校华政,找到了内心所向往的那片宁静。在熟悉的东风楼和宁静的学科楼,我享受着阅读、写作和翻译的乐趣,清晨的每一缕阳光都在我的心头投下生命的欢愉。感谢母校,她使我从证券业的喧嚣中折身而返,重新守住了生命的静谧。两年之后的 2006 年 4 月,我担任《法学》副总编,在大、小草坪之间清幽的六三楼里,我享受着与众多作者对话的欢愉。但仅仅时隔 8 月,2007 年 1 月初,学校旋即将我调任经济法学院副院长一职,分管学院的教学管理工作。教育部的教学评估在即,我从美国讲学回来后,甚至还没有准备好,繁忙的行政工作即已迅速展开。2007 年全年,在繁杂乃至于琐碎的事务中,我甚至有些身心俱疲。2007 年 12 月 15 日,学校又将我调任科研处,主持全校法学与非法学所有专业和学科的科研管理工作。在疲累的工作中我真正理解了什么叫"牺牲",为什么我的导师、尊敬的吴志攀教授在出任北大校领导后会诙谐地自称是"自废武功"!行政体制内外的互相理解与尊重多么重要!人生路径多元,贡献各有不同,互相关爱,尊重彼此,我心里默默念念。

《股利政策与公司治理》后期的翻译和校译工作,就是在这段繁忙而杂乱的日子中完成的。我几乎把所有的双休日和夜晚,都交给了这本书。虽然疲累,但我从不言悔,因为我深信,治学者先治心,要培养"坐冷板凳"的学问真性情,沉下心来做翻译,历经译事展开过程的繁冗和艰辛,或许是最理想的方式。上海虽则繁华,但"境由心生",地处灯影之都的我们,也同样可以祛除浮躁与怠惰,驱除横流流 都的我们,也同样可以祛除浮躁与怠惰的物欲对内心的滋扰的。

寥寥数语,愿与读者诸君共勉。

罗培新
写于华政松江校区
2008 年 4 月 1 日